THE CAPITALIST MANIFESTO

자본주의자 선언

일러두기

◎ 별표(*) 표식은 옮긴이 주다.
◎ 국내에 출간된 도서는 도서명과 원제를 기재하고, 국내에 출간되지 않은 도서는 원제와 번역문을 기재했다.
◎ 주석의 저자의 의견 및 부연 설명에 번역이 필요한 부분과 국내에 번역 출간된 도서의 경우는 우리말로 옮겼다. 연도에는 단위를 붙였다.

자본주의자 선언

99%의 풍요를 위한 자본주의 경제를 열다

요한 노르베리 지음 | 김종현 옮김

유노북스

추천사

성공 그 이상의 자본주의를
알려 주는 책

일론 머스크
테슬라 CEO, 스페이스엑스 CEO, 솔라시티 회장

이 책은 자본주의가 단순히 성공적일 뿐만 아니라 도덕적으로 옳다는 점을 훌륭하게 설명한다. 특히 이 책의 4장은 모두가 읽어야 한다.

추천사

가장 번성한 동시에 위기인 지금 반드시 읽어야 할 경제서

이진우
삼프로TV 부사장

고금리 카드론에 시달리던 가장이 스스로 목숨을 끊었다는 뉴스를 들으면서 우리는 애꿎은 젊은이의 목숨을 앗아 간 카드론을 원망하고는 한다. 그러나 카드론이라는 제도가 없었다면 그는 병원비나 생계비를 구하지 못해 그보다 훨씬 전에 극단적인 선택을 했을 수도 있을 거라는 생각까지는 미치지 못한다.

우리를 둘러싼 자본주의와 시장 경제는 종종 이런 카드론 취급을 당한다. 최근 수십 년간 자본주의는 금융 위기의 원인으로, 불평등의 진원지로 지목받고 비판받고 있다. 이 시스템을 계속 고치고 바꿔야 할 여지와 이유는 얼마든지 있지만 우리는 자본주의 덕분에 지난 30년간 인류의 삶이 나아진 정도는 그 이전 3,000년을 합친 것보다 더 컸다는 사실을 잊어서는 안 된다.

이 책의 출판이 매우 시의적절하고 의미 있다고 생각하는 가장 큰 이유는 오늘날 자본주의는 가장 융성하고 있으면서도 동시에 가장 큰 위기에 직면하고 있기 때문이다. 자본주의가 가져온 축복이자 결점인 불평등과 양극화가 전 세계 대부분의 국가에서 정치의 중요한 이슈로 떠오르면서 정부의 정책이 종종 자본주의 핵심을 훼손하는 일이 늘어나고 있기 때문이다.

　우리나라도 선거철마다 전 국민에게 1인당 얼마를 나눠 줄 것인지가 뜨거운 이슈가 된다. 이 책은 그런 정책들이 좋거나 나쁘다고 단정하기 전에 우리가 더 풍요롭게 살기 위해서는 어떤 원리를 지켜야 하고 어떤 원리를 훼손해서는 안 되는지, 그 이유는 무엇인지 조목조목 설명하면서 우리가 스스로 판단할 수 있는 힘과 논리를 갖추도록 돕는다.

　지난 대선에서 화제가 됐던 이른바 '호텔 경제학'이 어떤 점에서 말이 되며 어떤 점에서 말이 안 되는지를 가장 알기 쉽게 이해할 수 있는 책이다. 재테크를 위한 경제 서적이 봇물을 이루는 요즘 현명한 유권자가 되기 위한 경제 서적을 오랜만에 만나게 되어 기쁘다.

추천사

편견을 깨는 내용과 풍부한 사례,
감명을 주는 인사이트

오건영
《환율의 대전환》 저자

'자본주의는 효율성을 극대화하지만 빈부 격차, 중산층의 몰락, 기후 변화 등의 치명적 부작용을 갖고 있다.'

  나를 비롯한 많은 이가 자본주의에 대해 갖고 있는 인식이다. 이 책은 이런 인식 역시 편견일 수 있음을 흥미진진한 데이터를 통해 실증적으로 반박한다. 그리고 이런 편견을 넘어 자본주의가 왜 혁신을 만들고, 이를 통해 전례 없는 풍요를 이끌어 내는지를 설득력 있게 보여주고 있다. 또한 "자본주의는 모든 사람이 더 나은 방법을 찾는 과정에 참여할 수 있도록 허용하는 체제"라는 저자의 말처럼 지금의 경제 체제가 더욱 성장할 수 있을 것이라는 믿음을 갖게 한다.
  현대 경제 변화의 흐름에 관한 깊은 통찰을 얻고자 하는 이들과 장기적 관점에서 성장의 동력이 이어질 수 있다는 확신을 얻고자 하는 투자자들에게 일독을 권한다.

추천사

지금 우리에게 필요한 가치를 알려 주는 수작

염승환

이베스트투자증권 리테일사업부 이사

나는 자본주의 국가에서 살고 있다. 이 책을 읽는 대한민국 독자들 역시 자본주의 국가에 살고 있다. 그런데 자본주의는 무엇일까? 미국의 경제학자 디어드러 매클로스키는 자본주의를 "사람들을 해방시켜 자유롭게 경제적 결정을 내릴 수 있도록 하는 것이다"라고 정의했다. 그의 말처럼 자본주의는 사람들이 자유롭게 선택하고 그 선택에 따른 책임과 보상을 각자 짊어지는 시스템을 의미한다.

나는 증권사에서 근무하고 있다. 누가 증권사 직원이 되라고 강요한 적은 없다. 주식 투자가 좋아서 증권사에 입사했고, 우연히 유튜브에 나가서 이름도 알려졌고, 감사하게도 이 훌륭한 책에 추천사도 쓸 수 있게 됐다. 자본주의 시스템하에서 나는 스스로 직업을 선택했고 성과를 낸 만큼 보상을 허락한 자본주의 덕에 여기까지 오게 된 것이다.

여러분이라고 다르지 않을 것이다. 현재 하고 있는 일은 각자가 선택한 것이고, 성과에 따라 많은 돈을 벌었을 수도 있고, 적은 돈을 벌었을 수도 있다. 자본주의는 균등한 것이 아니다. 선택의 자유를 주고 그 자유를 통해 벌어들인 재산을 법으로 보호해 주는 제도다.

어떤 일을 해도 모두가 똑같은 대우를 받고, 모두가 똑같은 소득을 얻게 된다면 그 사회는 발전할 수 있을까? 말만 들으면 이상적일 것 같지만, 현실은 반대다. 1980년대의 아르헨티나는 여기에 딱 들어맞는 사례다. 아르헨티나는 한때 세계 10위권의 부자 국가였다. 하지만 1980년대 군부가 독재 정치를 펼치면서 1980년 1인당 GDP는 8,050달러에서 1985년 6,890달러로, 1990년에는 6,420달러까지 감소했다. 당시 아르헨티나는 국가가 많은 것을 통제했고, 성과와 상관없는 임금 체계를 만들어 노동 의욕을 떨어뜨렸다. 당시 아르헨티나는 전화기를 하나 설치하는 데 무려 6년이나 걸렸다고 한다. 열심히 일을 해도, 안 해도 받는 돈은 같기에 어떤 공무원도 전화기를 설치하려 애쓰지 않았던 것이다. 노동 의욕이 떨어진 아르헨티나는 부자 국가에서 빈곤 국가로 전락하고 말았다.

1960년대 한창 미국과 우주 경쟁을 펼치던 소련도 몰락했다. 미국은 과학자들에게 집을 사 주는 등 막대한 인센티브를 제공해 노동 의욕을 올려 줬다. 하지만 소련은 우주 개발을 지휘한 과학자들을 처형하는 등 공포 정치를 펼쳤다. 인센티브는 꿈도 꿀 수 없었다. 결과는 뻔했다. 1970년대 이후 미국은 소련을 우주 경쟁에서도, 경제력에서도 압도한다.

자본주의는 인류의 삶의 질도 크게 개선했다. 자본주의를 통한 기술 발달과 세계화로 인류는 역사상 가장 놀라운 발전을 이룩했다. 기업가들은 창조적 파괴를 통해 다양한 기술을 개발했다. 인터넷, 전자상거래, 스마트폰, 클라우드, 챗GPT 등 수많은 혁신이 일어났다. 아마존은 온라인 쇼핑몰을 만들어 중간 유통 단계를 제거해 비용을 줄였고, 사람들은 낮은 가격에 상품을 살 수 있게 됐다. 미국에 사는 사람이 클릭 한 번만 하면 가성비 좋은 중국산 제품이 집 앞에 배달된다. 애플은 스마트폰을 만들어 세상을 바꿨다. 우리는 이동 중에도 PC를 사용하게 되었고, 수많은 작업을 할 수 있게 됐다. 테슬라는 전기차, 자율 주행차, 로봇 등을 통해 세상을 바꾸려고 하고 있다.

앞으로 다가올 10년에는 또 어떤 창조적 파괴가 일어나 세상을 바꿀까? 기업가들의 창조적 파괴를 이끄는 원동력은 자본주의다. 자본주의는 창조적 파괴를 이끈 기업가들에게 막대한 보상을 안겨 준다. 이런 보상을 기반으로 그들은 계속 창조적 파괴를 시도한다. 마이크로소프트, 구글, 아마존, 메타 등 빅 테크 4인방은 현재 AI에 분기당 무려 140조 원에 달하는 막대한 투자를 하고 있다. 이들이 자선 사업을 하려고 이렇게 돈을 쏟아붓고 있을까? 아니다. 자본주의가 허락한 보상을 얻기 위해서다. 이들이 만들어 낸 기술은 우리의 삶을 한 단계 도약시키고 풍요롭게 만들어 줄 것이다.

대한민국은 자본주의 시스템을 도입해 빈곤을 탈출했다. 수많은 국가가 대한민국처럼 자본주의를 도입해 빈곤을 탈출했다. 이 책은 우리가 오해하고 있는 자본주의의 진정한 가치를 설득력 있게 풀어낸 수작이다. 자본주의가 단순히 부의 불평등을 심화한다는 생각과 달리 모든 사회 구성원이 자신의 정체성을 지키며 비전을 실현할 기회를 제공하는 '게임'이라는 것을 저자는 강조하고 있다. 세계화 이후 30년간 빈곤율, 사망률, 문맹률 등이 절반 이상 줄어든 객관적 통계는 자본주의가 인류의 삶의 질을 얼마나 크게 향상시켰는지를 증명한다.

또한 이 책에서 저자는 자본주의가 윤리적으로도 옳다는 점도 강조한다. 경제적 자유가 보장된 국가일수록 경제 성장이 빠르고 민주주의가 더 강화됐다는 점은 자본주의가 단순히 경제적 이점을 넘어 사회 전체의 발전에도 큰 역할을 한다는 것을 보여 주는 대목이다.

자본주의는 물론 완벽한 제도는 아니다. 저자도 자본주의의 한계를 인정한다. 하지만 완벽하지 않다는 이유로 이 체제를 통째로 버려서는 안 된다고 저자는 주장하고 있다. 자본주의와 세계화가 사라지면 미래 발전 기회는 박탈되고, 수억 명의 빈곤층은 탈출 기회를 잡을 수 없을 것이라고 말한다. 우리가 찾는 것은 완벽함이 아니라 대안 찾기다.

《자본주의자 선언》은 단순한 경제 이론서가 아니다. 세계화 시대에 살던 우리는 현재 탈세계화 시대에 살고 있다. 트럼프, 시진핑, 푸틴 등 스트롱맨들이 세상을 지배하며, 탈세계화를 부르짖고 있다. 스트롱맨들의 생각이 맞는 것일까? 아니면 자본주의와 세계화가 맞는 것일까? 정답을 찾고 싶으면 《자본주의자 선언》을 읽기 바란다. 자본주의가 어느 때보다 더 소중하게 느껴질 것이다.

언론의 찬사

⟨이코노미스트⟩

생동감 넘치는 사례로 가득 찬 즐거운 반론이자 결정적인 반박서.

⟨파이낸셜 타임스⟩

자유롭고 개방적인 무역의 혜택을 상기시키는 시의적절한 책.

⟨스펙테이터⟩

강력하고 설득력 있는 자본주의의 옹호서다. 노르베리의 이 품격 있는 선언문은 높이 평가할 만한 점이 많다.

⟨코멘터리⟩

이 책은 자본주의를 위한 가장 결정적인 논거를 제시하며 자주 제기되는 반대 논리들을 조목조목 반박한다.

도미닉 로슨
〈데일리 메일〉 칼럼니스트

노르베리는 시장 경제에 대한 찬가를 강력하고 설득력 있게 들려준다. 통계를 완벽하게 구사하며, 국가의 지배로부터 시장 중심 체제로의 세계적 전환이 인류 역사상 가장 빠른 절대 빈곤 감소로 이어졌음을 보여 준다.

프레이저 넬슨
〈데일리 텔레그래프〉 칼럼니스트

자본주의에 대한 주장을 완전히 설득력 있는 방식으로 새롭게 업데이트한 책.

앤드루 오브라이언
미국 싱크탱크 데모스 정책 국장

세계 자본주의를 이해하고자 하는 모든 이에게 필독서다. 독자가 책 속의 모든 주장에 동의하지는 않을 수 있지만, 노르베리가 제시한 논거들은 반드시 이해하고 직면해야 한다. 이 책은 단지 올해의 토론거리에 그치지 않고, 10년 후에도 여전히 논의될 책이다.

한국어판 특별 서문

열린 사회와 시장의 가치를 믿는 나라를 위하여

모든 정파의 고전적 자유주의자들에게
To classical liberals of all parties
요한 노르베리

  이 책은 열린 사회와 자유 시장에 관한 이야기입니다. 저는 수십 년 동안 이 이상과 그 반대편, 즉 닫힌 사회와 중앙 집권적 경제 간의 차이를 연구했습니다. 그리고 이 대비를 가장 선명하게 느낀 적이 있습니다. 그것은 바로 몇 해 전, 남북한 사이 비무장 지대를 방문했을 때입니다.

  남쪽에서는 병사들이 북쪽의 침입 가능성에 대비해 경계를 서고 있었고, 북쪽 병사들은 자국민이 탈출하지 못하도록 감시하고 있었습니다. 이들의 감시는 사람들을 억압과 빈곤 속에 가두기 위한 것이었습니다.

 전 세계에서 한반도만큼 경제 체제의 차이를 실험적으로 보여 주는 곳은 드뭅니다. 남과 북은 같은 민족, 같은 언어, 같은 역사를 공유합니다. 오직 정치 체제만 다를 뿐입니다. 한국은 비교적 높은 수준의 자유를 누렸고, 미국 컬럼비아대학교 경제학과 교수 아르빈드 파나가리야의 《Free Trade and Prosperity(자유 무역과 번영)》에 따르면 당시 대부분의 가난한 나라들보다 더 개방된 시장과 무역을 경험했습니다.

 이것만으로도 한국은 1960년대 사하라 이남 아프리카 국가들과 비슷한 수준이었던 생활 수준에서 벗어나 오늘날 세계에서 부유한 나라들 가운데 하나로 도약할 수 있었습니다. 현재 남한은 북쪽의 독재 체제보다 약 35배 더 부유하며, 세계를 매료하는 문화 산업의 중심지로 자리매김했습니다. 그리고 〈오징어 게임〉 등 뛰어난 TV 시리즈가 보여 주듯이, 자본주의 사회는 탐욕과 시장의 포식성에 대한 비판마저 공산주의 사회보다 훨씬 더 예술적으로 표현해 냅니다.

 우리는 개인의 자유, 법치주의, 자유 시장을 당연하게 여겨서는 안 됩니다. 역사적으로 이는 예외적인 현상이었습니다. 이런 가치는 외부의 공격뿐 아니라 우리 스스로 인간의 진보를 가능케 하는 것이 무엇인지 잊어버리는 그 순간부터 위협받기 시작합니다. 또한 복잡한 문제에 손쉬운 해결책을 약속하는 강력한 국가와 독재자에게 자유를 내주고자 하는 유혹도 또다른 위협입니다. 이런 위협들로 인해 우리는 자유가 주는 존엄도, 자유로운 개인의 숱한 시도를 통해서만 탄생하는 창의성의 기쁨도 잃게 되는 것입니다.

자유와 시장의 가치를 믿는 우리가 할 일이 있습니다. 그것은 바로 인간의 창의성이 틈을 비집고 나와 새로운 기회와 진보를 만들어 갈 수 있도록 벽에 균열을 내는 것입니다. 이는 결코 저절로 일어나지 않습니다. 자유는 절대 보장된 것이 아니며, 진보 역시 스스로 찾아오는 것이 아닙니다. 자유와 시장의 가치를 소중히 여긴다면, 그것을 지켜내기 위해 싸워야 합니다. 이 책이 인간의 창조적 본성과 통제하려는 유혹 사이의 끝없는 싸움에 조금이나마 기여할 수 있다면, 저는 더 바랄 것이 없습니다.

시작하며

내가 자본주의자를
자처한 이유

요즘은 아무도 세계화에 크게 관심을 두지 않는다.
요한 노르베리를 제외하면 말이다.

포 티드홀름, 2020년 5월 29일 스웨덴 공영 라디오에서

20년 전 나는 《세계 자본주의를 옹호하며(In Defense of Global Capitalism)》라는 책을 썼다. 내가 그런 책을 쓸 거라고는 상상도 못했다. 자본주의란 탐욕스러운 독점가와 권력을 쥔 지주들의 세상이라고 여겼기 때문이다.

하지만 세계를 연구하면서 오히려 시장이 거의 존재하지 않는 사회일수록 엘리트만이 시민으로서 자유로운 선택권을 보호받으며 가장 강한 권력을 행사한다는 사실을 깨달았다. 역설적으로 자본주의야말로 권력층을 위협하는 존재였다. 자유 시장과 사유 재산에 기반한 자발적 계약이 바로 그 핵심이었다. 자본주의를 옹호하는 이유는 자본가들이 항상 선하게 행동하기 때문이 아니라 그들이 그렇게 행동하지 않을 때 자유 경쟁과 선택의 기회가 그들을 통제하기 때문이다.

2000년대 자본주의 논쟁의 결과, 세계화는 더 활발히 이뤄져야 한다

사실 마르크스와 엥겔스는 1848년 공산당 선언에서 '자유 시장이 이전 모든 세대를 합친 것보다 더 큰 번영과 기술 혁신을 만들어 냈으며 비약적으로 발전한 통신망과 유통망을 통해 봉건적 구조와 국가주의적 편협함을 무너뜨렸다'고 밝힌 바 있다. 오늘날의 사회주의자보다 마르크스와 엥겔스가 자유 시장의 진보적 힘을 더 잘 이해했던 셈이다. 하지만 불행히도 그들은 변증법적 사고가 부족해 공산주의가 결국 사회를 봉건제로 되돌리는 반동적 역행 세력이 될 것이라는 점을 간과했다.

한 세기 반이 지난 후, 세계 자본주의는 점점 더 많은 사람이 봉건 영주와 독점 권력에서 벗어날 수 있도록 만들었다. 시장이 성장하면서 사람들은 처음으로 선택하고 협상하고 거부할 기회를 얻었다. 자유 무역은 더 저렴한 상품과 새로운 기술을 제공했고 다른 나라의 소비자와 연결될 수 있게 했다. 덕분에 수많은 사람이 기아와 빈곤에서 벗어날 수 있었다.

그러나 2000년대 초반, 자본주의는 거센 공격을 받기 시작했다. 국제적인 반자본주의 운동은 정부가 경제를 더 강력하게 통제해야 한다며 관세, 규제, 세금 폭탄을 요구했다. 세계 무역 기구(WTO, World Trade Organization)의 자유 시장 확대 협상에 반대하는 대규모 시위가 열렸다. 이들은 자유 무역, 해외 투자, 다국적 기업이 가난한 사람을 더욱 빈곤하게 만든다고 주장했다. 프랑스 좌파 보호 무역주의 단체 아탁(Attac, Association pour la Taxation des Transactions financières et pour l'Action Citoyenne)은 유럽 전역으로 확산됐다.

나는 이들을 방금 막 경제적 자유를 얻기 시작한 가난한 사회에서 다시 그 자유를 빼앗아 가는 반동 세력으로 봤다. 그리고 이들에 반박하는 논리를 정리해 2001년《세계 자본주의를 옹호하며》를 출간했다. 이 책은 세계적 정의를 실현하기 위해서는 자본주의를 축소해야 하는 것이 아니라 오히려 더 확대해야 한다는 고전적 자유주의 선언문이었다. 시기가 절묘하게 맞아떨어지면서 책은 국제적인 베스트셀러가 됐고 아랍어, 페르시아어, 터키어, 중국어, 몽골어를 포함해 25개가 넘는 언어로 번역됐다.

그리고 결국 세계화 논쟁은 변화했다. 개방된 경제를 지지하는 이들이 반격에 나섰다. 반대자들은 주로 세계 빈곤과 불공정에 대한 진심 어린 분노에서 출발했다. 자유 시장을 지지하는 우리는 이런 문제의식에서 공통점을 찾고, 현실적인 설명과 명확한 통계로 빈곤과 기아를 해결하려면 더 자유로운 시장이 필요하다는 점을 증명했다.

토론이 이어질수록 반대자들은 문제의 본질이 단순하지 않다는 것을 깨달았고, 일부 청중은 점차 생각을 바꿨다. 이들은 세계화를 기존의 체제, 즉 유럽 연합, 세계은행, 국제 통화 기금(IMF, International Monetary Fund)과 동일시했으나 오히려 이 체제에 불만을 품고 더 급진적인 해결책을 제시하는 자유 시장 지지자들의 논리에 당황했다. 곧 논쟁에서 가장 일반적인 입장은 빈곤국이 경제, 사회적으로 발전하려면 더 많은 무역, 투자, 기업가 정신이 필요하다는 것이 됐다. 유엔(국제 연합) 사무총장 코피 아난 역시 문제는 세계화가 너무 과한 것이 아니라 오히려 너무 적은 것이라고 말했다.

이후 아탁은 대중의 관심에서 멀어졌고 결국 사라졌다. 영국의 반자본주의 운동가 조지 몬비오트는 〈가디언〉에 '나는 무역에 대해 틀렸다'라는 기고문을 통해 자신의 보호 무역주의적 입장을 철회했다. 그는 WTO가 없는 세상이 오히려 더 불공정할 가능성이 높다고 설명했다. 얼마 지나지 않아 보통은 좌파 성향을 보이며 자유 시장을 비판해 온 영국 자선 단체 옥스팜마저 유럽 연합의 농업 보호주의를 규탄하는 대대적인 캠페인을 벌였다.

아일랜드의 록 뮤지션이자 세계 불평등에 맞서 싸우는 활동가인 보노는 이렇게 선언했다.

"최근 몇 년 동안 나는 상업에 대한 깨달음을 얻었다. 내 사고방식을 완전히 뒤집어 놓았다. 전 세계 빈곤 문제를 해결하는 데 있어서 복지와 해외 원조는 일종의 임시방편이다. 자유 기업이야말로 진정한 해결책이다. 기업가 정신이 가장 확실한 발전의 길이다."

그의 이런 변화에 팬들뿐만 아니라 본인조차도 놀랐다.

"록스타가 자본주의를 설파하다니. 가끔 내 스스로 하는 말을 듣고도 믿기지 않는다."¹

물론 이 모든 것이 내 노력만으로 이뤄진 것은 아니다. 밤낮으로 싸운 수많은 사람이 있었고, 여러 가지 요소가 작용했다. 가장 중요한 것은 세계화가 실제로 성과를 냈다는 단순한 사실이다. 세계 경제에 속한 국가의 빈곤율은 그 어느 때보다 빠르게 감소했다. 심지어 옥스팜은 공개적으로 자신의 입장 변화가 나로 인해 생긴 것이 아니라고 부인했다. 그리고 보노가 내 말을 들은 횟수보다는 내가 U2의 음악을 들은 횟수가 훨씬 많을 것이다.

2010년대의 자본주의 반대 외침, 지나친 세계화로 선진국이 착취당한다

세계화의 종말은 취소됐다. 그러나 그 결말이 모두의 행복으로 끝나지는 않았다. 내가 책을 쓴 이후 20년 동안 세계는 거친 격변을 겪었다. 2008~2009년에 현대 역사상 최악의 금융 위기가 발생했고, 전 세계를 멈춰 세우고 수백만 명의 목숨을 앗아간 팬데믹이 있었다. 중동은 혼란에 빠졌고, 테러 공격과 난민 위기가 이어졌으며, 지정학적 긴장이 고조됐다. 그러다 마침내 푸틴의 우크라이나 침공으로 대규모 전쟁이 다시 등장했다. 같은 기간 동안 기후 변화의 재앙 같은 영향이 현실이 됐다.

이 모든 사건은 사람들에게 새로운 불안감을 심어 줬고, 개방된 세계 경제에 대한 의심을 부추겼다. 사람들은 점점 강력한 지도자와 거대한 정부가 자신을 보호해 주기를 바라게 됐다. WTO 협상은 완전히 교착 상태에 빠졌고 미국은 WTO의 분쟁 해결 시스템을 약화했다. 금융 위기 이후 처음으로 국내 총생산(GDP, Gross Domestic Product)에서 세계 무역이 차지하는 비중이 증가를 멈췄다. 세계 경제 자유는 정체됐고, 민주화의 물결은 권위주의적 반동에 의해 가로막혔다.

중국에서는 30년에 걸친 개혁이 되돌아갔고, 국가는 다시 영향력을 확대하기 시작했다. 서구 사회에서도 다시금 '세계화가 지나쳤다', '기업을 통제해야 한다'는 목소리가 커졌다. 과거에는 국제 정상 회의에서 시장 개방, 규제 완화, 자유화 같은 주제가 주요 의제였으나(비록 말뿐인 경우도 많았지만), 이제는 논의가 점점 애매해졌다. 개혁에 대한 구체적인 계획 대신 포용성, 지속 가능성, 전략적 자율성, 이러저러한 파트너십 같은 모호한 표현들이 그 자리를 차지했다.

이후 얼마 지나지 않아 묘한 지적 교환이 벌어졌다. 세계화를 향해 공세를 펼치던 좌파 세력이 흔들리자 세계화 반대편에 있던 그들이 갑자기 우파로 이동한 것이다. 미국 경제학자 폴 새뮤얼슨이 한때 말했듯이 보호 무역주의와 싸우는 것은 피부병과 싸우는 것과 비슷하다. 한곳을 치료하면 곧바로 다른 곳에서 다시 나타난다.

새로운 세대의 보수 정치인은 이제 2001년의 아탁과 매우 비슷한 목소리를 내고 있다.

"세계는 위험하다. 이제 더 이상 누구도 질서를 잡지 못하고 있으며, 자유 무역은 지역 전통과 좋은 일자리를 파괴하고 있다."

미국 대통령 도널드 트럼프는 설명했다.

"글로벌리스트란 솔직히 말해 우리나라에 별 관심이 없는 사람들이다."

가난한 국가들이 빠르게 성장하면서 서구 세계는 그들이 세계화의 혜택을 볼 수 있다는 사실을 인정하게 됐다. 하지만 경제를 제로섬 게임으로 보는 신화는 여전히 남아 있다. 즉 누가 이익을 보면 반드시 누구는 손해를 본다고 믿는 것이다. 그래서 많은 사람은 선진국이 손해를 보고 있다고 결론 내렸다. 세계관은 그대로인데 역할만 바뀌었다. 20년 전에는 '자유 무역이 나쁜 이유는 우리가 저들을 착취하기 때문'이라고 했고, 이제는 '자유 무역이 나쁜 이유는 그들이 우리를 착취하기 때문'이라고 한다. 20년 전에는 '자본주의가 문제인 이유는 가난한 나라 사람들을 더 가난하게 만들기 때문'이라고 했고, 이제는 '자본주의가 문제인 이유는 가난한 나라 사람들이 더 부자가 되기 때문'이라고 한다.

처음 내가 시장과 무역, 이민을 옹호하는 주장을 펼쳤을 때 사람들은 나를 '미친 극우'라고 공격했다. 그런데 지금 똑같은 주장을 하면 일부는 나를 '좌파 워크(woke)'라고 비난한다. 달라진 건 내가 아니라 세상이다. 우파 민족주의자들은 경제 정책에 대해 뚜렷한 방향이 없다. 그들의 목표는 '세상을 멈춰 세우고 이민자를 내쫓는 것' 정도다. 이런 이유로 세계화를 향한 그들의 분노는 결국 정부 개입을 강조하는 전통적인 좌파 정책과 맞닿았다. 정치인들은 '안전'이라는 착각을 심어 주기 위해 무역과 이민, 건설을 어렵게 만들었다. 하지만 이는 성장 둔화를 불러왔고 정작 보호하겠다고 했던 사람들에게 피해를 입혔다.

오늘날의 세계 자본주의에 대한 지배적인 내러티브는 좌우를 막론한 포퓰리스트들, 그리고 이제는 온건한 형태로나마 정치 경제 기득권층에서도 상당히 공유되고 있다. 그들은 세계화가 지난 20년 동안 분명히 번영을 가져왔다는 사실은 부정하지 않는다. 다만 '그 혜택이 너무 소수에게만 돌아갔고, 그 소수는 올바른 사람들이 아니다'라고 주장한다. 이들의 논리는 이렇다.

"세계화의 최대 승자는 중국이다. 중국이 우리의 공장과 일자리를 빼앗아 갔다. 그런데 중국은 단순한 승자가 아니다. 위험한 승자다.

우리의 기술을 훔치고, 국가 안보를 위협한다."

이 때문에 세계 경제를 '승자 독식'의 지정학적 게임으로 바라보는 관점이 확산됐다. 그리고 그 해법으로 무역 장벽을 세우고 생산 네트워크를 자국으로 되돌려야 한다는 주장이 힘을 얻고 있다.

또한 이런 내러티브에서는 서구 세계의 경제 성장이 주로 부유층에게만 돌아갔으며 일반 대중의 임금은 수십 년째 정체됐다고 본다. 불평등은 치솟았고, 노동자들은 '불안과 스트레스 속에서 간신히 버티는 프레카리아트(저임금, 저숙련 노동을 하는 불안정 노동 계층*)'가 돼 버렸다. 공장은 문을 닫았고, 노동 계급은 사라졌다. 어떤 경우에는 '절망의 죽음(deaths of despair)'으로 사람들이 실제로 목숨을 잃었다. 이 개념은 3장에서 자세히 다룬다. 한편 시장에서는 소수의 테크 기업들이 손댈 수 없는 독점 권력을 쥐고 동네 가게와 중소기업들을 짓밟고 있다.

이렇게 상황이 최악이라는 것이다. 그리고 여기에 기후 변화로 인한 재앙까지 더해진다. 이를 해결하려면 어떻게 해야 할까?

레이건과 대처 때 열린 시대, 트럼프와 트러스 때 닫히다

이제 다시 강한 정부가 돌아와야 한다는 주장이 나온다. 정부가 경제를 통제하고, 자원을 재분배하고, 산업 정책을 통해 특정 산업과 친환경 기술을 지원해야 한다는 것이다. 이런 논조는 팬데믹이 발생하기 전부터도 강하게 존재했다. 그러다 코로나19가 전 세계를 휩쓸자 외부 세계와 자유 무역에 대한 의심이 폭발적으로 커졌다. 각국 정부는 국경을 닫고 공급망을 자국으로 되돌려야 한다고 주장했다. 트럼프 행정부의 상무장관은 코로나19 사태를 두고 이렇게 말했다.

"이것을 승리의 순간이라고 하고 싶지는 않지만, 북미로의 일자리 회귀를 가속화하는 데 도움이 될 것이다."

〈파이낸셜 타임스〉의 글로벌 비즈니스 칼럼니스트 라나 포루하는 이렇게 선언했다.

"지난 40년간 우리가 알던 세계화는 실패했다."

한편 각국 정부는 경제를 보호하는 방법으로 모두를 위한 구제 금융을 선택했다. 처음에는 금융 부문을 구제했고, 그다음에는 전체 산업으로 확산했다. 사람들은 이제 '이익은 사유화하고, 손실은 세금이나 중앙은행이 떠안는다'는 사고방식에 익숙해졌다. 돈이 부족하면 더 찍어 내면 되고, 그로 인해 인플레이션이 발생하면 또다시 구제 금융을 통해 물가 상승을 보상하면 된다. 그리고 이 과정은 끝없이 반복된다.

스웨덴 총리 마그달레나 안데르손은 이 같은 흐름을 가리키며 선언했다.

"대처와 레이건이 시작한 신자유주의 시대의 종말이다."

이제 이런 말을 하는 건 사회 민주당만이 아니다. 우파 포퓰리스트, 언론인, 경제학자들까지도 '레이건, 대처 시대는 끝났다'고 주장한다. 두 사람은 1980년대 초반 경제 자유화 시대의 상징적인 인물이다. 나는 지금 시대가 그 흐름의 끝자락에 다다른 것처럼 보인다는 데 동의한다.

도널드 트럼프의 경제 고문 스티븐 무어는 이렇게 말했다.

"공화당은 더 이상 레이건의 정당이 아니라 트럼프의 정당이다."

실제로 도널드 트럼프 정부의 공화당은 자유 무역과 이민, 테크 기업에 반대하며 로널드 레이건과는 전혀 다른 행보를 보이고 있다. 거기에 부정 선거에 대한 거짓 주장까지 덧붙었다. 레이건은 생전에 "권력의 평화로운 이양은 자유 세계의 마법"이라고 강조한 바 있다.

한편 마거릿 대처의 보수당(토리당의 후신) 역시 그녀가 주도했던 유럽 단일 시장을 버렸다. 이뿐만 아니라 기존의 경제 원칙들까지 포기하고 국가 주도 산업 정책과 'Buy British(영국 제품 구매)' 같은 구호를 내세우고 있다. 이 새로운 흐름을 가장 적나라하게 요약한 사람은 다름 아닌 영국 총리 보리스 존슨이었다. 그는 한 기자와의 대화 중 "기업 따위는 알 바 아니다"라고 내뱉었다.

그 뒤를 이어 짧은 임기를 보낸 리즈 트러스는 "치즈 대량 수입은 수치스러운 일"이라고 말해 유명해진 인물이다. 그녀는 강인한 이미지로 철의 여인 대처를 재현하려 했지만, 실제로는 전혀 다른 정책을 펼쳤다. 트러스는 재무부, 경제학자, 〈파이낸셜 타임스〉가 지지하는 균형 예산 논리가 틀렸다고 주장했다. 그녀는 막대한 에너지 보조금과 감세 정책을 발표했지만, 자금 조달 계획이 없었고 시장은 이를 외면했다. 결국 그 선택이 그녀의 정치 생명을 끝내 버렸다.

누구의 것인지 모르는
진보의 정책과 보수의 정책

레이건과 대처의 시대가 종말을 맞았다는 선언은 단순히 시대 흐름에 대한 객관적인 평가가 아니다. 이들은 마치 그 시대가 '이상주의자와 급진주의자가 정치판을 신자유주의로 몰아간 이념적 일탈'이었다'고 주장한다. 그리고 이제야 비로소 '정상적인 간섭주의 정책'으로 돌아가야 한다고 말한다.

하지만 이것은 사실이 아니다. 당시 개혁 시대는 이념적 실험이 아니었다. 레이건과 대처를 영감으로 삼은 자유주의 경제학자가 많았지만, 그들의 정책은 '더 큰 정부, 인플레이션, 과도한 규제'로 인해 무너져 가던 기존 모델을 해결하려는 실용적 시도였다.

이런 흐름을 보여 주는 한 가지 증거는 '레이건과 대처의 시대'가 사실은 레이건과 대처 이전에 시작됐다는 점이다. 이 경제 개혁의 시작은 오히려 그들의 정치적 반대파에 의해 이뤄졌다. 미국에서 규제 완화를 주도한 건 레이건이 아니라 민주당 출신 대통령 지미 카터였다. 카터는 1978년 국정 연설에서 이렇게 선언했다.

"우리는 불필요한 연방 규제라는 덤불을 하나씩 베어 내고 있다. 정부는 너무 자주 개인의 삶과 비즈니스에 개입해 왔다."[2]

그리고 실제로 그의 행정부는 항공, 철도, 트럭 운송, 에너지 산업에 대한 규제를 완화했다. (그리고 수제 맥주도! 그 이전까지는 '사무엘 아담스' 같은 맥주를 마실 수도 없었다.) 또한 인플레이션과의 전쟁을 선포한 연방 준비 제도 의장 폴 볼커를 임명한 것도 카터였다. 볼커는 1979년 10월, 과감한 긴축 정책으로 미국 경제의 물가 폭등을 잡으려 했다.

영국에서도 상황은 비슷했다. 1976년, 제임스 캘러헌 노동당 총리는 당원들 앞에서 이렇게 말했다.

"우리는 과거에 정부 지출을 늘리고 인플레이션을 유도하면 경기가 살아난다고 믿었다. 하지만 이제 솔직히 말하겠다. 그런 선택지는 더 이상 존재하지 않는다. 사실 그런 선택지가 과거에라도 있었는지조차

의문이다. 그 방법은 단지 '더 큰 인플레이션'을 유발할 뿐이고, 그다음 단계는 '더 높은 실업률'일 뿐이다."[3]

캘러헌은 고비용 저생산성의 낡은 경제 모델이 더는 지속 가능하지 않다고 인정한 것이다. 이후 대처는 노조와 싸움을 벌이며 적자를 내고 환경을 파괴하는 115개의 탄광을 폐쇄했다. 이것이 그녀를 '강인한 개혁가'로 만들었지만, 동시에 많은 이의 분노를 사게 했다. 그런데 사실 그녀 이전의 노동당 총리 캘러헌과 해럴드 윌슨이 이미 총 257개의 탄광을 폐쇄했다는 사실을 아는가?[4]

즉 1970~1990년대의 경제 자유화는 어떤 자유주의적 이념을 신봉한 급진주의자들에 의해서 이뤄진 것이 아니다. 사회주의 정당이 인도, 호주, 뉴질랜드에서 민영화를 추진했다. 브라질, 멕시코에서 보호무역을 지지하던 정당이 시장을 개방했다. 중국, 베트남, 칠레에서는 독재자들이 경제 자유화를 단행했다(그들의 마음속에는 자유주의적 가치와는 거리가 먼 정치적 목표가 있었지만). 이 개혁들을 이끈 많은 지도자는 사실 국민과 경제를 계속 통제하고 싶어 했을지도 모른다. 하지만 그들은 큰 정부가 지닌 결정적인 문제를 피해 갈 수 없었다.

스웨덴 사회민주당의 재무장관 셸 올로프 펠트는 사회주의 경제 모델의 현실을 이렇게 요약했다.

"간단히 말하면, 애초부터 그것은 불가능했다."

이것이 핵심이다. 이런 주장은 언제나 강하게 유혹한다. 누군가가 우리에게 온 세상을 약속하고 구제 금융과 공짜 혜택을 보장해 주겠다고 하면, 그것은 당연히 대중에게 인기를 얻는다. 하지만 그것은 작동하지 않는다. 과거에도 그랬고 지금도 마찬가지다.

왜 지금 다시 자본주의를 말하는가?

세상에 공짜 점심은 없다. 부(富)는 분배되기 전에 먼저 창출돼야 한다. 대처가 말했듯이, 결국 사람들의 돈은 바닥나게 돼 있다. 그럴 때마다 돈을 더 찍어 낸다면 결국 돈의 가치를 스스로 망가뜨리는 꼴이 된다. 리즈 트러스는 이를 몸소 경험했다. 대처의 명언을 아무리 인용해도, 재원이 뒷받침되지 않는 '모두를 위한 예산'을 정당화할 수는 없었다. 그 결과는 급증하는 국가 부채와 치솟는 인플레이션이었다. 그때부터 생각해야 할 문제는 하나였다.

'어떻게 하면 부를 창출할 것인가?'

이런 실패의 기억이 희미해질 때면 새로운 세대의 정치인들은 다시 같은 실수를 반복하고는 한다. 과거의 실패를 잊은 이들은 보호주의, 국가 주도의 산업 정책, 경직된 규제, 과도한 세금 같은 비합리적인 정책들을 시도하려는 유혹에 빠진다. 이는 경제 성장의 동력을 짓누를 뿐이다. 그 피해는 가장 취약한 계층이 고스란히 떠안는다. 나아가 인류 발전의 가장 강력한 원동력이었던 세계 경제 자체를 위협한다.

지난 20년은 혼란의 연속이었다. 우리는 충격적인 사건들, 팬데믹, 전쟁을 겪어야 했다. 그럼에도 이 20년은 인류 역사상 가장 번영한 시대였다. 이 기간 동안 극빈층은 70% 감소했다. 이는 내가 처음으로 세계 자본주의를 옹호한 이래 매일 13만 8,000명이 빈곤에서 벗어났다는 뜻이다. 하루에 13만 8,000명. 남녀노소 할 것 없이 매일같이 빈곤에서 탈출했다. 이 수치는 팬데믹 시기의 일시적 증가를 고려하더라도 여전히 압도적인 성과다. 이런 진보는 반드시 지켜 내야 하며 더 많은 곳에서 확산돼야 한다.

그렇기 때문에 우리는 이런 교훈을 계속해서 되새겨야 한다. 경제적 자유가 왜 필요한지를 현시대의 문제들과 연결해 다시금 주장해야 한다. 최소한 20년마다 한 번씩은 이 같은 논의를 되풀이할 필요가 있다. 그렇기에 나는 이 책을 쓰기로 결심했다.

이 책을 쓰게 된 또 다른 이유가 있다. 지난 10년 사이 경제 문제는 더 이상 최우선 과제가 아니게 됐다. 물론 경제 논쟁이 완전히 사라진 것은 아니지만, 이제는 부차적인 문제로 취급됐다. 사람들의 관심은 경제 시스템을 어떻게 운영해야 하는가가 아니라 문화 전쟁으로 옮겨 갔다. 냉전 시대에는 자본주의와 공산주의 간의 대립이 존재했다. 그러나 냉전이 끝난 이후, 경제 정책은 더 이상 이념적 논쟁의 대상이 아니라 행정적 기술과 운영 능력의 문제로 간주됐다.

이제 사람들은 '우리는 어디로 가고 있는가?'를 논의하는 대신 '우리는 누구인가?'와 '누가 우리와 맞지 않는가?'를 묻기 시작했다. 좌파(statist left)와 우파(nationalist right)는 각자 자신들이 꿈꾸는 '순수하고 안전한 세계'를 만들기 위해 자신들과 맞지 않는 것들을 하나씩 배제하기 시작했다. 국경을 닫고, 동상을 끌어내리고, 반대하는 목소리를 억누르고, '깨어 있는' 기업들이 침묵하도록 위협하는 것. 이 모든 것이 그 과정에서 벌어진 일들이다.

문화 전쟁은 획일적인 정체성을 모든 사람에게 강요하는 제로섬 게임이다. 반면 자본주의는 모든 사회 구성원이 자신의 정체성을 지키며 비전을 실현할 기회를 주는 포지티브섬 게임이다. 자본주의는 성장하는 역동적인 사회를 만들며 사람들에게 더 많은 기회를 제공한다. 문화 전쟁에서 사람들은 '승리 아니면 죽음', '침묵은 폭력'을 외친다. 하지만 자유주의적 자본주의자는 이렇게 말한다.

"당신이 내 주머니에서 돈을 훔치거나 내 다리를 부러뜨리지만 않는다면, 나는 당신이 원하는 대로 살게 두겠다."

이 책은 당신을 문화 전쟁에서 벗어나게 하고 우리 미래를 결정짓는 진짜 중요한 문제로 되돌아가게 하려는 시도다.

왜 '자본주의'인가? 언어는 종종 혼란을 일으킨다. '자본주의'라는 말은 오해를 불러일으키기 쉽다. 자유 시장 자본주의는 사실 자본 자체가 아니라 경제의 통제권을 소수의 권력자에게서 수십억 명의 소비자, 기업가, 노동자로 돌려주는 것에 관한 개념이다. 즉 사람들 스스로 삶을 더 나아지게 만들 수 있도록 그들이 직접 선택하고 결정할 수 있도록 하는 것이다. 따라서 '자본주의를 통제하겠다'는 말은 사실상 정부가 시민을 통제하겠다는 뜻이나 다름없다.

하지만 이 표현은 그렇게 들리지 않는다. 내가 존경하는 지식인 중 한 명인 디드러 매클로스키는 자본주의라는 단어가 '자본의 지배'를 뜻하는 것처럼 들리지만, 사실 자본주의는 '사람들을 해방시켜 자유롭게 경제적 결정을 내릴 수 있도록 하는 것'이라고 지적했다. 그녀는 이렇게 말했다.

"자본주의라는 단어는 과학적 오류가 응축된 단어다. 이는 우리의 적들이 만들어 낸, 그리고 우리의 친구들마저 불행히도 그대로 사용하고 있는 극도로 오해를 불러일으키는 용어다."[5]

그렇다면 나는 왜 이 단어를 계속 사용하는가? 그 이유는 간단하다. 우리가 이 단어에 올바른 의미를 부여하지 않으면 반대자들이 그 의미를 왜곡해서 채워 넣을 것이기 때문이다. 어떤 단어를 쓰든 사유 재산과 자유 시장을 의미하는 이 체제는 이미 자본주의라는 단어와 분리할 수 없을 만큼 연결돼 있다.

이 책을 읽어 나가다 보면 시장 경제가 본질적으로 경쟁과 대립이 아니라 협력과 교환에 기반하고 있음을 알게 될 것이다. 시장 경제는 혼자서는 할 수 없는 일을 다른 사람들과 함께 해낼 수 있도록 만들어 주는 시스템이다.

　마찬가지로 이 책 또한 내 머릿속에서 갑자기 완성된 것이 아니다. 이 책은 내가 만난 사람들, 읽은 책들, 나의 지식을 확장시켜 준 연구자들, 그리고 내 실수를 바로잡을 수 있도록 도와준 반대 의견을 가진 사람들 덕분에 탄생했다. 시장에서 나오는 모든 제품과 서비스가 그러하듯 이 책 또한 협력과 연대의 정신 속에서 수많은 사람의 노력으로 나온 산물이다. 물론 이 책에 실린 모든 오류는 전적으로 내 책임이다.

　시장의 힘이 언제나 당신과 함께하길 바란다.

차례

추천사
일론 머스크 | 성공 그 이상의 자본주의를 알려 주는 책　　　　　　　　4
이진우 | 가장 번성한 동시에 위기인 지금 반드시 읽어야 할 경제서　　5
오건영 | 편견을 깨는 내용과 풍부한 사례, 감명을 주는 인사이트　　　7
염승환 | 지금 우리에게 필요한 가치를 알려 주는 수작　　　　　　　　8
언론의 찬사　　　　　　　　　　　　　　　　　　　　　　　　　　12

한국어판 특별 서문　열린 사회와 시장의 가치를 믿는 나라를 위하여　14

시작하며　내가 자본주의자를 자처한 이유　　　　　　　　　　　　17
2000년대 자본주의 논쟁의 결과, 세계화는 더 활발히 이뤄져야 한다　18
2010년대의 자본주의 반대 외침, 지나친 세계화로 선진국이 착취당한다　21
레이건과 대처 때 열린 시대, 트럼프와 트러스 때 닫히다　　　　　　25
누구의 것인지 모르는 진보의 정책과 보수의 정책　　　　　　　　　28
왜 지금 다시 자본주의를 말하는가?　　　　　　　　　　　　　　　　31

1장 자본주의자 vs. 비자본주의자
무엇이 폭발적인 경제 성장을 일으켰나?   43

세계화 이후 30년 절반으로 줄어든 빈곤율, 사망률, 문맹률	46
영국에서 동유럽까지 자본주의의 확산	50
왜 라틴 아메리카는 예외인가?	56
왜 아프리카는 발전하지 못했을까?	60
손주를 만나는 자유를 누릴 수 있는 나라	66
가난한 나라의 연평균 성장률이 선진국을 넘은 시대	71
강한 지도자가 만드는 약한 국가	74
포퓰리스트들은 어떻게 나라 경제를 망치는가?	78

2장 성장 vs. 재분배
시장 경제를 계획할 수 있는가?   83

경제 성장률 1%의 차이	86
단기 복지 지출과 경제 성장률의 상반된 관계	90
커피 한 잔에 담긴 자본주의	95
미국의 흑인 승객 이야기와 인도의 달리트 노동자 이야기	99
보이지 않는 손과 보이는 손	103
'너의 것'과 '나의 것'을 존중하는 경제권의 자유	110
위기가 닥치면 정부가 개입해야 하지 않을까?	118

3장 파이 키우기 vs. 제로섬
우리는 누구에게 일자리를 뺏겼는가? 127

다른 나라에, 기계에 일자리를 뺏겼다?	130
호텔 스위트룸으로 올라갈 수 있는 기회	135
직장 스트레스에 시달리는 현대인에게	144
불안감과 안정감, 시간과 소득, 유연성과 강제성, 성장과 도태	149
중국산 수입품 덕분에 국내에 일자리가 생긴다고?	152
가난을 자처하게 되는 절망의 시스템	158
영국의 브렉시트 그 이후	164

4장 억만장자 vs. 우리
부자는 노동자를 착취해서 돈을 버는 도둑인가? 171

어느 마을에서 일어난 밀짚모자 사업 이야기	174
자본가가 가져가는 수익 2.2%	177
증조할머니의 증조할아버지의 증조할머니의 타임머신	180
토마 피케티와 〈포브스〉 400대 억만장자 리스트의 생존자들	183
만약 부유층의 돈을 빈곤층에게 나눈다면	188
불평등이 사람을 죽음에 이르게 하는가?	193
그들만의 이익을 원하는 패거리 자본주의자	196
정책이 만들어 내는 좀비 기업	200

5장 거인들 vs. 도전자들
독점 시장을 파고들 시장이 남아 있는가? 205

기업은 경쟁한다, 독점하지 않는다	208
기업이 사기꾼이라는 생각	215
기업이 소비를 조장하는가, 인류가 소비를 좋아하는가?	219
웹 자본주의가 우리에게 미치는 영향	226
빅 테크가 계속 선두 자리를 지킬 수 있는 이유	234
데이터는 모래다	242

6장 정부 주도 vs. 시장 주도
혁신과 성장은 어디에서 시작되는가? 249

기업의 혁신과 성장이 정부에서 시작된다고 주장하는 사람	252
정부가 주도해 성공한 산업 정책 뒤에 가려진 것	261
스웨덴 왕실이 만든 바사호, 나랏돈을 버는 복지 기업가들	266
최후의 개척지	271

7장 중국 vs. 세계
패권 경쟁의 승자는 누가 될 것인가?   279

대륙에 벼룩처럼 퍼져 나간 사유화	283
중국 당국은 개혁을 생각한 적이 없다	289
다시 고개를 든 마오이즘의 반격	292
중국이 지금보다 가난했더라면 덜 위협적이었을까?	297
과거로 회귀한 시진핑	300
경제 시장으로 나갈 것인가, 경제 감옥에 갇힐 것인가?	305

8장 환경 vs. 성장
환경이 먼저인가, 성장이 먼저인가?   311

성장을 멈추면 환경 문제도 해결될까?	314
지구에 인간의 발자국을 줄이는 예상 밖의 방법	319
어떤 자원이 고갈될지 걱정할 필요가 없는 이유	325
부유해질수록 환경을 지킬 수 있다	329
자국 내 생산과 관세 부가가 이롭지 않은 이유	335
탄소세와 탄소 국경세 그리고 탄소 가격제와 세금 논란	340

9장 자본주의 vs. 인간성
자본주의에서 삶의 의미를 찾을 수 있는가?   349

자본주의에서는 인생의 의미를 찾을 수 없다는 주장에 대한 반론	352
우리는 정말 외로워서 상처받고 있는가?	357
자본주의 사회에 이타적인 사람이 더 많다는 증명 실험	365
우리 사회의 행복에 관하여	372
경제적 자유의 진정한 의미	380

마치며 진보와 자유를 좇는 모든 자본주의자에게	385
오늘날을 보는 자본주의자의 시각	388
어느 로마 황제의 노래 경연 대회	392

주석   396

1장

자본주의자 vs. 비자본주의자

무엇이 폭발적인 경제 성장을 일으켰나?

> (1990년 이후) 자본주의는
> 갑자기 가장 야만적인 형태로 퇴행할 자유를 얻었다.
>
> **나오미 클레인**[1]

20년 전, 나는 《세계 자본주의를 옹호하며》를 쓰면서 세계가 그 어느 때보다 빠르게 발전하고 있다는 내용으로 첫 번째 장을 썼다. 나는 많은 사람이 갖고 있는 오해, 즉 세상이 점점 더 나빠지고 위험해지며 불공평해지고, 가난한 사람은 더욱 가난해지고 있다는 통념에 반박했다.

1999년 세계은행은 "세계 빈곤이 증가했고, 개발 도상국의 성장 전망이 어두워졌다"라고 발표했다. 미국의 저명한 시민 운동가이자 변호사인 랄프 네이더는 "세계화의 본질은 인간의 권리, 환경의 권리, 민주주의의 권리를 세계 무역과 투자의 질서에 종속하는 것이다"라고 주장했다. 스웨덴의 대주교는 한술 더 떠 "우리가 가는 길은 곧장 지옥으로 향하고 있다"라고까지 말했다.[2]

그러나 나는 그와 정반대의 이야기를 했다. 나는 경제를 개방한 가난한 나라들이 소득, 농업 생산, 영양 상태, 건강, 예방 접종, 교육 등에서 눈에 띄게 개선되고 있다는 사실을 강조했다.

그 당시에는 이런 정보를 쉽게 접하기 어려웠다. 이상하게도 국제 기구들은 세금으로 운영되면서도 자신들이 수집한 데이터를 공개하지 않는 경향이 있었다. 그때는 갭마인더(스웨덴의 비영리 통계 분석 서비스*)가 설립되기 4년 전이었고, 한스 로슬링이 세계 발전에 대한 데이터를 쉽게 이해할 수 있도록 소개하기 전이었다. 또한 맥스 로저가 방대한 데이터를 사용자 친화적으로 제공하는 'OWID(Our World In Data)'를 시작하기 10년 전이기도 했다.[3] 하지만 내가 직접 찾아낸 자료만으로도 충분했다. 이것은 내 세계관을 완전히 바꿔 놓았다.

세계화 이후 30년
절반으로 줄어든 빈곤율, 사망률, 문맹률

특히 내 관심을 끈 것은 세계은행이 직접 제공한 데이터였는데, 그들의 주장과 달리 1990년대에 극심한 빈곤층이 38%에서 29%로 감소했다는 사실이었다.[4] 나는 빈곤이 빠르게 줄어들고 있다고 설명하면서 '2015년까지 세계 빈곤율이 절반으로 감소할 수 있다'는 매우 낙관적인 전망을 제시했다. 결과는 예상을 훨씬 뛰어넘었다. 2015년, 극심한 빈곤율은 약 10% 수준으로 떨어졌다.

2000년부터 2022년까지 우리는 역사상 전례 없는 빈곤 감소를 경험했다. 극심한 빈곤율은 29.1%에서 8.4%로 하락했다. 1981년까지만 해도 세계 인구의 40% 이상이 극심한 빈곤 상태에 있었다. 현재는 인류 역사상 처음으로 10명 중 1명 미만만이 빈곤한 상황에 처해 있다. 이 기간 동안 세계 인구는 15억 명 이상 증가했지만, 빈곤층의 수는 11억 명 이상 감소했다.

이것은 인류의 가장 위대한 성취다. 수천 년 동안 인류가 겪은 극심한 고통과 빈곤이 그 어느 때보다 빠르게, 그 어느 곳보다 광범위하게 밀려나고 있다. 나는 현대 사회를 분석하는 전문가와 작가들이 이런 사실을 출발점으로 삼지 않는 것을 보면 그들의 주장을 진지하게 받아들이기가 어렵다. 하지만 여전히 많은 사람은 이렇게 반박한다.

"이 빈곤 감소는 중국 때문일 뿐이다."

이는 다섯 명 중 한 명이 거주하는 거대한 나라를 세계적 발전 논의에서 제외하자는 다소 이상한 주장이다. 게다가 그 자체로 틀린 주장이다. 1990년부터 2019년까지의 데이터를 보면 중국을 제외하더라도 극심한 빈곤율은 28.5%에서 약 10%로 거의 3분의 2가 감소했다.

세계화 시대를 거치면서 가난한 나라들이 눈에 띄는 발전을 이뤘다. 그 결과 오늘날 동아시아, 남아시아, 라틴 아메리카, 중동 지역의 극심한 빈곤율은 1960년 서유럽의 빈곤율보다 낮아졌다. 1960년의 서유럽은 전후 경제 호황을 누리던 시기였고 우리는 그 시대를 번영의 시대로 기억한다. 오늘날 1960년대 서유럽보다 빈곤율이 더 높은

유일한 지역은 사하라 이남 아프리카뿐이다.[5]

노벨 경제학상 수상자인 앵거스 디턴은 이렇게 말했다.

"일부 사람들은 세계화가 신자유주의자의 음모이며, 소수의 부자만을 위해 다수를 희생시키는 구조라고 주장한다. 만약 그렇다면 이 음모는 철저히 실패했다. 그 의도와는 달리 사람들을 10억 명 이상 구제하는 결과를 낳았다. 의도하지 않은 결과가 항상 이렇게 긍정적인 방향으로 작용한다면 얼마나 좋을까?"[6]

나는 경제 발전의 다른 지표들도 분석했는데 이들 역시 빠른 속도로 개선되고 있었다. 그 이유 중 하나는 기술이 저렴해졌기 때문이며, 또 다른 이유는 현지의 구매력이 증가했기 때문이다.[7] 1990년부터 2020년까지 5세 미만 아동의 사망률은 9.3%에서 3.7%로 감소했다. 이는 오늘날 세계 인구가 훨씬 증가했음에도 1990년대 초반과 비교해 약 750만 명의 어린이가 매년 더 살아남고 있다는 의미다.[8] 같은 기간 동안 산모의 사망률은 55% 이상 감소했다.

1990년부터 2019년까지 세계의 평균 기대 수명은 64세에서 거의 73세로 증가했다. 기초 교육을 받는 인구의 비율이 급등했고 문맹률은 거의 절반으로 줄어들었다. 1990년에 세계 문맹률은 25.7%였지만 2019년에는 13.5%로 감소했다. 15~24세 연령층의 문맹률은 현재 8% 남짓에 불과하다. 또한 2000년부터 2020년까지 5~17세 아동의 노동 비율은 전 세계적으로 16%에서 10% 미만으로 감소했다.[9]

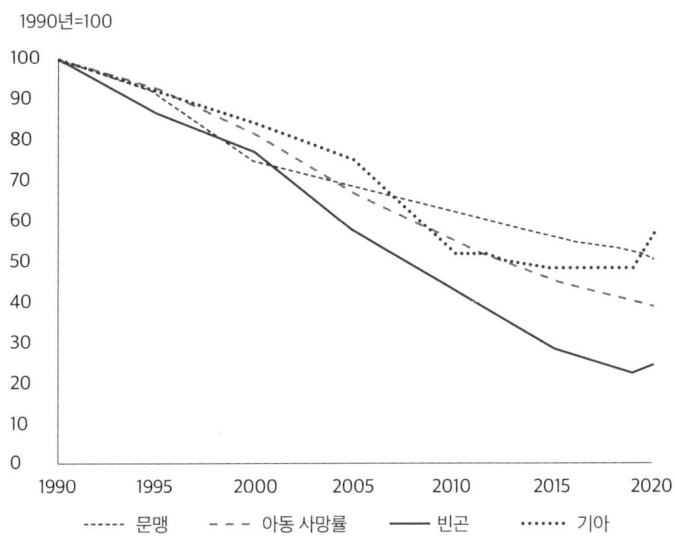

1990~2020년까지 세계적인 발전[10]

나오미 클레인의 주장에 따르면 자본주의가 가장 '야만적인 형태'로 전 세계를 장악한 시기인 1990년 이후의 30년 동안 인류의 삶의 질은 그 이전 3,000년을 합친 것보다 더 크게 향상됐다. 물론 이 30년이 쉬운 시기는 아니었다. 전쟁, 경제 위기, 사회적 불평등이 끊이지 않았다. 나는 이 시대가 일방적으로 좋았다고 주장하는 것이 아니다. 다만 인류가 경험한 그 어떤 시대보다 나았다는 것은 분명하다.

코로나19 팬데믹은 이런 발전을 일부 후퇴시켰다. 세계가 봉쇄되고 무역, 이주, 교육이 차단되면서 기대 수명은 2021년에 71세로 후퇴했고, 극심한 빈곤에 놓인 사람의 수는 팬데믹 첫해에만 약 7,000만 명이 증가한 것으로 추정된다. 소득, 빈곤, 건강과 관련된 다양한 지표를 종합해 보면 세계는 팬데믹의 영향으로 인해 약 2~3년 전으로 후퇴한 셈이다. 전 세계적 봉쇄가 얼마나 큰 재앙이었는지를 보여 주는 가장 비극적인 증거가 아닐 수 없다. 그러나 2021년부터 세계가 다시 개방되기 시작하면서 극심한 빈곤은 다시 감소세로 돌아섰다. 그해에만 3,000만 명이 빈곤에서 벗어났다.

영국에서 동유럽까지
자본주의의 확산

근시와 원시를 모두 가진 사람이 있다고 하자. 그의 시력이 평균적으로는 완벽하다고 말할 수도 있을 것이다. 그러나 실제로는 초점이 맞지 않는다. 앞서 언급한 모든 통계 수치는 평균값이다. 이 수치에는 전쟁과 독재로 인해 발전이 정체되거나 오히려 후퇴한 국가들도 포함된다. 즉 어떤 나라들은 평균보다 훨씬 더 큰 발전을 이뤘다는 의미다. 이처럼 성공적인 경제 발전을 이룬 국가들은 특정 지역에 국한하지 않는다. 모든 대륙과 다양한 문화권에서 발견된다. 이 나라들의 공통점은 단 하나다. 바로 자국민에게 더 많은 자유를 부여했다는 것이다. 혁신하고 창조하고 일하고 사고파는 자유를 말이다.[11]

역사를 돌아보면 경제가 급성장한 시기와 장소를 확인할 수 있다. 기원후 1,800년 동안 전 세계의 평균 소득은 거의 변하지 않았다. 그러나 200년 전 영국에서 변화가 시작됐다. 당시 영국은 세계에서 경제가 가장 자유로운 국가였다. 산업 혁명이 시작됐고 이를 통해 1820년에서 1850년 사이에 영국의 극심한 빈곤율이 절반으로 감소했다. 이전까지 한 번도 본 적 없는 변화였다.

그 뒤를 서유럽과 미국이 따랐다. 이들은 점차 세계에서 가장 자유로운 경제를 갖춘 국가로 자리 잡으며 경제 성장을 주도했다. 스칸디나비아 국가들은 19세기 중반부터 경제를 자유화하기 시작했다. 그 결과 100년 동안 일본을 제외한 그 어떤 국가보다 빠르게 경제가 발전했다. 일본은 1868년 메이지 유신 이후 경제를 개방하면서 50년 만에 빈곤율을 80%에서 20%대로 낮췄다.[12]

반면 세계의 남반부와 동쪽에서는 경제 발전이 정체됐다. 이 지역은 권위주의적인 지도자와 식민 지배자에 의해 계획 경제가 강제됐기 때문이다. 당시 유명한 사회학자 막스 베버는 유교와 힌두교가 사회와 경제의 현대화를 어렵게 만든다는 내용의 저서를 출간할 정도였다. 그렇게 세계는 산업화된 국가와 개발 도상국, 부유한 나라와 가난한 나라로 나뉘었다.

그러나 곧 동아시아의 네 마리 용이 기존의 세계관을 뒤흔들기 시작했다. 영국의 식민지였던 홍콩과 도시 국가 싱가포르는 다른 나라들과는 정반대의 길을 걸었다. 그들은 무역 장벽 없이 경제를 완전히 개방했다. 당시 전문가들은 자유 무역이 이 국가들의 작은 제조업 부문을 무너뜨릴 것이라고 주장했다. 그러나 예상과는 반대로 이 국가들은 역사상 유례없는 속도로 산업화를 이뤘고 심지어 옛 식민 지배국인 영국보다도 더 부유해졌다.

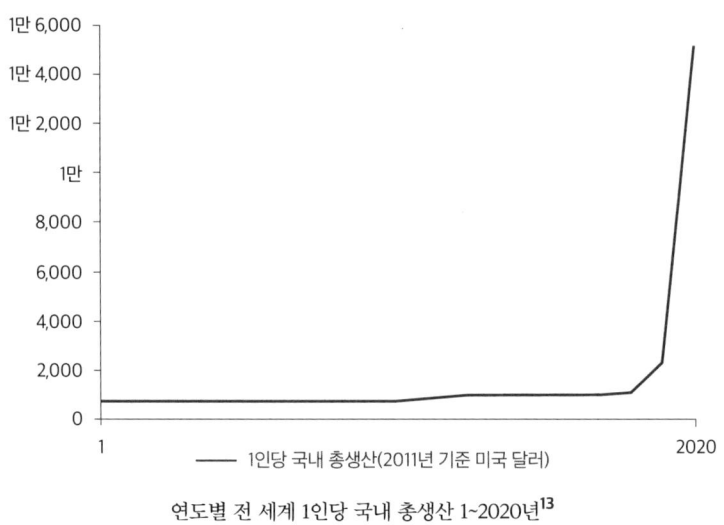

연도별 전 세계 1인당 국내 총생산 1~2020년[13]

이를 보고 배운 한국과 대만은 경제 자유화를 추진하면서 놀라운 성과를 거뒀다.[14] 세계 최빈국이었던 이 국가들은 초고속으로 성장해 단 몇 세대 만에 부유해졌다. 이것은 세계적인 경각심을 불러일으켰다. 왜냐하면 대만의 중국인들과 마오쩌둥 치하의 중국인들, 자본주의 남한과 공산주의 북한은 너무나도 명확히 대조됐기 때문이다. 1950년대 중반만 해도 대만의 1인당 소득은 중국보다 약간 높은 수준에 불과했다. 그러나 1980년에는 대만이 중국보다 4배 더 부유했다. 1935년, 북한은 남한보다 부유했다. 국가가 분단되기 전 북한 지역에 광물 자원과 발전 시설이 집중돼 있었기 때문이다. 그러나 오늘날 남한은 북한보다 20배 더 부유하다.

자본주의의 성공 사례가 서구에만 국한되지 않는다는 점이 명확해졌다. 그러자 새로운 내러티브가 등장했다.

"몇몇 개발 도상국이 세계 시장에 진입할 수는 있지만, 그것은 이들이 너무 작아서 무시할 만한 수준이기 때문이다."

그러나 오늘날에는 정반대의 주장을 듣는다.

"개발 도상국이 성공할 수도 있지만, 그것은 이들이 너무 커서 가능했을 뿐이다."

이런 변화는 두 거대 국가, 중국과 인도의 변혁 때문이었다. 수십 년 동안 중국과 인도는 각각 공산주의 독재와 엄격한 보호 무역 경제에 의해 발전이 가로막혀 있었다. 그래서 사람들은 '중국인과 인도인은 세계에서 성공할 수 있다. 하지만 정작 중국과 인도에서는 성공할 수 없다'고 말했다.

그러나 1976년 중국의 독재자 마오쩌둥이 사망하며 이런 흐름이 바뀌었다. 미국 경제학자 스티븐 라덜렛은 이를 두고 이렇게 말했다.

"그는 단 한 번의 행동으로 전 세계 빈곤의 방향을 극적으로 바꿨다. 그 행동은? 바로 그의 죽음이다."

그의 후계자인 덩샤오핑은 농민과 마을 공동체가 비밀리에 행하던 사기업 활동을 공식 인정했다. 그리고 이를 중국 전역으로 확산시켰다. 그동안 억눌려 있던 창의성과 야망이 드디어 해방됐고, 중국 경제는 사상 유례없는 속도로 성장했다. 아이러니하게도 세계 각국의 지식인들은 곧 '이것은 이상할 것이 없다. 원래 유교는 경제 현대화를 촉진하는 요소이기 때문이다'라는 새로운 주장을 펼치기 시작했다. 이전에 유교가 경제 발전을 가로막는다고 했던 것과 정반대였다.

인도는 좀 더 오랜 시간 동안 발전이 저해됐다. 인도 경제학자 파르트 샤는 이렇게 말했다.

"우리는 주변국들을 바라보기 시작했다. 한국, 대만, 그리고 이제는 중국까지… 그들은 경제 모델을 바꿨고 그 결과 성공을 거뒀다. 이제 인도도 배워야 할 때다."[15]

1991년, 인도는 경제를 개혁했다. 당시 인도는 부채 주도형 경제 호황이 붕괴하면서 외환 보유액이 3주 내로 소진될 위기에 처했다. 이런 경제 위기는 당시 인도 재무 장관이었던 만모한 싱에게 결정적인 계기가 됐다. 그는 의회 연설에서 19세기 낭만주의 작가 빅토르 위고의 말을 인용했다.

"때를 만난 아이디어는 세상 그 어떤 힘으로도 막을 수 없다."

개혁의 핵심은 인도의 발전을 가로막고 인구 절반을 극심한 빈곤 상태에 묶어 두던 무역 장벽과 각종 규제를 철폐하는 것이었다. 그 당시 경제학자들은 인도의 느린 경제 성장을 두고 '힌두식 성장률'이라며 마치 문화적으로 경제 성장이 어려운 나라인 것처럼 평가절하했다. 그러나 1991년 개혁 이후 모든 것이 변화했다. 마법처럼 경제가 폭발적으로 성장했다. 오늘날 인도의 평균 소득은 개혁 이전보다 3배 증가했고, 극심한 빈곤은 5분의 1 수준으로 감소했다.

같은 시기, 중부 및 동유럽의 공산주의 체제도 마침내 무너졌다. 그러나 자본주의와 공산주의의 경제 경쟁은 이미 오래전에 결론이 났다. 우리는 흔히 공산주의 국가들이 시장 경제 국가들과 비교조차 되지 않았다고 생각한다. 그러나 1950년 당시에는 상황이 달랐다. 그 시기 소련, 폴란드, 체코슬로바키아, 헝가리 등의 공산권 국가들은 스페인, 포르투갈, 그리스 같은 서유럽의 빈곤국보다 1인당 국내 총생산이 25%가 더 높았다. 그러나 1989년 동유럽 공산 국가들은 서유럽 국가들에 비할 바가 아니었다. 독일을 보자. 제2차 세계 대전 이전에는 동독이 서독보다 더 부유했다. 그러나 1989년 11월 9일, 베를린 장벽이 무너질 때 동독의 1인당 국내 총생산은 서독의 절반에도 미치지 못했다.[16]

이 국가들 중에서 경제를 가장 개방한 나라들이 평균적으로 가장 빠르게 성장했고 가장 강한 민주주의를 구축했다. 공산주의 이후 26개국을 대상으로 한 분석에 따르면 경제적 자유가 10% 증가할 때마다 연간 성장률이 2.7% 더 빨라지는 것으로 나타났다.[17] 정치와 경제 제도가 가장 크게 발전한 곳은 유럽 연합 회원국이 된 중앙 및 동유럽 국가들이었으며, 특히 발트 삼국(에스토니아, 라트비아, 리투아니아)은 세계에서 자유로운 국가로 자리 잡았고, 독립 이후 평균 소득이 3배 이상 증가했다. 최근에 개혁한 국가 중 하나인 조지아도 주목할 만하다. 과거에는 경제적으로 낙후된 국가로 평가받았으나, 2003년 장미 혁명 이후 1인당 소득이 거의 3배로 늘고 극심한 빈곤율은 약 3분의 2 수준으로 줄어들었다.

이 같은 현상은 전 세계에서 확인할 수 있다. 경제적, 사회적 발전은 단순히 국가가 작거나 크기 때문이 아니며, 우리가 생각하는 것보다 종교나 전통과도 관련이 적다. (종교와 전통은 복잡한 개념이며, 사회는 시대의 변화에 맞춰 이를 재해석하면서 경제와 문화에 적응해 나간다.)

결국 핵심은 자유에 있다. 사람들은 약간의 자유라도 주어지면 국가를 발전시키고 큰 성과를 만들어 낸다. 세계적인 불평등의 원인은 자본주의의 불균등한 분포 때문이다. 자본주의를 받아들인 사람들은 부유해지고 그렇지 못한 사람들은 여전히 가난하게 남아 있다.

왜 라틴 아메리카는
예외인가?

———

라틴 아메리카는 오랫동안 '발전 없는 성장'이라는 현상에 시달렸다. 즉 경제와 수출 수익이 증가하더라도 전체 국민의 생활 수준은 나아지지 않는 경우가 많았다. 이는 스페인과 포르투갈로부터 독립한 후에도 식민지 시절의 유산이 사라지지 않고 오히려 자국 엘리트에 의해 더욱 심화됐기 때문이다. 라틴 아메리카 경제는 반봉건적인 구조를 유지했으며 대지주 계층 소수가 광대한 토지를 소유한 반면, 대다수 국민은 교육받지 못한 농업 노동자로 남아 있었다.

대지주들은 원주민에게 토지를 빼앗고 값싼 노동력을 착취하며 생산량을 늘릴 수 있었다. 따라서 이들은 수익을 보다 나은 기술이나 생산성이 높은 농업에 재투자할 필요를 느끼지 않았다. 동시에 차별, 과도한 기업 규제, 부족한 교육이 다른 산업 분야에서 기업 활동을 가로막았다.

1950~1960년대 라틴 아메리카의 지식인들은 이런 원자재 및 농산물 중심의 아시엔다 경제를 비판하며 '종속 이론'을 발전시켰다. 이 이론에 따르면 해결책은 수입을 대체하는 방식의 산업화를 추진하는 것이었다. 이를 위해 정부는 관세를 높여 외국 상품의 유입을 막고 국내 산업을 보조금과 규제로 보호해야 한다고 주장했다.

그러나 역설적이게도 이런 정책은 지식인들이 경고했던 문제들을 더욱 악화했다. 비효율적이면서도 보호받는 산업 기업들은 가난한 소비자와 소규모 기업의 희생을 대가로 부를 축적할 수 있었고, 그 결과 불평등은 더욱 심화됐다. 1960년대 초반 평균 관세율은 수백 퍼센트에 달했으며, 여기에 할당량 및 기타 무역 장벽이 추가됐다. 아르헨티나산 트럭은 사실상 대부분 수입된 트럭을 국경에서 분해한 후 다시 조립한 것이었으며, 그 가격은 세계 시장 가격보다 거의 1.5배 비쌌다. 칠레산 자동차는 3배나 비쌌다. 기업들은 전문화와 규모의 경제

에 집중하는 대신 거의 모든 제품을 소량 생산하면서 단위당 매우 높은 비용을 감수해야 했다.[18]

기업들이 성공하려면 정치에 개입해야 했고 그 결과 부패는 더욱 심화됐다. 국내 기업들은 경쟁의 압박을 받지 않아 기술과 지식을 현대화할 필요가 없었기 때문에 각국 정부는 이를 해결하기 위해 다국적 기업을 유치해야 했다. 하지만 다국적 기업들은 보호와 특혜를 제공받는 새로운 조건으로만 들어왔다. 역설적으로 이런 경제 구조는 오히려 원자재와 농산물 수출에 더욱 의존하게 만들었다. 폐쇄적인 경제와 작은 내수 시장에서는 필수 기계와 원자재를 수입할 자금을 마련할 방법이 없었기 때문이다.

산업이 확장되긴 했지만 비효율적이고 비용이 높은 생산 방식에 기반한 것이었고, 국제 금융 시장에서의 차입에 점점 더 의존하게 됐다. 그러나 국제 금리가 급등하면서 이 길도 막혔고, 결국 1982년 8월 멕시코가 국가 부도를 선언했다. 이로 인해 라틴 아메리카 전역이 '잃어버린 10년'이라 불리는 경제 붕괴를 겪었다. 거의 공황 상태에 빠진 각국은 차례로 기존의 경제 모델을 포기하고 비효율적인 구조를 정리하며 대외 개방을 추진할 수밖에 없었다.

역설적이게도 종속 이론의 대표적인 주창자였던 사회학자 페르난두 엔히키 카르도주는 1995년부터 2002년까지 브라질 대통령으로 재임하며 경제 자유화를 주도했다. 과거에 보호 무역을 옹호하던 그는 훗날 이렇게 말했다.

"기아 퇴치를 위해 원조는 필요하다. 특히 기근이 심한 국가에서는 더욱 그렇다. 하지만 기아 문제를 해결하고 세계적인 발전을 촉진하는 데 있어 가장 중요한 것은 WTO가 정의하는 규칙 기반의 공정한 국제 무역 체제다."[19]

1990년 이후 라틴 아메리카 경제는 다시 성장했다. 하지만 여전히 원자재 의존성과 정치적 불안정이라는 유산이 남아 있어 경제적 취약성과 변동성이 지속되고 있다. 그러나 이 지역의 불평등은 마침내 감소하기 시작했다. 브라질, 칠레, 페루 같은 나라에서는 소득 불평등이 약 10% 줄어들었으며 극심한 빈곤층의 비율은 4분의 1 수준으로 감소했다.[20]

라틴 아메리카에서 경제적으로 가장 자유로운 국가는 칠레와 페루이며, 최근 수십 년 동안 가장 성공적인 국가이기도 하다. 1970년대 중반만 해도 칠레는 라틴 아메리카 평균보다 가난했으나 시장 개혁을 단행한 이후 빠르게 성장했다. 개혁은 먼저 독재자 피노체트 정권하에서 시작됐지만, 이후 민주적인 좌파 및 우파 정부에서도 지속됐다. 그 결과 현재 칠레는 라틴 아메리카 평균보다 거의 2배가 부유한 나라가 됐다.

페루의 정책은 오랫동안 계속 혼란스러웠다. 2000년 이후 대통령이 11명 바뀌었다. 하지만 1990년대 경제 자유화 이후 국수주의자든, 포퓰리스트든, 기술 관료든, 좌파든 관계없이 경제는 150% 성장했다. 극심한 빈곤층은 85% 감소했다. 이런 발전은 새로운 불만을 불러왔다. 뒤처진 계층은 발전에 동참하길 원했고, 앞서 나간 사람들은 기대치가 더 높아졌다.

이런 분위기에서 최근 칠레와 페루에서는 좌파 포퓰리스트가 대통령으로 선출됐다. 특히 2021년 페루 대선에서 좌파 포퓰리스트 페드로 카스티요가 내세운 핵심 구호는 "부유한 나라에 가난한 사람이 없어야 한다"였다. 1990년 당시 페루는 콩고와 비슷할 정도로 가난했으며, 그때만 해도 페루를 '부유한 나라'로 표현하는 것은 상상조차 할 수 없는 일이었다.

왜 아프리카는 발전하지 못했을까?

콩고 이야기를 하는 김에 이어 가면, 글로벌 개발에 대한 논의에서 사하라 이남 아프리카는 종종 '희망이 없는 지역'으로 묘사된다. 하지만 항상 그런 것은 아니었다. 1960년대만 해도 아프리카 대부분의 국가들은 아시아 국가보다 부유했고, 성장률도 더 높았으며, 천연 자원을 더 풍부하게 보유하고 있었다. 경제학자 군나르 뮈르달은 아시아보다 아프리카가 더 유망하다고 봤다. 당시 경제학자들은 아시아 국가들이 산업화를 추진할 만큼 정부가 강하지 못하며, 유교적 가치관이 혁신과 발전을 가로막을 것이라고 우려했다. 1967년 세계은행 수석 경제학자는 아프리카 7개 국가가 연평균 7% 이상의 성장을 달성할 것으로 예측했다. 그러나 30년 후, 또다른 세계은행 경제학자 두 사람은 이 7개국이 오히려 경제 성장이 아닌 경제 후퇴를 겪었다고 결론지었다.[21]

사하라 이남 아프리카가 세계에서 가장 가난한 지역인 이유는 경제 성장에 필요한 조건이 부족해서가 아니라 자유가 부족했기 때문이다. 이 지역의 경제는 수세기 동안 이어져 온 역사적 발전의 산물이다. 식민지 시대 이전에도 많은 아프리카인은 전제 정치와 분쟁에 시달렸다. 그리고 대서양 노예 무역이 시작되기도 전에 이미 토착 노예 무역과 사하라 횡단 노예 무역의 희생자가 됐다. 그러나 가나 출신 경제학자 조지 아이트에 따르면 아프리카에는 사유 재산과 자유 시장에 대한 강한 전통도 존재했다. 대륙의 대부분 지역은 거대한 무역 네트워크로 통합돼 있었으며 상인, 상품, 통화가 자유롭게 이동했다.[22]

유럽 식민지 개척자들은 두 가지 방식으로 이런 시장을 붕괴했다. 하나는 아프리카 대륙을 분할하여 서로 고립시킨 것이었고, 다른 하나는 각 식민지에 중앙 집권적 구조를 도입해 농민과 노동자들을 착취하고 수천 킬로미터 떨어진 강대국의 자산가들을 부유하게 만든 것이었다.

다음으로 닥친 비극은 제2차 세계 대전 이후 아프리카 국가들이 독립을 쟁취했을 때 국내 엘리트들이 식민지 구조를 해체하지 않고 그대로 계승했다는 점이다. 새로운 지도자들이 자신을 스스로 해방 영웅, 마르크스주의자, 민족주의자 또는 반공주의자로 부르는 것과 상관없이, 그들은 결국 점령자와 다름없는 존재가 되어 국민을 계속 착취했다. 이들은 천연자원을 독점하여 사적으로 부를 축적했고 농민들에게 시장 가격보다 훨씬 낮은 가격에 식량을 생산하도록 강요했다.

서구 경제학자들이 '안정과 발전을 위한 강력한 지도자'라고 평가했던 이들은 실상 약탈자였으며 자신의 영토를 철저히 쥐어짜듯 수탈했다. 거의 모든 나라에서 정부가 경제를 엄격히 통제했고, 계획 경제와 수입 대체 정책을 시행했으며, 주변국과의 교류는 자의적인 국경 설정으로 인해 단절됐다. 심지어 국내에서도 지역 간에 관세를 부과하여 자연스럽게 발생하는 무역을 억제하는 경우도 많았다. 아프리카의 독재자들의 목표는 각기 달랐지만, '사헬 클럽'의 회장 앤 드 라트르는 이들의 공통점을 이렇게 요약했다.

"우리가 모두 동의하는 것이 하나 있다면, 그것은 바로 민간 무역 상인을 총살해야 한다는 것이다."[23]

서구 국가들은 이런 상황을 더욱 악화했다. 단지 과거에 식민지였다는 이유만으로 비민주적이고 폐쇄적인 경제 체제에 개발 원조를 제공함으로써 독재자들을 부유하게 만들고 탄압을 연장시킨 것이다. 극도로 가난한 국가의 지도자들에게 막대한 자금을 지원한 결과, 천연자원의 국유화로 인해 촉발된 비극은 더욱 심화됐다. 빈곤층이 부를 축적할 수 있는 유일한 방법은 무기를 들고 수도를 점령하는 것이 됐다.

그 결과 부패와 원조 의존, 저개발이 뒤엉킨 악순환이 이어졌다. 주요 식량 수출국이었던 국가들은 어느새 생존을 위해 식량 수입에 의존하게 됐다. 국가가 운영하는 기업들은 번영을 가져오기는커녕 가치를 파괴했고, 소중한 자원을 값비싸고 쓸모없는 제품으로 전락시켰다. 그 공장들이 더 큰 피해를 주지 않은 유일한 이유는 전력 회사들이 운영을 엉망진창으로 해 정전이 끊이지 않았기 때문이다.

라틴 아메리카처럼 아프리카 국가들도 이런 파국적인 경제 운영을 차입금으로 연장했고, 1980년대에 부채 위기가 닥쳤을 때 라틴 아메리카처럼 치명적인 타격을 입었다. 기계가 멈췄고, 트럭이 운행을 중단했으며, 식량과 의약품 공급이 끊겼다. 1980년대 중반, 세계에서 가장 비옥한 땅과 풍부한 자원을 보유한 국가 중 상당수는 독립 당시보다 더 가난해졌다. 물론 예외는 있었다. 스위스 은행 사회주의(부자를 위한 사회주의*)라는 별명이 붙을 정도로 국가 지도자들은 여전히 부유했다. 어린이들은 영양실조로 키가 작아졌지만, 지도자들의 자동차와 요트는 점점 더 길어졌다.

이런 수렁에서 벗어나기 위해 1990년대에 많은 아프리카 국가가 개혁을 단행했다. 나는 그 시기에 《세계 자본주의를 옹호하며》에서 21세기가 '아프리카의 세기'가 될 수도 있다고 쓴 바 있다. 이후 개혁이 기대만큼 지속되지 않았지만, 1인당 중위 성장률은 1980~1999년의 0.2%에서 2000~2019년의 1.6%로 증가했다. 그동안 개방 경제를 도입한 아프리카 국가는 그렇지 않은 국가보다 성장 속도가 3배나 빨랐다. 전체적으로 2000년부터 2019년까지 아프리카의 1인당 국내 총생산은 35% 증가하여 세계 평균 성장률을 웃돌았다. 극심한 빈곤층 비율은 약 60%에서 40% 초반대로 감소했다. 산업 생산량은 거의 2배로 증가

했고, 제조업에 종사하는 인구 비율도 높아졌다.[24]

종종 아프리카가 발전하지 못하는 이유로 역사, 지리, 민족, 문화, 기후, 질병, 가뭄 등이 거론된다. 그러나 정말 그것이 원인일까? 오히려 부패한 지도자가 통제, 부패, 수탈을 통해 아프리카인의 가능성을 짓밟았기 때문은 아닐까? 만약 어떤 아프리카 국가가 독립 후 민주주의를 발전시키고, 사법부의 독립과 언론의 자유를 보장하며, 자유 기업, 낮은 세율, 자유 무역을 도입했다면 어떻게 됐을까? 설령 그 나라가 해안선을 갖지 못하고 사막이 대부분이며 에이즈로 인해 타국보다 더 큰 피해를 입었다 하더라도 성공하지 못할 이유가 있었을까?

실제로 이런 길을 선택한 아프리카 국가가 하나 있다. 바로 남부 아프리카의 보츠와나다. 그 결과는 어땠을까? 아주 성공적이었다. 아니, 세계 어느 나라보다도 더 뛰어났다. 1960년 이후 40년 동안 아시아의 네 마리 호랑이와 중국은 1인당 연평균 5.2~5.8%의 성장률을 기록했다. 그런데 보츠와나는 이보다 더 높은 연평균 6.4%의 성장률을 보이며 세계 평균보다 10배나 빠르게 성장했다.[25] 1985년 이후 극심한 빈곤율은 42%에서 15%로 감소했다. 이는 같은 기간 아프리카 전체의 빈곤율(40%)과 비교해도 훨씬 낮은 수치다.

일부에서는 보츠와나의 성공이 단순히 다이아몬드 덕분이라고 주장할 수도 있다. 하지만 아프리카에서는 천연자원이 풍부한 나라가 오히려 갈등과 경제 침체를 겪는 경우가 많다. 보츠와나를 다른 아프리카 국가들과 구별짓는 요인은 자원의 존재가 아니라 그것을 국유화하지 않고 민간 부문에 맡겼다는 점이다. 1966년 영국으로부터 독립

한 이후 보츠와나는 안정적인 규제 체계를 구축해 외국인 투자를 유치했다.[26]

경제적 자유를 오랫동안 유지해 온 또 다른 아프리카 국가는 모리셔스다. 1961년 노벨 경제학상 수상자인 제임스 미드는 이렇게 전망했다.

"민족 간 분열이 존재하고, 천연자원도 없으며, 단 하나의 상품(설탕)에 의존하는 상황인 작은 나라에서 평화로운 발전을 기대하기는 어렵다."

그러나 모리셔스는 오히려 작기 때문에 일찍이 세계 무역 없이는 생존할 수 없다는 사실을 깨달았다. 1970년대 초반부터 수입 대체 정책을 폐지하고 규제를 완화한 수출 가공 지구를 도입해 섬유 산업을 성장시켰다. 이후 경제는 현대적인 서비스 산업으로 다각화됐고 고성장을 이어 갔다. 그 결과, 2019년 세계은행은 모리셔스를 '고소득 국가'로 분류했다. 코로나19로 인해 한때 후퇴하기는 했지만 머지않아 다시 성장할 가능성이 크다. 현재 모리셔스와 보츠와나의 1인당 국내 총생산은 불가리아 같은 유럽 연합 국가들과 비슷한 수준이다.

우간다와 르완다도 오랜 갈등과 학살을 겪은 후 최근 몇 년간 이런 정책을 모방하려 하고 있다. 이 국가들의 지도자들은 성향이 권위주의적이지만 주변국보다 경제를 더 개방했고, 그 덕분에 더 빠르게 성장하고 있다. 2000년 이후 아프리카 전체의 1인당 국내 총생산이 35%

증가한 반면 우간다는 75%, 르완다는 157% 성장했다. 아프리카 인구가 빠르게 증가하는 상황에서 이런 경제 자유화가 더욱 심화되고 확산되는 것이 수억 명의 젊은이에게 중요한 미래 과제가 될 것이다. 아프리카 자유 무역 연합(AfCFTA)에 대한 희망이 청사진으로 남지 않고 실현되는 것이 필수다.

손주를 만나는 자유를
누릴 수 있는 나라

세계의 시장 자유도를 가장 광범위하고 체계적으로 측정하는 지표는 캐나다 프레이저 연구소와 여러 국제 파트너가 공동으로 수행하는 '세계 경제 자유도' 조사다. 이 조사는 매년 165개국을 대상으로 주요 분야 다섯 가지와 세부 항목 42가지를 평가한다. 주요 평가 항목은 국가의 규모 및 세금 부담, 법률 체계 및 재산권 보호, 통화 시스템, 무역 자유도, 규제 수준이다. 이 데이터를 보면 사람들이 더 나은 일자리를 찾고, 새로운 시장을 개척하며, 미래에 투자할 자유가 주어질 때 삶의 질이 극적으로 향상된다는 사실이 분명해진다.[27]

경제적으로 가장 자유로운 국가 상위 25%와 가장 자유롭지 않은 국가 하위 25%를 비교해 보면, 1인당 국내 총생산은 자유로운 국가에서 7배 이상 높고, 극심한 빈곤율은 자유롭지 않은 국가에서 무려 16배나 높다. 이런 차이는 영양 상태, 의료 서비스, 치안 등에서도 그대로

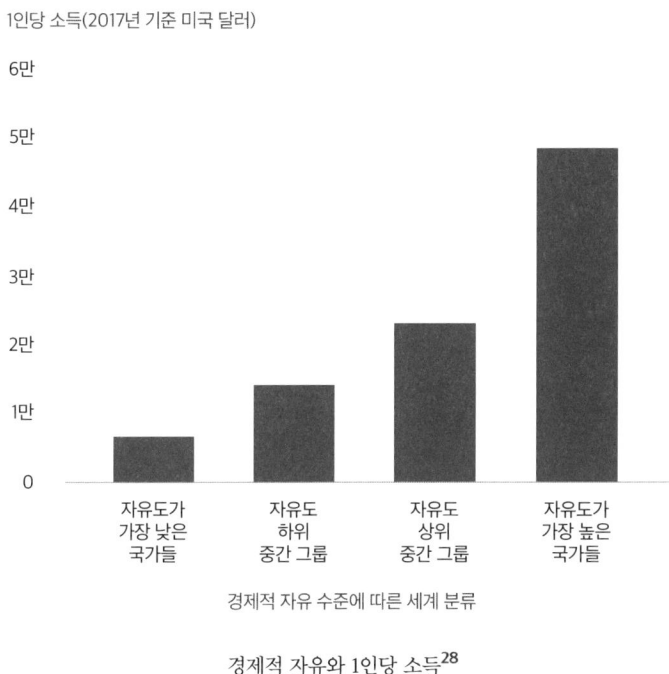

경제적 자유와 1인당 소득[28]

반영된다. 예를 들어, 경제적으로 가장 자유로운 국가들의 평균 기대 수명은 15년이 더 길다.

이 조사 지표를 개발한 학자 중 한 명인 로버트 로슨은 나에게 이렇게 말했다.

"기대 수명이 65세인 나라와 80세인 나라의 차이는 바로 손주가 자라는 모습을 볼 수 있느냐 없느냐의 차이입니다."

자본주의는 때때로 값비싼 시계와 빠른 자동차로 대표되기도 하지만, 정작 간과하는 것은 우리가 손주들과 함께할 시간을 보장해 준다는 점이다.

1,303편의 학술 논문을 검토한 결과, 경제적 자유와 사회적 성과의 상관관계는 압도적으로 긍정적인 것으로 나타났다. 시장이 더 자유로운 국가일수록 성장 속도가 빠르고, 임금이 높으며, 빈곤 감소 효과가 크며, 투자가 활발하며, 부패가 적었다. 또한 주관적 행복도가 높으며, 민주주의 수준이 높고 인권 존중이 강한 경향을 보였다.[29] 모든 개별 항목에서 높은 점수를 받아야만 전체적으로 우수한 성과를 내는 것은 아니었다. 예를 들어, 스칸디나비아 국가들은 상대적으로 높은 세금을 부과하지만 다른 영역에서 높은 경제적 자유를 유지함으로써 이를 보완하고 있다.

그렇다면 왜 경제적으로 자유로운 국가가 더 나은 삶을 누리는 것일까? 원인과 결과는 무엇일까? 세계의 단면을 보여 주는 다른 지표들처럼 이 지표 또한 모든 인과관계를 결정할 수는 없다. 만약 부유하고 행복하며 민주주의가 원활하게 작동하는 국가가 경제를 더 자유롭게 만드는 경향이 있다면, 이는 자본주의가 긍정적인 결과를 부르는 것이 아니라 결과가 긍정적인 국가가 자본주의를 채택했다는 해석도 가능하다.

이런 문제는 역사적 연구와 개별 국가의 정책 변화 전후에 한 연구를 결합해야 정확한 해석이 가능하다. 서구 세계와 동아시아 혹은 중국과 인도는 경제 개방 당시 부유한 상태가 아니었다. 오히려 경제적으로 어려운 상황이었기 때문에 개방을 선택했다. 이후 부유해지면서 특정 영역에서 자유를 더욱 확대하는 동시에 경제 성장을 통해 가능해진 복지 지출도 늘려 갔다. 레이건과 대처 시대 이후 복지 국가가 해체되고 있다는 통념과는 달리 1980년부터 2010년까지 미국과 영국이 국내 총생산 대비 사회 복지에 지출한 비율은 약 50% 증가했다.[30]

때때로 경제적 자유가 사회 문제를 야기하는 것처럼 보이는 경우도 있다. 이는 종종 경제 개방을 시도한 국가가 기존의 경제 모델이 초래한 심각한 위기에 직면했기 때문이다. 《세계 자본주의를 옹호하며》에 대해 많은 비평가가 이를 지적했다. 내가 자유화가 국가를 발전시켰다고 썼을 때, 그들은 최근에 시장을 개방한 많은 국가가 사실상 최악의 상태에 있다고 주장했다.

때때로 그 주장도 일리가 있었다. 1980년대와 1990년대에 경제를 개방하기 시작한 나라들 중에는 해체 직전인 국가들도 있었으며, 그 과정은 종종 고통스러웠다. 불필요한 것에 돈을 쓸 여유가 없는 국가들은 당연히 수년 동안 경제를 억제하는 고통스러운 긴축 조치를 시행해야 했다. 돈이 떨어지자 많은 지도자가 산업 보조금이나 군사비 대신 교육과 의료에 자원을 희생시키고 모든 문제를 신자유주의 탓으로 돌렸다.

게다가 많은 실수가 개혁 과정에서 발생했다. 불운하기도 했지만 무지했거나 또는 순수하게 부패했기 때문이었다. 경쟁 시장을 먼저 만들지 않고 기업을 민영화하면 새로운 민간 독점만이 생길 뿐이다. 법의 지배와 재산권 보호가 없는 시장은 국가, 재벌, 범죄자에게 통제를 넘기게 된다. 일부 국가들은 이 문제를 해결하는 데 오랜 시간이 걸렸다. 러시아처럼 여전히 해결하지 못한 국가도 있다. 1990년대에 러시아 정부는 강력한 천연 자원 독점 기업들을 친구들에게 헐값에 팔았다. 이후 푸틴이 권력을 잡았을 때, 그는 그 독점 기업을 다시 빼앗아 자신의 친구들에게 넘겼다.

이런 이유들로 1980년대와 1990년대에 개혁 이후 신흥 시장에서 급성장을 보기 어려웠다. 이를 지적한 비평가 중 하나는 경제학자 윌리엄 이스터리다. 그는 세계은행에서 일한 인물로 결국 세계은행은 자유화를 권장하기 시작했다. 2001년의 연구에서 이스터리는 가난한 나라의 미미한 성장률을 "개혁에 대한 큰 기대의 심각한 실망"으로 지적했다. 이스터리의 결론을 큰 충격으로 받아들인 사람들 중 일부는 그가 2019년에 다시 비슷한 연구를 했다는 사실을 놓쳤다. 그는 이번에는 전혀 다른 결과를 관찰했다고 말한다. 당시 많은 국가에서 실제로 개혁이 얼마나 적게 이뤄졌는지를 과소평가했다고 고백하며, 이제는 개혁을 도입한 국가들의 성장 속도가 급격히 빨라졌음을 발견했다고 전했다. 이스터리는 이렇게 말했다.

"이전의 실망은 이제 업데이트가 필요하다."[31]

이것은 우리가 많은 국가를 하나의 집합체로만 바라볼 수 없으며, 실제로 그 국가들이 어떤 정책을 추구했는지 더 면밀히 살펴봐야 한다는 것을 시사한다.

가난한 나라의 연평균 성장률이
선진국을 넘은 시대

그런 이유로 한 연구에서는 1970년부터 2015년까지 경제 자유화를 실질적으로 시행한 국가와 그렇지 않은 국가를 구분했다. 141개 국가의 데이터베이스에서 경제를 개혁한 49개 국가를 찾아냈다. 이 국가들의 5년간 연평균 성장률은 자유화를 시행하지 않은 비슷한 국가보다 평균 약 2.5%p 더 높았다. 이는 이 국가들이 5년 후 13% 더 부유하다는 것을 의미한다.

또 다른 연구에서는 개혁한 국가의 정의를 좀 더 좁게 설정했을 때 처음 2년간 이 개혁 국가들이 다른 국가들보다 더 낮은 성장률을 기록했다고 나타났다. 이는 위기 시 정책 변화로 인해 종종 나타나는 현상이다. 그러나 그 후 개혁 국가들은 다른 국가들을 추월했고, 10년 후에는 6% 이상 더 부유해졌다.[32]

저소득 국가와 중간 소득 국가에서 이뤄진 개혁은 더 큰 자유 무역, 저렴한 교통수단, 그리고 더 나은 통신 기술과 결합하여 1990년대 중반쯤 역사적인 전환을 가져왔다. 가난한 국가들이 부유한 국가들보다 더 빠르게 성장하기 시작한 것이다. 경제학자들은 이런 일이 일어날 것이라고 항상 믿었다. 그 이유는 가난한 국가가 선진국에서 이미 큰 비용을 들여 개발된 기술과 해결책을 사용할 수 있기 때문이다. 1990년대 이전에는 세계 시장이 그다지 개방되지 않았고, 보호받던 기업들이 시스템과 기술 업그레이드에 대한 경쟁 압력을 받지 않았기 때문에 이런 결합이 일어나지 않았다.

게다가 가난한 국가들은 오래된 문제에 직면해 있었다. 그들이 발전할 수 있는 가장 빠른 방법은 더 이상 삽으로 파거나 맨손을 쓰는 것이 아니라 낫을 사용해 곡물, 농작물, 풀을 자르는 기술에 접근하는 것이었다. 그러나 누가 이런 기술을 확산시키는 데 관심이 있으며, 특히 누가 자신의 특정 기술을 인프라 수준과 지역 조건에 맞는 형태로 개발하는 데 자원을 투자하고 싶어 할 것인가? 선진 경제국들은 예를 들어, 로봇 대신 수작업으로 산업재를 훨씬 더 효율적으로 생산하는 기술을 개발하는 데 관심이 없다. 따라서 가난한 나라들이 산업화의 첫걸음을 떼고자 한다면 훨씬 더 오래된 기술을 받아들이는 수밖에 없었다.

그러던 중 국제 공급망의 등장으로 혁명이 일어났다. 외국 투자자와 글로벌 기업들은 이제 가난한 나라의 공급 업체를 자신의 비즈니스에서 필수적인 부분으로 간주하게 됐다. 그리고 그들의 생산성을 대폭 향상시키는 데 투자하는 것이 그 기업들의 상업적 이익에도 부합했다. 이런 이유로 많은 나라가 종종 비판받은 열악한 환경에서 저임금을 주며 장시간 노동력을 착취하는 공장과 작업장을 통해 글로벌 공급망에 통합되면서 여러 발전 단계를 건너뛰고 기록적인 속도로 성장할 수 있었다. 한번 공장, 도로, 항구를 건설하여 의류나 장난감을 생산하고 운송할 수 있게 되면 이를 활용해 첨단 기술 부품을 제조하고 수출하는 것도 가능해진다.[33]

놀랍게도 이런 기술 확산은 지식 재산권 보호의 강화와 함께 진행됐다. 이는 여러 면에서 필수 조건이었다. 만약 기술이 즉시 도로 건너편 공장에서 복제될 수 있다면 기업들이 다른 나라에 막대한 기술을 투자할 이유가 없었을 것이다.

이런 기술 발전과 더불어 저소득 국가와 중소득 국가들이 거시 경제적으로 더 안정됐고 경제 위기를 덜 겪으면서 성장할 수 있었다. 1960년부터 1999년까지 고소득 국가들은 저소득 및 중소득 국가들보다 1인당 연간 성장률이 1.4%p 더 빨랐고, 이는 전 세계의 불평등을 심화하는 요인이 됐다. 그러나 2000년부터 2019년까지는 저소득 및 중소득 국가들이 부유한 나라들보다 2% 더 빠르게 성장하면서 해마다 그 격차를 조금씩 좁혔다. 이는 모든 국가를 동등하게 반영한 단순 평균 수치로 일부 거대 경제국이 평균을 끌어올린 것이 아니다. 바누아투와 중국이 동일한 비중을 차지하는 방식으로 계산된 것이다.[34]

그러나 이런 격차 해소가 계속된다는 보장은 없다. 이는 각국의 정치 상황과 세계 경제의 개방성에 달려 있다. 만약 부유한 나라들이 공급망을 자국으로 다시 가져오는 방향으로 나아간다면 이는 세계 빈곤층에게 많은 기회를 박탈하는 결과를 초래할 것이다. 또한 모든 나라가 빠르게 성장한 이유가 지속 가능한 성장 모델을 구축했기 때문이라고 단정할 수는 없다. 어떤 나라는 무능한 지도자를 축출하고 터무니없이 비효율적인 정책을 폐기한 결과로 경제 성장을 이루기도 했다. 이 국가들이 단순히 부의 파괴를 막는 수준을 넘어 장기적으로 부를 창출할 수 있는 정책을 실행할지는 아직 지켜봐야 한다. 하지만 산업 혁명 이후 처음으로(일부 연구자들은 16세기 이후 처음일 가능성도 있다고 본다) 세계적 불평등이 감소했다는 점에서 우리는 이에 대해 멈춰 서서 그 의미를 깊이 생각해 볼 필요가 있다.

강한 지도자가 만드는
약한 국가

모든 대륙에 성공 사례가 있는 것처럼 모든 대륙에는 스스로를 파괴하는 정부도 존재한다. 《세계 자본주의를 옹호하며》에서 나는 짐바브웨의 위험성을 경고한 바 있다. 독재자 로버트 무가베는 "신자유주의 모델과 시장의 자유를 철저히 해체하겠다"라고 선언했다.[35] 그는 농업을 국유화하고, 국가 재정을 화폐 발행으로 충당했으며, 이후 발생한 초인플레이션을 가격 통제로 해결하려 했다. 그 결과는 역사적인 붕괴였다. 2000년부터 2008년 사이에 1인당 국내 총생산은 절반 가까이 감소했다.

같은 시기, 대서양 건너편 베네수엘라에서는 권위주의적 포퓰리스트였던 우고 차베스와 그의 후계자 니콜라스 마두로가 막대한 지출, 부패, 국유화를 기반으로 둔 비슷한 정책을 추진했다. 차이점은 차베스가 세계 최대 규모의 석유 매장량을 통제하고 있었고, 당시 유가가 급등하면서 약 1조 달러에 달하는 수익을 거뒀다는 점이다. 그 덕분에 차베스는 한동안 좌파 진영에서 가장 인기 있는 선동가가 됐다.

버니 샌더스는 베네수엘라에서 '아메리칸 드림'이 미국보다 더 활발히 살아 있다고 주장했다. 영국 노동당의 제레미 코빈은 차베스를 칭송하며 "가난한 사람들이 중요하며, 부는 공유될 수 있다"라고 말했다. 옥스팜은 베네수엘라를 "라틴 아메리카에서 불평등 해소에 성공한 사례"라고 평가했다. 제시 잭슨, 나오미 클레인, 하워드 진 등 좌파 지식인들은 차베스에게 보내는 공개 서한에서 베네수엘라를 '모범적인 민주주의 국가이자 석유로 얻은 국부를 모든 국민을 위해 활용하는 국가 모델'로 본다고 밝혔다.[36]

이론적으로 그 1조 달러는 베네수엘라의 극빈층을 모두 백만장자로 만들기에 충분한 금액이었다. 하지만 이 돈을 생산적인 방식으로 투자하지 않고, 국유화와 가격 통제로 새로운 부를 창출하는 능력을 스스로 파괴한다면 그리 큰돈이 아니다. 유가가 조금 하락하자 경제 부문이 완전히 붕괴됐으며, 석유 산업은 부패한 경영과 부족한 투자로 인해 초토화됐다는 사실이 명백해졌다.

그 결과 세계 역사에 남은 경제 재앙이 발생했다. 2010년부터 2020년 사이에 베네수엘라의 국민 평균 소득은 무려 75% 감소했다. 한때 남미에서 가장 부유했던 국가가 순식간에 가장 가난한 나라로 전락했고, 거리에는 식량을 구하려는 줄이 길게 늘어섰으며, 독재 체제 아래에서 대규모 탈출이 시작됐다. 현재까지 약 700만 명의 베네수엘라인이 나라를 떠났으며, 이는 전체 인구의 25%에 해당하는 엄청난 숫자다.

그 이후로 베네수엘라는 더 이상 국제 사회에서 노동 계급의 희망으로 언급되지 않는다. 이는 이 나라가 영국 경제학 작가 크리스티안

니미에츠가 소련, 중국, 쿠바, 베네수엘라 같은 국가들에 대한 외부 세계의 반응을 연구하면서 밝혀낸 사회주의의 3단계를 그대로 따랐기 때문이다.[37]

1단계: 허니문 기간

지도자가 국가의 자원을 나눠 주고, 서방 지지자들은 이를 사회주의가 자본주의보다 우월하다는 증거로 선언하며 즉각적으로 전 세계에 도입해야 한다고 주장한다.

2단계: 변명하기

허니문 기간은 영원하지 않다. 곧 경제가 제대로 작동하지 않고, 자원이 고갈되며, 문제가 산적해 있다는 정보가 외부 세계에 전해진다. 그럼 초기에 찬양했던 자들은 방어적인 태도를 취하며, 이런 어려움은 불운했다거나, 관리자를 잘못 배치했다거나, 원자재 가격이 하락했다거나, 악천후로 흉작이었다거나, 혹은 엘리트들이 태업을 했다거나, 외부 세계 때문이라고 설명한다. 만약 이런 요인이 없었더라면 사회주의가 얼마나 성공적인지 모두가 알게 됐을 것이라고 주장한다. 예를 들어, 베네수엘라의 경우 '유가 하락이 불운이었다'고 말하지만, 실제로 차베스가 취임했을 때보다 2010년의 유가는 무려 6배나 높았다. 또한 '미국의 제재 때문'이라고 주장하지만, 석유 산업에 대한 제재는 경제 붕괴가 이미 진행된 후인 2019년에야 도입됐다.

3단계: 그것은 진정한 사회주의가 아니었다는 주장

결국 경제가 제대로 작동하지 않고, 기아가 증가하며, 사람들이 목숨을 걸고 탈출하고 있다는 사실을 더는 부정할 수 없게 된다. 이제 아무도 이 실험과 연관되기를 원하지 않는다. 대신 국가가 실제 사회주의를 도입한 것이 아니라 부패한 국가 자본주의 형태를 취했으며, 사회주의라는 브랜드만 차용했을 뿐이라고 주장한다. 따라서 그 실패를 사회주의 자체가 실패한 증거로 삼는 것은 정직하지 못한 지적이라고 말한다. 동시에 지금 이 순간 진정한 사회주의가 실현되고 있는 새로운 희망의 국가가 있으니 그 나라를 주목해야 한다고 주장한다.

그리고 이 시점에서 외국의 사회주의 찬양자들은 다음 실험 대상으로 이동하며, 이 과정은 다시 1단계부터 반복된다.

한 개인이 한 국가에 얼마나 큰 피해를 줄 수 있는지를 확인하고 싶다면 남아프리카공화국으로 가 보면 된다. 아파르트헤이트에서 해방된 후, 1994년 넬슨 만델라가 대통령에 취임하면서 국가를 민주화하고 경제를 자유화하는 동시에 화해의 분위기를 조성했다. 만델라와 그의 후임자 타보 음베키 정부하에서 인플레이션이 안정되고, 정부 부채가 절반으로 줄었으며, 경제 성장률은 5%에 도달했다. 외부 세계는 남아프리카공화국이 다음 경제 기적을 만들어 낼 것으로 기대했다. 그러나 아프리카 민족 회의 내 좌파 세력을 이끌던 제이콥 주마가 이런 '신자유주의' 모델에 반대하며, 국가가 경제를 통제하면 공정한 분배가 가능하다는 공약을 내세워 2009년부터 2018년까지 권력을 잡았다.

그는 실제로 변화를 가져왔다. 그러나 나쁜 변화였다. 주마는 공공 지출을 대폭 늘렸지만, 투자보다는 소비와 부패에 쏟아부었다. 국영 기업들은 주마와 그의 측근들에 의해 착취당했으며, 이들이 빼돌린 금액은 국내 총생산의 약 20%에 달하는 것으로 추정된다. 계속되는 정전 사태와 기반 시설 붕괴로 인해 경제 성장은 주저앉았고, 결국 마이너스 성장으로 돌아섰다. 이전 정부에서 절반으로 줄었던 국가 부채는 주마 집권기 동안 2배로 증가했다. 극빈층 비율 또한 이전 정부에서는 절반으로 감소했지만, 주마 정부에서는 감소세가 멈췄을 뿐만 아니라 다시 증가했다.[38]

포퓰리스트들은 어떻게 나라 경제를 망치는가?

대개 이런 식으로 흘러간다. 경제 성장이 너무 더디다고 불평하는 독재자는 마치 수확을 기다릴 인내심이 없는 농부와 같다. 그는 사람들에게 씨앗을 배불리 먹도록 허용하며 인기를 얻지만, 결국 남은 씨앗이 줄어들어 다음 계절에는 먹을 것이 더욱 부족해진다. 결국 다른 사람들의 수확이 바닥날 때까지 소비하는 것이다. 마거릿 대처가 말했듯이 남의 것을 모두 써 버리면 더는 지속할 수 없게 된다.

일부 사람들은 칠레의 피노체트나 중국의 덩샤오핑 같은 독재자가 등장해 가난한 나라에 질서를 확립하고 경제 성장을 이끌기를 꿈꾼다. 하지만 이런 사례는 예외일 뿐이며 일반적인 법칙이 아니다. 독재자가 경제를 구하는 경우보다 망치는 경우가 훨씬 더 많다.

흔히 알려진 것과 달리, 1960년 이후 저소득 민주주의 국가들은 저소득 독재 국가들보다 평균적으로 더 높은 경제 성장을 기록했다.[39] 다만 독재자의 변덕스러운 정책이 극단적인 결과를 초래하는 경우가 많아 특정 시점에는 몇몇 독재 국가가 단기에 높은 성장을 기록하며 다보스포럼 같은 자리에서 찬사를 받기도 한다. 그러나 평균을 보면 독재 정권은 경제적으로 성과가 더 부진하며 급격한 경제 침체에 빠질 가능성이 더 높다. 한때 급성장했던 독재 국가가 다음 10년 동안 급락하는 것도 흔한 일이다.

처음에는 독재자가 결단력 있게 일을 처리하는 능력에 매료된 투자자들도 곧 깨닫는다. 그 능력은 단순히 경제 개혁을 추진하는 데 그치지 않고, 필요하다면 투자자의 기업을 몰수하거나 항구를 봉쇄하는 데도 발휘될 수 있다는 사실을 말이다.

그러나 이런 사실은 오랫동안 감춰지는 경우가 많다. 독재 정권은 경제 성과를 조작해 거짓된 성과를 내세우기 때문이다. 미국 경제학자 루이스 마르티네스는 한 국가가 발표한 성장률과 위성 사진으로 측정한 야간 조명의 밝기를 비교하는 연구를 했다. 야간 조명은 경제 성장과 상관관계가 강하지만 조작하기 어렵다. 그의 연구에 따르면 독재 국가는 연평균 경제 성장률을 실제보다 35% 정도 과장하는 것으로 나타났다.[40] 흥미롭게도 이런 불일치는 해당 국가들이 외국 원조를 받을 만큼 가난한 시기에는 거의 나타나지 않았다. 그러나 독재 국가들이 일정 수준 이상의 부를 축적한 후부터 이런 과장이 본격적으로 나타났으며, 특히 국가가 정보를 독점하는 투자 및 정부 지출 같은 분야에서 두드러졌다.

한 연구에 따르면 베네수엘라, 니카라과, 볼리비아 같은 중남미 국가에서 반자본주의 포퓰리스트 지도자들이 집권할 경우 해당 국가의 경제 규모는 조건이 비슷한 다른 국가들보다 평균 20% 작아지는 것으로 나타났다.[41] 또한 1900년부터 2018년까지 좌우 진영을 막론하고 (때때로 민주적으로 선출된) 포퓰리스트 지도자 50명의 집권 기간을 분석한 대규모 연구에서도 장기적으로 경제를 번영시킨 지도자를 찾아보기 어려운 것으로 밝혀졌다.

포퓰리스트가 집권한 국가에서는 경제가 해당 국가의 기존 성장 추세나 세계 평균보다 더 나쁜 성과를 보였다. 포퓰리스트가 권력을 잡은 후 15년이 지나면 해당 국가의 경제는 조건이 유사한 다른 국가들보다 평균 10% 이상 위축되는 것으로 나타났다. 연구 결과에 따르면 경제적 피해 정도는 우파 포퓰리스트와 좌파 포퓰리스트 간에 큰 차이가 없었다. 차이가 있다면 우파 포퓰리스트 정권에서는 소득 불평등이 더 심화된다는 점이었다.[42]

국민들이 마침내 경제가 황폐해지고 있음을 깨달았을 때 포퓰리스트들은 이미 권력을 유지하기 위해 게임의 규칙을 바꿔 놓은 상태다. 평균적으로 그들의 집권 기간 동안 언론의 자유는 7% 감소하고, 시민의 권리는 8% 축소됐으며, 정치적 자유는 13% 하락했다.[43]

포퓰리스트들이 간과하는 것은 완벽한 해결책이란 존재하지 않으며, 모든 정책은 필연적으로 트레이드오프를 수반한다는 점이다. 우파든 좌파든 포퓰리스트들이 '어려운 선택 따위는 없다'며 '지금 당장 빠르고 쉽게 모든 문제를 해결할 수 있다'고 주장한다(트럼프는 "내가 모든 것을 주겠다"라고 말했다). 그런 주장을 들을 때마다 나는 한 남자의 면접 이야기가 떠오른다.

한 남자가 면접을 보러 갔다.

"이력서를 보니 당신은 수학을 빠르게 계산할 수 있다고 적혀 있군요. 17 곱하기 19는 얼마죠?"

"63입니다."

"63? 정답과는 한참 거리가 있는데요!"

"틀렸지만 빠르긴 하죠."

2장

성장 vs. 재분배

시장 경제를 계획할 수 있는가?

> 자본주의 이전의 세계에서 모든 사람은 각자의 자리가 있었다.
> 그 자리가 반드시 좋은 자리였던 것은 아니며
> 심지어 끔찍한 자리였을 수도 있다.
> 하지만 최소한 사회적 스펙트럼 안에서 자신의 위치가 있기는 했다.
>
> 노암 촘스키[1]

브렉시트 캠페인 기간에 뉴캐슬에서 열린 행사에서 한 교수가 영국의 국내 총생산에 영향을 미칠 다양한 시나리오에 대해 설명하고 있었다. 그러자 한 청중이 즉시 소리쳤다.

"그건 당신들의 빌어먹을 국내 총생산이지, 우리 것이 아니야!"

도대체 왜 나는 이 책의 첫 장을 통계와 국내 총생산 성장률에 할애했을까? 왜 나는 성장에 그렇게 집착하는 걸까? 국내 총생산은 도대체 누구의 것인가? 어떤 나라가 다른 나라보다 성장률이 몇 %p 더 높다고 해서 더 나은 나라가 될까?

물론 반드시 그렇다고 할 수는 없다. 하지만 이렇게 생각해 보자.

경제 성장률
1%의 차이

19세기 후반 스웨덴은 자유 기업과 국제 무역 덕분에 번영의 길을 걸었다. 만약 그 이후로 스웨덴의 1인당 연평균 성장률이 실제보다 단 1%p 낮았다면 어떻게 됐을까? 별로 대단하지 않은 차이로 들릴 수도 있다. 하지만 그랬다면 오늘날의 스웨덴은 지금의 알바니아만큼 가난했을 것이다.

스웨덴과 알바니아를 비교해 보자. 알바니아의 1인당 소득은 스웨덴의 4분의 1 수준에 불과하다. 이 격차가 사람들의 일상생활, 소비 선택, 여가와 휴가를 누릴 기회, 의료, 교육, 문화, 근로 환경 개선을 위한 투자, 환경 문제 해결 및 유아 사망률 감소(알바니아의 유아 사망률은 스웨덴보다 약 4배 높다) 등에 얼마나 큰 차이를 만드는지를 생각해 보면 경제 성장을 가볍게 여길 수 없다는 것이 분명해진다.

최근 한 TV 토론에서 스웨덴의 대표적인 좌파 지식인인 예란 그레이더는 스웨덴이 이미 1970년에 '기본적인 필요를 충족하는' 수준에 도달했으며, 그 이후의 성장은 주로 '완전히 불필요한 잡다한 기기 생산'일 뿐이라고 주장했다. 정말 그럴까? 만약 스웨덴이 1970년 이후 더 부유해지지 않았다면 그레이더가 항상 찬성하는 대규모 복지 국가를 어떻게 유지할 수 있었을까?

현재의 공공 지출을 살펴보면 그레이더의 말에도 일리가 있는 부분이 있다. 1970년대 수준의 경제력만으로도 오늘날 스웨덴이 공공 행정, 치안, 의료, 교육, 사회 보장을 위해 지출하는 비용을 감당할 수 있을 것이다(물론 그는 여전히 이 지출이 충분하지 않다고 생각하겠지만). 하지만 그 전제는 도로, 철도, 대중교통, 해외 원조, 기초 연구, 문화, 여가 활동, 쓰레기 처리 및 하수 관리, 상수도 공급, 환경 보호 등 모든 공공 투자를 중단해야 한다는 것이다. 게다가 사람들은 단 한 푼도 사적으로 쓸 수 없다. 즉 음식 구매, 의류 구입, 주거 마련, 교통비 지출도 불가능하다. 당연히 신문, 책, TV 프로그램도 감당할 수 없으므로 경제 성장의 '사소한 문제'를 비판할 기회조차 없을 것이다. 만약 예기치 못한 비용이 발생한다면, 예를 들어, 친환경 기술 개발이나 새로운 바이러스 백신 연구가 필요할 경우 그 비용은 의료, 교육, 치안 예산에서 충당해야 한다.[2]

1950년 수준의 번영을 기준으로 보더라도 당시의 경제력으로 오늘날 교육, 의료, 그리고 아동, 환자, 장애인을 위한 사회적 지원 등에 투자가 가능했을 것이다. 그러나 그렇게 하려면 연금, 실업 급여, 사회 보조금, 공공 행정, 사법 제도, 경찰, 국방을 모두 폐지해야 했을 것이다. 다시 한번 말하지만 음식, 의류, 교통, 주거도 감당할 수 없었을 것이다. 단순히 휴대 전화 같은 물건이 사라지는 문제가 아니다.

'한 나라가 생산하는 모든 재화와 서비스의 가치'를 국내 총생산이라고 한다. 1인당 생산량을 확인하려면 이를 해당 국가의 인구 수로 나눈다(1인당 국내 총생산). 경제 성장이란 이 수치가 상승하는 것을 의미한다. 즉 내일 더 많거나 더 나은 재화와 서비스를 창출하는 것이다. 하지만 국내 총생산은 사회의 번영을 측정하는 데 한계가 많은 지표다. 가정에서 이뤄지는 무급 노동도 포함되지 않고 천연자원도 반영되지 않는다. 그렇기 때문에 우리는 국내 총생산만이 아니라 우리가 가치를 두는 다른 요소들과 함께 고려해야 한다. 국내 총생산은 부를 계량화하는 데 가장 나쁜 방법이지만, 그동안 시도된 모든 다른 방법보다는 나은 방식이다.

경제 성장은 그 자체로 목표가 아니다. 유럽의 식민 지배자들이나 마르크스주의 독재자들이 농민들에게 강제로 현대적 생산 방식을 도입시켰을 때도 경제는 성장했다. 그러나 사람들이 스스로 선택한 방식이 아닌 성장, 즉 그들이 자발적으로 새로운 방식과 혁신을 도입한 것이 아닌 성장은 내가 지향하는 경제 성장이 아니다. 어떤 사람은 생산성보다 여가를 더 중요하게 여길 수도 있다. 그렇다면 그는 여가를 선택할 자유가 있어야 한다. 더 낮은 임금을 받더라도 조용한 환경에서 덜 생산적인 사업에 종사하길 원하는 사람의 기회를 억압해서도 안 된다. 내가 중요하게 생각하는 경제 성장은 사람들이 스스로 원하는 것을 창출함으로써 더 높은 가치를 만들어 내는 것이다. 이를 선택한다면 우리는 그 외에도 훌륭한 일들을 많이 성취할 수 있을 것이다.

나는 유엔의 여러 기관이 실시한 국제 연구에서 수없이 반복한 메시지를 봐 왔다. 그 메시지는 '경제 성장만으로는 좋은 발전을 보장할 수 없다'는 것이다. 하지만 나는 이런 연구 보고서의 마지막 부분, 독자들에게 잘 도달하지 않는 통계 자료를 살펴보다가 성장과 발전 사이에 거의 일관된 연관성이 있음을 발견했다. 물론 완전히 일관된 것은 아니다. 예외는 항상 있다. 예를 들어, 부유한 국가 중에서도 평균 기대 수명이 짧은 나라가 있을 수 있고, 반대로 인도의 가난한 주 중에서도 의외로 건강 지표가 좋은 곳이 있을 수 있다. 하지만 전반적인 경향은 분명하다. 우리가 데이터를 활용해 더 나은 세상을 만들고자 한다면 일반적인 규칙이 예외보다 더 중요한 의미를 갖는다. 그리고 그 일반적인 규칙은 간단하다. 한 나라가 부유할수록 사람들은 더 오래, 더 건강하게 살며, 거의 모든 삶의 질 지표에서 긍정적인 결과를 보인다. 물론 경제 성장은 자연을 착취하는 강력한 수단이 되기도 했다. 하지만 8장에서 살펴보겠지만, 부유한 나라일수록 환경을 보호하고 피해를 복구하는 능력이 더 뛰어나다. 그 나라가 이를 우선순위로 삼기로 결정하는 순간 문제 해결 능력 또한 강해진다.

이는 우리가 어떤 가치를 중시하든 경제가 더 빠르게 성장하는 사회를 선호해야 한다는 의미다. 또한 미래에 어떤 위기나 재난이 닥치든 더 많은 부와 더 높은 지식, 더 발전된 기술력을 갖춘 상태에서 이를 맞이하는 것이 훨씬 유리하다. 우리는 끊임없이 앞으로 나아가야 한다. 그 이유 중 하나는 우리가 이전에 해결한 문제들이 또 다른 예기치 못한 문제를 초래하기 때문이다. 예를 들어, 항생제로 생명을 구할 수 있지만, 일부 박테리아가 내성이 생기면 이에 대한 새로운 해결책이 필요하다. 더 많은 사람이 오래 살면 고관절 수술이나 심장 우회 수술 같은 의료 기술을 발전시켜야 한다. 비료로 기아를 줄이고 산업을 통해 빈곤을 완화할 수 있지만, 이는 막대한 탄소 배출을 초래한다. 따라서 우리는 또 다른 기술적 해결책을 마련해야 한다. 모든 문제가 완전히 해결돼 '이제 우리는 행복하게 살았습니다'라는 결말에 도달하는 일은 결코 없다.

만약 한 나라가 연평균 1인당 2%의 경제 성장을 유지할 수 있다면 평균 소득은 약 35년 만에 2배가 된다. 만약 성장률을 3%로 높일 수 있다면, 불과 23년 만에 소득이 2배로 증가한다. 100년 동안 이 1%의 차이는 한 나라가 7배 더 부유해질 것인지, 19배 더 부유해질 것인지의 차이를 만든다. 이는 우리의 모든 기회와 자원을 획기적으로 향상하는 요소이며, 그 어떤 것과 비교해도 압도적인 영향을 미친다.

경제 성장이야말로 세계의 빈곤을 종식한다. 만약 세계에서 가장 가난한 20%에 속하는 나라가 연평균 1인당 2%의 경제 성장을 20년 동안 지속할 수 있다면 극빈층의 비율은 평균적으로 절반으로 줄어든다. 만약 이 나라가 경제 성장률을 4%로 끌어올릴 수 있다면, 20년 후 빈곤율은 평균적으로 80% 이상 감소한다.[3]

단기 복지 지출과 경제 성장률의 상반된 관계

경제 기관과 선의의 지식인들은 끊임없이 '빈곤층을 우선시하는 성장', 즉 포용적으로 성장해 가장 가난한 계층에도 혜택을 줄 수 있는 방법을 고민한다. 그러나 40년 동안 118개국을 조사한 연구에 따르면 우리는 이미 답을 알고 있다. 가장 좋은 포용적 성장 방법은 모든 사람을 위한 성장을 촉진하고 이를 지속하는 것이다. 이 연구 결과에 따르면 각국의 최하위 40% 계층이 받는 소득을 비교했을 때 이 국가별 계층 간 소득의 차이 중 75% 이상이 각국의 평균 소득 성장률로 설명될 수 있다. 즉 파이의 크기가 그것이 어떻게 분배되는지보다 더 중요하다. 연구진은 다음과 같이 결론을 내린다.

"나쁜 소식은 특정한 정책이 빈곤층을 우선시하거나 공동 번영을 촉진하는 데 유리하다는 강력한 증거를 찾을 수 없다는 점이다. 그런 정책이 있다면 그것은 전체 경제 성장에 직접적인 영향을 미치는 경우뿐이다."[4]

이렇기 때문에 재분배 정책은 지나치게 과대평가되는 경우가 많다. 예를 들어, 1900년 스웨덴이 당시 국내 총생산을 완전히 균등하게 분배했더라도, 모든 국민이 오늘날 케냐의 평균 국민만큼 가난했을 것이다. 1950년의 스웨덴 국내 총생산을 균등하게 나눴다면 현재 튀니지 국민의 평균 소득 수준에 불과했을 것이다. 스웨덴을 그 수준에서 끌어올린 것은 씨앗을 새로운 방식으로 나눴기 때문이 아니라 씨앗을 계속 심고 수확량을 늘렸기 때문이다.

불평등을 둘러싼 정치적 논쟁은 대개 '누가 누구로부터 한정된 재정을 지원받을 것인가'에 초점을 맞춘다. 하지만 진정한 질문은 '어떤 제도가 모든 사람을 위해 더 많은 것을 창출할 수 있도록 도울 것인가?'

가 돼야 한다. 문제는 인간의 본성이 먼 미래에 받을 수 있는 더 큰 보상보다 즉각 받을 수 있는 작은 보상을 우선하도록 진화했다는 점이다. 그래서 우리는 오늘날 '누가 무엇을 얻느냐'에 집착한다. 하지만 오늘날 우리가 살아가는 현실은 불과 수십 년 전만 해도 너무나 먼 미래처럼 보였던 시점이다. 그러므로 만약 우리가 '지금, 여기'에 있는 우리 자신뿐만 아니라 더 많은 사람을 위한다면 우리는 경제 성장을 위해 힘써야 한다.

오늘날 스웨덴에서 1995년의 중위 소득 수준으로 생활하는 사람은 상대적 빈곤 기준(중위 소득의 60% 이하)으로 빈곤층에 속한다. 미국에서도 빈곤선 이하에 있는 사람들은 식기세척기, 세탁기, 건조기, 에어컨, TV 그리고 컴퓨터와 휴대 전화까지 1970년의 평균적인 미국인이 가졌던 것보다 더 많은 가전제품을 보유하고 있다. 이는 생산성이 향상되면서 이런 물품들이 훨씬 저렴해졌기 때문이다.[5]

가령 당신이 평균적인 중위 소득자라고 하자. 그리고 당신의 소득이 경제 성장률과 같은 속도로 증가한다고 하자. 이제 오직 당신의 재정 상황만 고려한다면 복지 혜택으로 매달 100달러를 주겠다고 약속하는 정당에 투표하는 것이 더 나을까, 아니면 당신에게 아무런 지원도 약속하지 않지만 1%였던 1인당 성장률을 2%로 끌어올릴 개혁을 추진하겠다는 정당에 투표하는 것이 더 나을까? 만약 당신이 100달러를 준다는 정당에 투표한다면 단 3년 만에 손해를 보게 될 것이다. 10년이 지나면 연간 4,000달러 이상의 손실을 입을 것이다.

더 나아가 전자의 정당이 창출한 경제 성장은 국민 대다수에게 혜택을 주지만, 그 혜택은 결국 국민으로부터 거둬들인 세금에서 나오는 것이므로 실질적인 경제적 부담을 늘린다. 즉 정부의 재분배 정책은 효과가 미미할 뿐만 아니라 위험하기까지 하다. 노동, 기업가 정신, 투자에 대한 과세를 높이면 필연적으로 노동과 기업가 정신, 투자가 줄어들고, 결국 경제 성장이 둔화된다. 우리가 흡연과 오염을 줄이기 위해 담배와 공해에 세금을 부과하는 것과 같은 원리다.

영국의 사회자유주의자 존 스튜어트 밀이 말했다.

"더 높은 소득에 더 높은 세율을 적용하는 것은 근면과 절약에 대한 세금이며, 이웃보다 더 열심히 일하고 더 많이 저축한 사람들에게 벌금을 부과하는 것과 같다."[6]

그러나 정부는 공공 서비스를 제공하기 위해 국민에게 세금을 부과해야 한다. 정부 지출을 충당하기 위해 돈을 빌리는 것은 결국 세금 부담을 미루는 방법일 뿐이며, 이는 대출자뿐만 아니라 모든 경제 주체에게 불확실성을 초래한다. 만약 대출자들이 정부의 채무 상환 능력을 의심하기 시작하면 2022년 11월 리즈 트러스 영국 총리의 예산안 발표 이후 그랬던 것처럼 투자자들은 일제히 시장에서 이탈하고, 금리는 급등하며, 경제 전반에 충격이 가해진다.

경제학자 안드레아스 베리와 마그누스 헨렉손은 연구 결과를 분석한 끝에 정부의 규모와 경제 성장 사이에 부정적인 상관관계가 있다고 결론지었다. 공공 부문의 규모가 국내 총생산 대비 10%p 증가할

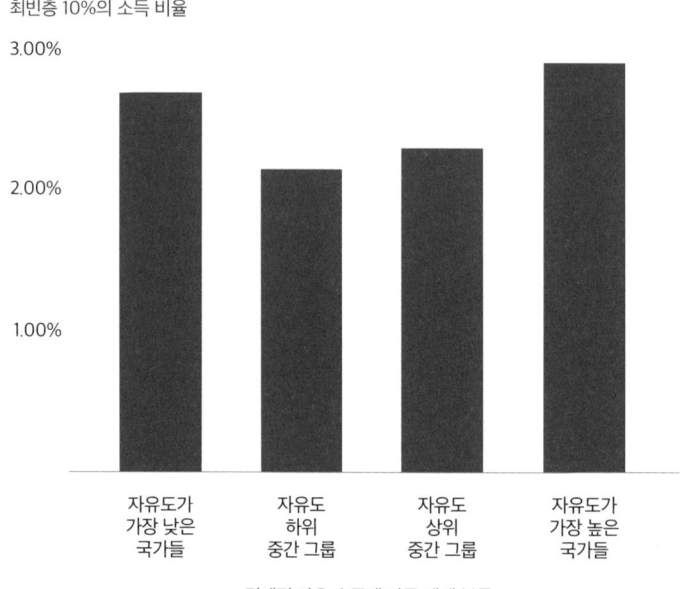

경제 자유도와 가장 가난한 10%의 소득 비중[7]

경우, 연간 경제 성장률이 0.5~1% 감소하는 경향이 있다는 것이다.[8] 이런 경제 성장의 둔화는 특히 소득이 가장 적은 계층에게 가장 큰 영향을 미친다. 한 국가의 소득 중 가장 가난한 10%의 인구가 차지하는 비율은 경제 자유도가 높고 낮음에 따라 크게 차이가 나지 않는다. 경제적으로 가장 자유롭지 않은 국가들의 하위 10%는 전체 소득의 2.7%를 차지하며, 가장 자유로운 국가들의 하위 10%는 2.9%를 차지한다.

하지만 결정적인 차이는 경제적으로 자유로운 국가들이 훨씬 더 부유하다는 점에서 비롯된다. 즉 경제 자유도가 높은 국가에서는 가난한 계층이 차지하는 소득 비율 자체가 조금 더 높을 뿐 이들이 차지

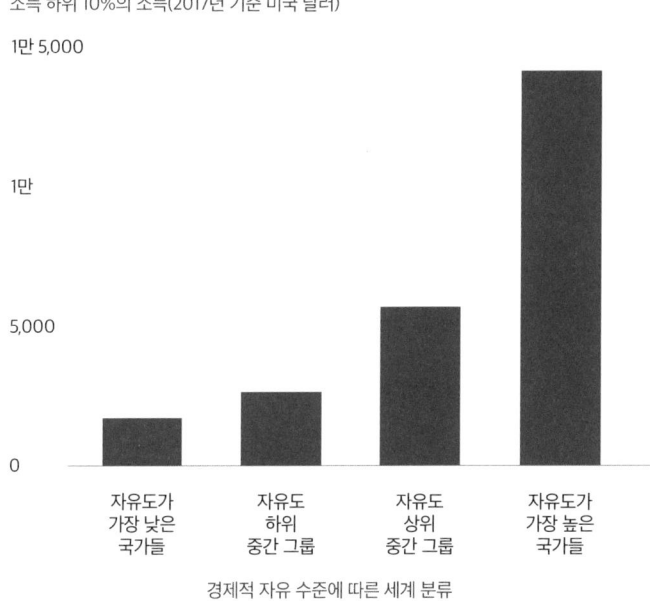

경제 자유도와 가장 가난한 10%의 소득[9]

하는 '파이' 자체가 훨씬 크기 때문에 실질적으로 더 많은 혜택을 누린다. 경제적으로 가장 자유로운 25%의 국가에서 최빈층의 소득은 가장 자유롭지 않은 25%의 국가 내 최빈층 소득보다 8배 이상 높다.[10]

커피 한 잔에 담긴
자본주의

자유로운 경제에서는 왜 사람들이 더 많은 가치를 창출할까? 이 질문에 답하기 전에 나는 커피 한 잔을 만들었다.

하지만 사실은 그렇지 않다. 나는 커피 한 잔을 만들 수 없다. 당신도 마찬가지다. 사실 세상에 그 누구도 온전히 커피 한 잔을 만들 수 없다. 활력을 주는 이 한 방울의 커피는 수많은 사람의 지식, 기술, 그리고 노고가 집약된 결과물이며, 단 한 사람이 감당할 수 있는 일이 아니다. 나는 단순히 커피콩을 재배하고 수확하고 로스팅하는 사람들만을 이야기하는 것이 아니다. 그 모든 과정을 가능하게 하는 수많은 사람을 포함한 이야기다. 그 수가 너무 많아서 생각만 해도 어지러울 정도다.

이 문제를 깊이 탐구한 사람 중 한 명이 미국의 저널리스트 A. J. 제이콥스다. 그는 종종 가족의 식사를 가능하게 해 준 사람들에게 감사하는 의미에서 세속적인 방식으로 기도를 올리고는 한다. 작물을 재배하고 음식을 운반한 사람들에게 감사를 표하는 것이다. 그러던 어느 날, 그의 아들이 이렇게 말했다.

"그 사람들은 아빠 말 못 들어요, 알죠?"

그러자 제이콥스는 직접 그들에게 감사를 전하기로 결심했다. 그는 상대적으로 작은 목표처럼 보이는 '자신이 커피를 마실 수 있게 해 준 사람들'에게 감사 인사를 하기로 했다. 하지만 그것은 결코 작은 작업이 아니었다. 그의 여정은 전 세계를 돌며 이어졌다.

그가 마신 커피 한 잔의 생산 과정은 약 9개월 전에 시작됐으며, 오토바이, 트럭, 선박을 타고 4,000km를 이동했다. 커피는 양동이와 아파트 크기의 금속 컨테이너, 축구장만 한 창고를 거쳐 그의 컵에 도착했다. 이 커피 한 잔을 존재하게 한 것은 농부, 트럭 운전사, 창고 노동자뿐만이 아니다. 팔레트, 선박, 건물을 제작한 사람들, 원자재를 가공한 사람들 또한 필수적인 역할을 했다. 또한 강철 생산 공정을 설계한 엔지니어, 커피콩의 신선도를 유지하는 특수 플라스틱 백을 개발한 디자이너, 창고를 청소하는 사람도 이 과정의 일부다. 작게는 커피콩의 밀도를 측정하는 장치를 개발한 창업가부터 크게는 우리가 마시는 커피의 99%를 차지하는 물을 정수하는 사람들과 이를 가능하게 한 정수 처리장, 안전한 물을 만들기 위한 화학 물질을 연구한 과학자까지 모두가 이 과정에 기여한다. (심지어 커피 창고의 나방들이 이성을 향한 관심을 잃게 하기 위해 뿌리는 특수 페로몬을 개발한 연구팀까지. 그들의 기여가 없었다면 커피콩은 애벌레의 먹이가 돼 버렸을 것이다.)

제이콥스는 이 모든 사람에게 감사를 전하려 했지만, 곧 그 압도적인 규모에 정신이 아찔해졌다. 그는 곧 깨달았다. 커피 한 잔을 만드는 데 기여한 사람들에게 감사하려면 철광석을 캐는 광부들이 착용하는 헬멧의 플라스틱을 만드는 사람들에게도 감사를 전해야 한다는 것을. 그 철광석은 강철로 가공되고, 그 강철은 톱이 되어 벌목 노동자들이 나무를 베어 커피콩을 운반하는 팔레트를 만드는 데 사용된다. 또한 소프트웨어, 하드웨어, 인터넷, 에너지원, 그리고 이 모든 것을 가능하게 하는 연료와 금융 시스템까지 고려해야 했다. 이 금융 시스템 덕분에 그가 커피값을 지불하기도 전에 모든 관련자가 이미 대금을 받는다.

결국 제이콥스는 그의 책 《Thanks a Thousand(1,000번의 감사)》에 1,000번의 감사를 기록하는 것으로 만족해야 했다. 하지만 그의 감사 속에는 또 다른 수만 명이 숨어 있다. 그들 역시 직접적으로 다른 사람들의 일을 가능하게 만든 존재다.[11]

핵심은, 당신의 커피 한 잔은 마법과도 같다는 것이다. 수만 명이 협력하여 당신의 컵에 커피를 따르고 있다. 그들은 강요받아 이 일을 하는 것이 아니다. 심지어 커피를 만들기 위해 조직되지도 않았다. 그들은 당신이 누구인지 모르고, 공급망에 속한 다른 사람들이 누구인지도 모른다. 심지어 자신이 커피 생산에 기여하고 있다는 사실조차 모를 수도 있다. 하지만 그들은 당신의 정신적 안정을 위해 기꺼이 노력했다.

그들이 당신의 커피를 만들기 시작한 것은 9개월 전이다. 철, 목재, 화학 물질은 훨씬 이전부터 준비됐다. 그럼에도 당신이 원할 때 정확히 그 시간과 장소에서 커피 한 잔이 준비된다. 불과 10분 전만 해도 당신 자신조차 커피를 마시고 싶다는 생각을 하지 않았을지도 모른다. 그리고 이 마법 같은 일이 매일 전 세계에서 20억 번씩 반복되고 있다.

당신의 커피는 마법이다. 당신의 식탁 위 음식도 마찬가지다. 그리고 그 식탁도. 그 식탁이 놓인 집도, 거기까지 이동하는 데 사용한 자동차도. 당신의 셔츠도, 휴대 전화도, 책도, 벽지도 마찬가지다. 우리가 매일 사용하는 거의 모든 것이 수만 명에 의해 만들어진다. 그들은 더 나은 보수를 받을 수 있는 곳으로 기꺼이 이동하여 일하는 사람들이다.

미국의 흑인 승객 이야기와 인도의 달리트 노동자 이야기

자유로운 기업 활동은 단순히 효율성을 높이거나 자원을 최적으로 활용하는 것이 핵심이 아니다. 그것은 인간의 창의력이라는 거대한 댐을 개방하는 일이다. 누구나 참여하고, 자신의 아이디어를 시험하고, 그것이 실제로 효과가 있는지 확인할 수 있도록 하는 것이다. 하지만 바로 그렇기 때문에 자유로운 기업 활동은 자원을 적절하게 사용할 수 있도록 보장한다. 우리는 더 많은 해결책을 실험하고, 소비자로부터 즉각적인 피드백을 받는다. 이 피드백은 솔직하다. 소비자는 어떤 프로젝트의 의도가 가장 좋은지, 가장 설득력 있어 보이는지, 혹은 어떤 관료적 심사를 통과했는지를 기준으로 반응하지 않는다. 그들은 자신의 돈을 지불하면서 실제로 사고 싶은 것에 반응할 뿐이다.

전 세계의 사람들이 당신을 위해 협력한다. 그들은 피부색도, 신념도, 성적 지향도, 살아가는 방식도 모두 다르다. 어떤 사람은 이성을 좋아하고, 어떤 사람은 동성을 좋아하며, 양쪽 모두를 사랑하거나 누구에게도 끌리지 않을 수도 있다. 도심에 사는 사람도, 시골에 사는 사람도 있다. 채식주의자도 있고 육식을 즐기는 사람도 있다. 정치적으로는 우파도 있고 좌파도 있으며, 음악 취향도 신스 팝을 좋아하는 사람부터 헤비메탈 팬까지 다양하다.

이들 대부분은 서로를 만난 적이 없고, 상대방의 존재조차 모른다. 만약 실제로 만난다면 서로를 좋아하지 않을 수도 있다. 어떤 이들은 트위터에서 서로에게 적대감을 드러내는 관계일 수도 있다. 그럼에도 불구하고 사람들은 협력한다. 만약 편견을 가진 사람이 상대가 단지 자신이 생각하는 '잘못된' 집단에 속해 있다는 이유만으로 자금을 지원하지 않거나, 함께 일하지 않거나, 채용하지 않거나, 물건을 사고팔지 않는다면, 그는 결국 경제적으로 손해를 보게 될 것이다. 물론 어디에나 어리석은 사람은 있지만 자유 시장에서는 그런 어리석음에 대해 대가를 치러야 한다.

이런 이유로 일부 좌파 인사들이 '자본주의는 인종 차별적이며, 인종 차별은 자본주의적이다'라고 하는 주장은 터무니없다. 오히려 시장 경제는 역사상 최초로 피부색에 상관없이 가장 좋은 공급처와 수요처를 찾는 것이 이익이 되는 시스템을 만들어 냈다. 물론 시장이 모든 사람을 무조건 공정하게 만들지는 않는다. 하지만 그렇지 않았을 때보다 훨씬 더 많은 사람이 공정하게 사고하도록 만든다.

특히 자본주의의 토대가 되는 자유주의적 가치와 결합될 때 더욱 그렇다. 태도 조사 결과에 따르면 서구의 시장 경제 국가들은 세계에서 가장 인종 차별이 적은 사회다. 경제학자 니클라스 베르그렌과 테레세 닐손은 70개국을 대상으로 한 실증 연구에서 경제적 자유가 다른 인종과 성소수자에 대한 관용, 그리고 어린이에게 관용을 가르치는 것이 중요하다는 인식과 긍정적인 상관관계가 있다는 사실을 입증했다.[12]

모두가 알고 있는 사실이 있다. 바로 1950년대에 로자 파크스와 시민권 운동이 대중의 분노를 불러일으키기 전까지 미국 남부에서는 버스, 전차, 기차에서 인종 분리가 이뤄졌다는 것이다. 나 역시 이 관행이 늘 그래 왔던 것이라고 생각했다. 그러나 아프리카계 미국인 경제학자 토머스 소웰의 연구를 접한 후 그게 아니라는 사실을 깨달았다.

소웰에 따르면 19세기 말까지 남부의 철도, 전차, 버스에서는 체계적인 인종 차별이 존재하지 않았다. 그 이유는 간단했다. 교통수단의 운영 주체가 대부분 민간 기업이었기 때문이다. 이들이 다른 남부 백인들보다 덜 인종 차별적이어서가 아니라 단지 이윤을 추구하는 기업이었기 때문에 흑인 승객 또한 중요한 고객으로 대했다. 인종 차별 정책을 시행하면 소비자를 잃게 될 뿐만 아니라 더 큰 차량을 운행해야 하는 부담이 생기고, 직원들이 감시자 역할을 해야 하는 불필요한 번거로움도 발생했기 때문이다.

그러나 남부 주 정부는 이 같은 현실에 분노했다. 탐욕스러운 자본가들이 돈만 생각하며 흑인에게도 서비스를 제공하는 것을 용납할 수 없었던 것이다. 그래서 남부 주 정부는 인종 차별적인 짐 크로 법을 도입했다. 로자 파크스가 버스를 탔던 앨라배마주 몽고메리에서는 1900년에 처음으로 인종 분리법이 제정됐다. 당시 민간 교통 회사들은 이런 차별적 법안에 반대하며 법원에서 이를 다퉜고, 시행을 지연시키기 위해 법을 따르지 않기도 했다. 이에 앨라배마를 비롯한 남부 주 정부는 차별을 강제하기 위해 이를 따르지 않는 직원들을 체포하고 벌금을 부과했으며, 기업 경영진에게 징역형을 선고하겠다고 위협했다.[13]

나는 시장의 힘이 인도의 카스트 제도를 무너뜨리는 모습을 직접 목격한 적이 있다. 1990년대 초반, 기업들이 경쟁에 직면하자 상위 카스트를 우대하고 단순히 달리트라는 이유만으로 유능한 노동자를 차별하는 것이 점점 더 큰 비용을 초래하게 됐다. 달리트는 인구의 4분의 1을 차지하는 집단으로 교육 기회가 박탈되고 가장 더러운 일을 맡으며 '불가촉천민'으로 불리며 사회적으로 고립된 계층이었다.

내가 만난 한 달리트 남성, 마두수단 라오는 더 나은 삶을 찾아 자신의 마을을 떠나 하이데라바드로 이주했다. 그는 어느 날 우연히 건설업자가 한 직원에게 전선을 매설할 도랑을 팔 인력을 충분히 구하지 못해 꾸짖는 장면을 봤다. 마두수단은 용기를 내어 건설업자에게 다가가 그날 저녁까지 노동자 25명을 제공할 수 있다고 제안했다. 그 업자는 도랑을 팔 경제적 필요는 있었지만, 특정 카스트의 노동자에게만 맡겨야 할 경제적 필요는 없었다. 그래서 그는 기꺼이 제안을 받아들였다. 마두수단은 트럭을 빌려 도시 외곽에서 일할 의향이 있는 사람들을 모았고, 그날 하루에 평생 본 적 없는 돈을 벌었다. 이후 그는 노동자 350명을 거느린 건설 회사를 설립했다. 마두수단은 말했다.

"나는 직원을 채용할 때 카스트를 보지 않습니다. 그들이 재능이 있는지만 봅니다."

1993년 이후 20년 동안 인도는 전체적으로 빈곤율이 감소했지만, 달리트 계층에서의 감소 속도가 평균보다 약 25% 더 빨랐다. 동시에 다른 형태의 차별도 점차 사라졌다. 인도의 가장 큰 주에서 실시된 한 설문 조사에 따르면 상위 카스트가 '오염'되지 않도록 결혼식에서 좌석을 구분하는 관습이 같은 기간 동안 80% 이상 감소했으며, 비달리트가 달리트 가정에서 음식과 물을 받아들이는 비율은 3%에서 60%로 증가했다. 달리트 기업들의 멘토이자 자문가로 활동하는 찬드라반 프라사드는 한때 마오주의 반군에 가담해 카스트 제도와 싸웠다. 이제 그는 이렇게 말한다.

"자본주의는 카스트를 훨씬 더 빠르게 변화시키고 있습니다."[14]

보이지 않는 손과 보이는 손

커피를 만드는 1만 명이 특정한 '거대 커피 계획'의 일부로서 일하는 것은 아니다. 커피 차르(황제)가 존재하여 누가, 언제, 어떻게, 어떤 가격에 커피를 만들지 결정하는 것이 아니다. 오히려 이런 복잡한 과정이 가능한 이유는 그런 중앙 계획이 존재하지 않기 때문이다. 이 과정이 원활하게 진행되는 이유는 각 개인이 자신이 할 수 있는 일과 그것을 더 잘 수행하는 방법에 대한 지식을 활용하기 때문이다. 만약 중앙에서 커피 차르가 모든 정보를 통제하려 한다면 이 방대한 지식을 중앙으로 모으는 것 자체가 불가능할 것이다. 설령 그가 그렇게 할 수 있었다 해도 노동자의 기술, 원자재 공급, 시장 상황 같은 요소들은 계속해서 변하기 때문에 그가 세부적인 지시를 내릴 때쯤이면 이미 상황이 바뀌어 있을 것이다.

자유 시장은 본질적으로 협력 기계다. 그리고 이것이 중앙 집권적 시스템보다 더 효율적으로 작동하는 이유는 훨씬 더 많은 사람의 지식, 재능 그리고 상상력을 활용하기 때문이다. 자유 무역 덕분에 농부는 밀밭에서 새로운 휴대 전화를 재배할 수 있고, 섬유 노동자는 오토바이를 바느질할 수 있으며, 작가는 (운이 좋다면) 책을 써서 토스카나 여행을 떠날 수도 있다. 자유 무역의 연금술은 우리가 개별로 수행하는 노동을 우리가 필요로 하지만 직접 생산하기 어려운 상품과 서비스로 끊임없이 변환한다.

이 수만 명은 개개인이 더 스마트하게 일할 방법을 고민하고, 더 빠르고 저렴하며 효율적인 기술과 방법을 찾으며, 때로는 완전히 새로운 분야에 도전할 가치를 고려하기 때문에 경제 성장을 촉진한다. 그들이 당신의 커피를 위해 그렇게 많은 생각을 하기 때문에 당신은 그것에 대해 고민할 필요가 없다.

중앙 권력에 있는 누구도 철강을 컨테이너에 더 많이 사용할지 냉장고에 더 많이 사용할지, 페로몬을 연구하는 화학자의 급여가 적절한지, 더 크고 비싼 트랙터를 생산하는 것이 나은지 아니면 더 작고 저렴한 모델을 만드는 것이 나은지 정확히 알 수 없다. 어느 관료도 종이컵 뚜껑에서 향이 더 잘 퍼지도록 구멍 크기를 조정하는 것이 좋은 아이디어인지, 혹은 커피 원두 자루를 들어 올리는 작업을 어느 정도까지 자동화해야 하는지를 확신할 수 없다. 우리는 단지 다양한 해결책을 실험하고, 결과를 관찰하며, 그로부터 배운 뒤 적응해 나갈 수 있을 뿐이다.

자유 시장은 소크라테스적 지혜를 바탕으로 한다. 즉 가장 중요한 것은 우리가 모르는 것이 무엇인지 아는 것이다. 우리는 어떤 아이디어가 가장 생산적인 혁신을 가져올지, 또는 어떤 해결책이 문제를 해결하는 데 최선인지 미리 알 수 없다. 우리는 아직 학생을 가르치는 최고의 방법, 질병을 치료하는 최적의 방식, 가족 생활을 조직하는 최선의 구조, 위험을 대비하는 보험 시스템, 음식을 생산하는 최상의 기술, 그리고 완벽한 카푸치노를 만드는 방법을 찾지 못했다.

우리가 확실히 아는 것은, 더 나은 방법을 찾을 가능성이 높아지는 길이란 모든 사람이 이 탐색 과정에 참여할 수 있도록 허용하는 것뿐이라는 사실이다. 이 점과 관련해 간과되는 중요한 결과가 하나 있다. 오스트리아 사상가 프리드리히 하이에크가 여러 권의 책을 통해 설명한 바와 같이[15] 우리가 오늘날 최선의 해결책이라고 여기는 것을 법으로 강제하는 순간 우리가 더 나아질 가능성이 차단된다. 그것이 교육 방식이든, 특정한 모바일 폰 충전 방식이든 마찬가지다. 강제성은 실험과 경쟁을 가로막아 우리를 더 나아가게 할 수 있는 배움의 기회를 빼앗는다.

이것이 복지 부문에서 민간 대안을 두고 선택의 자유를 보장하는 중요한 주된 이유이며, 스웨덴은 그 누구보다 이런 실험을 많이 진행했다. 이는 단순히 민간 학교나 의료 기관이 공공 서비스보다 비용을 절감하고 사용자의 만족도를 높일 수 있다는 믿음 때문만은 아니다 (물론 연구에 따르면 실제로 그런 경향이 있긴 하다).[16] 이런 대안의 가장 중요한 역할은 공공 부문이 본질적으로 '모든 사람에게 동일한 방식'을 적용해야 한다는 한계로 인해 혁신이 가로막히는 문제를 보완하는 데 있다. 복지 국가가 대체 아이디어를 받아들이고 더 실험적인 태도를 가질 수 있는지를 점검하는 방식이 바로 선택의 자유다. 이는 반드시 필요한 일이다. 우리가 진정한 발전을 이루는 것은 예측 가능한 결과가 아니라 예상치 못한 결과 속에서이기 때문이다.

19세기 중반의 어느 날, 한 시골 출신의 젊은 프랑스인이 파리를 방문했다. 그는 그곳에서 수백만 명이 평온하게 잠들어 있는 광경에 놀라움을 느꼈다. 만약 전국 곳곳에서 계속 물자가 공급되지 않는다면 며칠 내로 이 도시의 사람들이 생존할 수 없을 텐데도 말이다. 그는 어지러울 정도로 복잡한 이 상황을 이해하려 했다.

어떻게 아침마다 이 거대한 시장에 상품이 정확히 필요한 양만큼 공급되는 걸까? 어떻게 파리지앵들은 한 번도 생각해 보지 않은 새로운 물건을 원할 때 가게에 가면 그것이 당연히 준비돼 있으리라고 기대할 수 있을까?[17] 그렇다면 이 복잡한 시스템을 조종하는 비밀스럽고도 정교한 힘은 무엇일까? 그 힘은 다름 아닌 '가격'과 '이윤 동기'였다.

모든 정보는 국지적이다. 때로는 우리 자신조차도 그것을 인식하지 못한다. 나는 다음 주에 커피를 얼마나 마시고 싶을지 정확히 알지 못한다. 심지어 나는 종이컵 뚜껑이 향을 더 잘 퍼지게 만드는 기능이 있는지 여부가 나에게 얼마나 중요한지도 확신할 수 없다. 철강 산업 종사자 역시 자신의 제품이 지금 안경테 제작에 가장 필요할지, 냉장고나 자동차 제조에 더 적절할지 알지 못한다.

그러나 우리가 원하는 것은 우리의 행동으로 드러나며, 이는 가격이라는 형태로 공급과 수요의 신호가 되어 시장에 전달된다. 가을이 다가오면서 사람들이 갑자기 커피를 더 많이 마시면, 커피를 판매하는 사람의 수익이 증가한다. 만약 커피 원두나 특수 제작된 플라스틱 컵이 부족해진다면 그 가격은 자연스럽게 상승할 것이다. 가격은 정보 전달자의 역할을 한다.

가격은 복잡한 정보를 가장 단순하고 중요한 신호로 요약해 전달한다. 즉 '어떤 것이 효과가 있고, 어떤 것은 효과가 없는가?', '어떤 것은 더 필요하고, 어떤 것은 덜 필요한가?'라는 질문에 대한 답을 주는 것이다. 누가 더 많은 볶은 원두를 필요로 하는지, 혹은 왜 그것을 필요로 하는지는 중요하지 않다. 중요한 것은 '수요가 증가하고 있다'는 신호를 보내면 로스팅을 시작해야 한다는 점이다. 목재 수요가 증가하는 이유가 커피 원두 자루를 실어 나를 팔레트를 더 많이 필요로 하기 때문인지, 아니면 사람들이 갑자기 베란다를 짓기로 결심했기 때문인지는 산림 회사에게 중요하지 않다. 그들에게 중요한 것은 단 하나, '더 많은 벌목공을 고용하는 것이 유리하다'는 신호가 시장에서 전달됐다는 점이다.

가격은 우리가 원하는 것이 끊임없이 변하고 있음을 알려 주며 동시에 우리가 그 정보에 반응하고 다른 사람들의 수요에 맞춰 조정하도록 유도한다. 자유로운 가격 책정과 이윤 추구의 기회는 경제의 GPS 역할을 하며 시장 환경을 설명하고 우리가 원하는 목표 지점으로 어떻게 이동해야 하는지를 알려 준다.

이것이 바로 규제가 항상 문제를 일으키는 이유 중 하나다. 안전이나 환경 보호를 위해 반드시 필요한 규제조차도 마찬가지다. 외부에서 10가지, 아니 수만 가지의 금지 조항이나 요구 사항이 추가될수록 시장 참여자들이 변화에 적응하고, 조정하며, 기존보다 더 나은 방식으로 무언가를 시도하는 일은 조금씩 더 어려워지고, 더 비용이 많이 들며, 더디게 진행될 수밖에 없다.

가격이 규제받지 않고 오직 시장 참여자들의 자발적인 행동에 의해 결정된다는 사실은 경제의 GPS가 올바른 방향을 가리키도록 하는 핵심 요소다. 정치인은 경제를 세밀하게 조정할 능력이 없지만 공급 과잉과 부족을 만들어 내는 방법은 알고 있다.

공급 과잉을 원한다면 특정 상품에 대해 사람들이 실제로 지불하려는 가격보다 더 높은 가격을 생산자에게 보장하면 된다. 그럼 생산자들은 과잉 생산을 하게 된다. 1980년대 유럽 연합이 농산물 가격을 인위적으로 높게 고정했을 때 발생한 '우유 호수(milk lakes)'와 '고기 산(meat mountains)'이 대표적인 사례다. 결국 이 과잉 생산된 식품들은 저개발국으로 헐값에 던져졌다.

반대로 공급 부족을 만들고 싶다면 생산자가 소비자가 기꺼이 지불하려는 가격보다 낮은 가격에 제품을 팔도록 강제하면 된다. 전형적인 예가 임대료 통제와 베네수엘라의 식료품 가격 통제다. 결과는 항상 같다. 공급은 줄어들고, 대기 시간은 길어지며, 비공식 암시장이 형성된다. 이렇게 되면 원하는 물건을 얻기 위한 유일한 방법은 권력과 연줄을 이용하는 것뿐이다. 또 어떤 상품에 대해 사람들이 원래 지불하려는 가격보다 더 많은 돈을 강제로 지불하도록 하면, 예를 들어, 높은 최저 임금을 도입하면 상대적으로 숙련도와 경험이 낮은 사람들을 위한 일자리 기회가 사라진다.[18]

가격 시스템을 무너뜨리는 또 다른 방법은 인플레이션이다. 인플레이션은 종종 우리가 통제할 수 없는 외부 요인처럼 묘사되지만, 일반적이고 급격한 모든 물가 상승은 화폐적 현상이다. 예를 들어, 금융 위기나 팬데믹 같은 상황에서 정부의 재정 문제를 해결하기 위해 중앙은행이 더 많은 돈을 찍어 내면 유동성은 증가하지만 부(富)가 증가하는 것은 아니다. 결국 더 많은 돈이 동일한 양의 상품을 쫓게 되면서 가격이 상승하고 우리의 구매력은 약화된다. 이는 사람들이 정확히 무슨 일이 벌어지고 있는지 모르는 상태에서 진행되는 일종의 '보이지 않는 세금'이다. 하지만 단순한 과세보다 더 나쁜 점은 인플레이션이 가격 시스템을 왜곡한다는 것이다. 인플레이션이 심해지면 어떤 가격 변동이 실제로 시장에서의 공급과 수요 변화 때문인지, 단순히 통화량 증가 때문인지 구별하기가 어려워진다.

정치인들이 종종 인플레이션의 위험을 축소하는 논리를 펴는 데 이용했던 경제학자 존 메이너드 케인스조차도 사실 인플레이션이 경제에 미치는 심각한 위협을 깊이 이해하고 있었다. 그는 높은 인플레이션이 경제적 관계를 완전히 혼란스럽게 만들어 거의 의미가 없게 만든다고 지적하며, 부를 창출하는 과정이 도박과 복권으로 전락한다고 경고했다.[19]

'너의 것'과 '나의 것'을 존중하는 경제권의 자유

칼 마르크스에 따르면 경제가 사적으로 소유한 생산 수단을 기반으로 두고, 노동자가 자발적으로 자신의 노동력을 판매하며, 시장을 통해 조정될 때 자본주의가 존재한다. 그는 이를 다소 비관적인 방식으로 설명하며 계급 간의 허위 이분법을 설정했다. 그는 자본가가 동시에 임금 노동자이기도 하고, 노동자가 연금 기금을 통해 기업을 소유하며, 다양한 파트너십과 협동조합, 노동자가 소유한 기업이 존재하는, 번영하는 자본주의를 상상하는 것을 어려워했다. 그럼에도 그의 정의는 기본적으로 타당한 개념이다.[20]

재산권은 자본주의의 근간이다. 이는 '너의 것'과 '나의 것'을 구별하고, 누가 재산을 어떻게 사용할지, 나누거나 이전하고 판매할 권리를 갖는지를 정의한다. 이는 사회의 평화를 위한 기본적인 제도로 강제가 아니라 자발적인 합의를 통해 재산이 이전되고 분배될 수 있도록 보장한다. 그리고 재산이 개인의 것일 때 그것을 잘 관리하려는 동기가 생긴다. 이는 2,300년 전 아리스토텔레스가 이미 주장한 바 있다.

재산권은 종종 부유하고 권력 있는 사람들을 보호하는 장치로 묘사된다. 하지만 사실 사유 재산에 대한 법적 보호가 없으면 부유하고 권력 있는 사람들만이 지배권을 행사하게 된다. 그들이 자원을 어떻게 사용할지 결정하게 된다.

나는 인도와 아프리카에서 오랫동안 땅을 사용했지만 공식적인 소유권을 인정받지 못한 사람들을 만난 적이 있다. 그들은 하나같이 같은 말을 한다.

"우리는 무력감을 느낀다. 누군가가 우리의 삶을 통제하고 있다. 장기적으로 투자하거나, 집을 개조하거나, 우물을 파거나, 트랙터를 구입하는 것이 아무런 의미가 없다."

예를 들어, 산림부 관리들은 농민들에게 뇌물을 요구하며, 이를 지불하지 않으면 불도저로 그들의 농장을 철거한다. 또한 정부 장관의 처남 같은 사람이 갑자기 그 땅을 이용하고 싶다고 하면 어느 날 예고

없이 들어와 빼앗아 버린다. 그럼 농민들의 모든 노력은 허사가 된다.

모든 사람이 언제나 자발적으로 커피 한 잔을 만드는 과정에 참여하는 것은 아니다. 커피 농장의 토지가 강제로 수용됐거나, 그곳에서 살던 사람들이 쫓겨났거나, 현지 산업에 강제로 편입된 경우도 많다. 일부 지역에서는 커피 생산에 직접적인 노예 노동이 존재하기도 한다. 이는 본질적으로 법적인 문제이며, 정부의 가장 기본적인 역할은 국민의 자유와 재산권을 보호하는 것이다. 이런 문제는 또한 상업 경제가 확장돼야 하는 이유이기도 하다. 시장이 커지면 대지주들이 완전한 통제권을 행사하지 못하고 사람들이 떠나거나 더 나은 선택을 할 수 있는 기회가 생긴다.

가난한 나라에서 부유한 나라로 발전한 많은 국가가 토지 개혁으로 시작했다. 이들은 봉건적 구조를 해체하고 지주 계급으로부터 토지를 회수해 개별 농민에게 사유 재산권을 부여했다. 이것은 일종의 정부 주도의 재분배처럼 보일 수도 있지만, 지속적으로 반복되는 과정이 아니라 한 번의 역사적 시정 조치에 가깝다. 이런 개혁은 오랜 세월에 걸친 착취에 대한 보상이며 때로는 인종 차별적인 배경을 갖고 있다. 소수 엘리트들이 노동 없이 혹은 자발적 거래 없이 광대한 토지를 차지한 역사에 대한 시정 조치인 것이다.

철학자 로버트 노직의 '시정의 원칙'과도 관련이 있다.[21] 많은 경우 토지 개혁은 사람들이 이미 소유하고 있지만 법적으로 인정받지 못하는 재산을 공식으로 인정해 주는 과정이다. 2000년대 초반, 한 혁신적인 연구 프로젝트는 개발 도상국과 중소득 국가에서 사람들이 비공식으로 보유한 토지와 건물의 가치를 추산했다. 그 결과, 그 총액이 약 10조 달러에 달했다. 이는 당시 선진국 주식 시장에 상장된 모든 기업의 총가치와 맞먹는 수준이었다. 하지만 각국 정부가 이런 재산을 공식적인 사유 재산으로 인정하지 않기 때문에 그 소유자들은 이를 담보로 대출을 받을 수도 없고, 확장할 엄두도 내지 못하며, 자유롭게 거래할 수도 없다. 결국 그 재산은 죽은 자본으로 남아 있으며, 실질적인 소유자가 아니라 권력을 가진 자들이 통제하게 되는 것이다.[22]

재산권은 단순히 올바른 경제적 인센티브를 만드는 문제를 넘어 인간의 존엄성과도 깊이 관련돼 있다. 나는 아주 작은 규모지만, 남아프리카 공화국에서 흑인이 재산을 공식 등록할 수 있도록 돕는 프로젝트를 후원한 적이 있다. 이 나라는 오랫동안 공식 정책으로 이들의 재산권을 부정했다.

이 프로젝트를 통해 소유권을 처음 공식적으로 인정받은 여성 중 한 명인 마리아 마투페는 당시 아흔아홉 살이었다. 그녀는 소유권을 증명하는 문서를 받자 감격의 눈물을 흘렸다. 누군가가 물었다.

"왜 우십니까? 이미 아흔아홉 살이신데, 이 재산을 오래 사용할 수 있을지도 모르고, 미래를 위해 투자하는 데서 큰 기쁨을 얻을 수 있을지도 불확실한데 말입니다."

마리아는 이렇게 대답했다.

"이제 존엄하게 죽을 수 있기 때문에 우는 것입니다."

커피 한 잔을 만들기 위해 힘쓰는 1만 명 모두가 즐겁게 일하는 것은 아니다. 어떤 사람들은 그저 생존하기 위해, 또 어떤 사람들은 더 나쁜 대안보다 그나마 나은 선택이기 때문에 일한다. 아마도 많은 사람이 자신의 일을 싫어할 것이다. 어디에서 일하든 우리는 월요일 아침이면 일에 대한 불만을 터뜨리고, 자신의 일을 쓸모없는 일로 여길 때도 있다. 노동이 항상 즐겁지만은 않기 때문에 우리는 서로에게 보상을 지급하면서 일을 맡긴다. 자유 시장 경제에서는 누군가에게 강제로 일하라고 지시받는 것이 아니라 돈이 필요하고 이를 얻는 가장 나은 방법이 노동이라고 판단했기 때문에 일을 한다. 이는 역사적으로 볼 때 상당히 새로운 현상이다.

삶이란 우리가 생존하고 번영할 수 있도록 자원을 창출하거나 이를 이용할 수 있도록 만드는 과정에서의 끊임없는 투쟁이다. 인류 역사에서 이 노동의 과정을 피하려는 유토피아적 시도는 결국 다른 누군가에게 그 일을 떠넘기는 형태로 귀결됐다. 이는 기원전 391년에 아리스토파네스가 쓴 희곡 《여인들의 민회(Ecclesiazusae)》에서도 볼 수 있다.

> 프록사고라: 나는 먼저 모든 토지와 돈, 그리고 모든 사유 재산을 공공의 것으로 만들 것이다. 그럼 우리는 이 공동의 부를 이용해 살아갈 것이다.

블레피루스: 그럼 땅을 가는 사람은 누구인가?

프록사고라: 노예들이다.[23]

역사 속 권력자들은 언제나 자신은 노동에서 벗어나고 다른 사람들에게 그 노동을 강제하는 방법을 찾았다. 대부분의 사회는 노예제를 활용해 인간을 타인의 소유물로 전락시켰다. 봉건제는 농노를 토지에 묶어 두고, 강제로 영주를 위해 일하도록 만들었다. 현대에 이르러서는 공산주의와 파시즘이 인류를 이 어두운 과거로 되돌리려 했다. 소련의 공산주의 혁명가 트로츠키는 '국가가 유일한 고용주가 되는 나라'에 대해 이렇게 말했다.

"과거에는 '일하지 않는 자는 먹지도 못한다'는 원칙이 있었지만, 이제는 '복종하지 않는 자는 먹지도 못한다'는 원칙이 이를 대체했다."[24]

이런 어두운 역사는 계몽주의 시대에 단절됐다. 17세기부터 등장한 고전적 자유주의는 '인간은 스스로를 소유한다'는 개념을 발전시켰다. 인간은 단순히 타인의 목적을 위한 수단이 아니라 자신이 가장 옳다고 생각하는 방식으로 행복을 추구할 권리를 가진 존재라는 사상이 자리 잡았다.

자유 시장은 사람들이 스스로 관계를 맺고 협력하며, 착취적이라고 판단하면 이를 자유롭게 떠날 수 있는 권리를 가질 때 탄생한 경제 시스템이다. 이 시스템에서는 무엇이든 벌고 싶다면 반드시 다른 사람들에게 원하는 상품, 서비스, 보상을 제공해야 한다. 따라서 더 나은 방식으로 이를 제공하려는 동기가 생기며, 이런 동기가 내일을 더 발전시키고 빈곤과 번영의 차이를 만드는 엄청난 노동과 창의성을 가능하게 한다.

자유 시장의 독특함은 커피를 주문하고 결제할 때마다 확인할 수 있다. 당신은 '감사합니다'라고 말하고 계산대의 직원도 '감사합니다'라고 답한다. 우리는 이런 이중 감사를 시장 곳곳에서 들을 수 있다. 시장에서 채소를 살 때, 식당에서 계산할 때, 공급 업체와 계약을 맺는 회의실에서도 마찬가지다. 이는 '천만에요'나 '알겠습니다'가 아니라 각자가 상대방에게 호의를 베풀었기 때문에 서로 감사를 표한다.

이 상호 감사는 상대방에게 가치를 창출했다는 증거이며, 이윤은 제공한 상품이나 서비스가 원재료, 기술, 노동 시간의 합보다 가치가 더 높다는 것을 보여 준다. 즉 이윤은 사람들이 원재료 이상의 가치를 느끼는 전체를 만들어 낸 사람에게 주어지는 보상이다. 다른 경제 시스템에서도 승자는 존재했지만 그들은 남이 창출한 가치를 빼앗아 부를 축적했다. 자유 시장에서는 당신도 부자가 될 수 있지만, 이는 반드시 다른 사람들을 부유하게 만든 결과여야 한다.

노예제, 봉건제, 사회주의, 파시즘은 모두 일부가 명령을 내리고 다른 이들이 이를 따르는 시스템이었다. 반면 시장 경제는 서로 최선을 다해 가치를 제공하고, 이에 대한 보상을 받는 방식으로 운영된다. 피라미드, 미국 남부의 목화 농장, 소련의 제철소는 폭력과 강압에 의해 건설됐지만 우리가 마시는 커피 한 잔은 수많은 악수와 이중 감사 속에서 탄생했다. 물론 그 과정에서 착취와 억압이 전혀 없었다고 할 수는 없지만 시장 경제가 더욱 공정하고 윤리적인 방향으로 나아갈 여지는 충분하다.

전 세계 곳곳에서 수만 명이 다양한 방식으로 노동을 조직한다. 어떤 이는 개인으로, 어떤 이는 가족 단위로 일하며, 또 어떤 이는 민간 또는 공공 기업에서 일한다. 자금을 저축으로 마련하기도 하고, 은행 대출이나 벤처 캐피털을 활용하기도 한다. 소비자 협동조합, 키부츠(kibbutz, 이스라엘에서 유대인들이 결성한 농업 공동체*), 노동자 소유의 기업에서 일하기도 한다. 중요한 점은 모든 일이 자발적으로 이뤄진다는 점이다. 자본주의가 사회주의보다 도덕적으로 우월한 이유 중 하나는 자유 시장 경제 안에서도 사회주의적으로 살아가는 것이 가능하다는 점이다. 단, 다른 사람들에게 이를 강요하지 않는 한에서만 그렇다.

자유로운 사회는 가능한 한 많은 영역에서 폭력과 강압의 논리를 자발적인 악수의 논리로 대체하는 것을 기반으로 한다. 우리는 강요하고 명령하는 대신 요청하고, 제안하며, 협상한다. 누가 무엇을 해야 하는지를 지시하는 것이 아니라 각자가 자신의 아이디어를 실험할 수 있도록 하고, 그 결과로 얻은 성과를 온전히 소유할 수 있도록 한다. 그리고 우리가 원하지 않는다면 거절할 자유도 가진다.

내가 이 글을 쓰는 지금, 스타벅스는 스웨덴에서 대부분의 매장을 철수하고 있다. 세계 최대의 카페 체인으로서 자본력이 막대한 스타벅스도 스웨덴에서는 성공하지 못했다. 이미 더 나은 커피가 있었기 때문이다.

위기가 닥치면
정부가 개입해야 하지 않을까?

'평상시에는 그럴듯하게 들릴지 몰라도 전염병, 자연재해, 전쟁 같은 위기 상황에서는 정부의 개입이 필수적이지 않은가?'

어떤 사람은 이렇게 생각할 수도 있다. 위급한 상황에서는 정치인들이 권한을 강력하게 행사해야만 우리가 올바르게 행동하고 필요한 물자를 생산할 수 있게 된다. 코로나19 팬데믹 이후, 많은 사람은 글로벌 공급망에 의존하는 것이 위험하다고 해석했다. 노동자 수만 명이 세계 곳곳에서 마스크, 보호 장비, 의료 기술을 생산하는 방식은 효과적이지 않다는 것이 확인됐다는 것이다. 중국처럼 각국이 자국 내 생산을 확대했어야 하며, 최소한 핀란드처럼 대량의 보호 장비를 비축해 뒀어야 한다는 주장이 나왔다. 유럽 연합 보건 담당 커미셔너 스텔라 키리아키데스는 '다른 나라에 대한 의존을 줄여야 한다'고 했으며, 바이든 대통령도 '미국 내에서 더 많은 제품을 생산해야 한다'고 강조했다.[25]

그러나 경제에 대한 지식, 즉 변화하는 가능성과 자원의 가용성, 그리고 수요에 대한 정보는 각 지역에 분산돼 있으며, 시장에 참여하는 수많은 사람의 머릿속에 존재한다. 따라서 이런 정보를 바탕으로 자유롭게 행동할 수 있는 권한이 위기 상황에서는 더욱 중요해진다.

우리는 모두 사회라는 거대한 퍼즐의 작은 조각을 갖고 있으며, 특히 급격한 변화가 일어날 때 퍼즐의 전체 그림은 계속 변한다. 이런 상황에서는 정부가 필요한 물자가 무엇이고 누가 그것을 공급할 수 있는지에 대해 개요를 완전히 파악하기가 더욱 어려워진다. 그러므로 각 지역의 사람들이 자신이 아는 정보를 바탕으로 신속하게 대응할 수 있어야 하며, 수만 명의 생산자가 새로운 행동 패턴에서 발생하는 가격 신호에 따라 즉각 조정할 수 있도록 해야 한다. 1918년 스페인 독감에 대한 연구 결과를 보면 경제적으로 자유로운 나라일수록 팬데믹으로 인한 경제적 충격이 적었다.[26]

1993년 이후 전 세계에서 발생한 경제 위기 389건을 분석한 연구에 따르면 경제적 자유도가 높은 국가(100점 척도에서 평균보다 10점 높은 국가)는 한 해 동안 경제 위기를 겪을 확률이 30% 낮으며, 위기가 닥치더라도 충격이 덜한 것으로 나타났다. 경제적 자유가 낮은 국가(100점 척도에서 평균보다 10점 낮은 국가)는 위기가 발생할 경우 평균 국내 총생산 감소율이 12%에 달했지만, 경제적으로 자유로운 국가에서는 감소율이 8%에 불과했다.[27]

이런 차이는 주로 경제 규제가 적을수록 사람들이 빠르게 새로운 지식에 적응하고 자본과 노동력을 필요한 곳으로 이동할 수 있기 때문으로 설명할 수 있다. 반면 규제가 심한 경제에서는 자원이 비효율적인 곳에 머물러야 하기 때문에 경제적 충격이 더욱 심각해진다.

위기 이후에는 항상 '그때 이렇게 했어야 했다'고 말하기 쉽다. 그러나 문제는 다음번 위기가 무엇일지 우리가 미리 알 수 없다는 점이다. 2018년 여름, 스웨덴에서 대규모 산불이 발생하자 사람들은 소방 장비에 대한 투자가 부족했다고 분노했다. 2019년에 갑작스러운 사료 부족 사태가 발생하자 더 많은 토지를 가축 사료용으로 확보했어야 했다고 주장했다. 2020년 팬데믹 발생 후에는 보호 장비를 생산하는 공장을 미리 지어 놨어야 했다는 목소리가 높아졌다. 하지만 다음 위기는 또 다른 팬데믹이 아니라 홍수, 사이버 공격 혹은 전혀 예상하지 못한 다른 형태일 수도 있다. 2022년 러시아의 우크라이나 침공 이후 스웨덴인들은 자국에 부족한 것은 무기와 탄약이라고 결론 내렸다.

심지어 팬데믹에 철저히 대비한 국가들도 의료 용품 수요가 20배 이상 급증하자 대응이 필요했다. 중국은 자국 내 수많은 공장을 보유하고 있었음에도 우한에서의 감염 확산을 막기 위해 마스크 약 20억 개와 보호 장비 4억 개를 수입해야 했다. 핀란드는 비상 대비용으로 마스크를 450만 개 비축하고 있었는데, 이는 처음 들으면 상당히 많은 양 같다. 하지만 팬데믹이 발생하자 하루에 350만 개가 필요했고, 결국 월요일 아침에 비축 창고를 열면 화요일 점심 전에 다 소진되는 수준이었다.[28]

따라서 최선의 대비책은 특정 위협을 가정하고 이를 막기 위해 정적인 방어선을 구축하는 것이 아니라 예상치 못한 사건에 빠르게 대응할 수 있는 기동성 있는 방어 체계를 갖추는 것이다. 이것이 바로 자유 시장과 국제 무역이 제공하는 장점이다. 필요한 모든 것을 국내에서 자체 생산하도록 집중하는 것이 안전해 보일 수도 있다. 그러나 전쟁이든, 자연재해든, 전염병이든, 대부분의 재난은 특정한 지역에서 발생하고 해당 지역에 가장 큰 영향을 미친다. 만약 생산이 특정 지역에 집중돼 있다면 그 지역이 위기에 처했을 때 오히려 생산 자체가 중단될 위험이 크다.

보호주의는 오히려 우리를 취약하게 만든다. 만약 어떤 사람이 '생산을 집중시켜야 회복력이 강해진다'고 믿는다면 나는 그에게 유아용 분유 한통을 구해서 팔아 보라고 권하고 싶다. 아니, 사실 팔 수 없다. 지금 내가 이 글을 쓰는 시점에 미국에서는 심각한 유아용 분유 부족 사태가 발생하고 있기 때문이다. 이는 정부 규제와 관세 장벽이 미국 내 공장 몇 곳에 생산을 집중시켰기 때문이며, 단 한 곳의 공장에서 문제가 발생하자 전국적인 공급난으로 이어졌다. 회복력은 생산을 집중한다고 생기는 것이 아니다. 오히려 생산을 다각화해야만 위기에 강한 경제 구조를 만들 수 있다.

위기가 전 세계에 발생하더라도 팬데믹처럼 모든 지역을 동시에 강타하는 것은 아니다. 중국은 가장 먼저 피해를 입었지만, 그동안 다른 나라에서 보호 장비를 수입할 수 있었다. 이후 다른 나라들이 팬데믹에 직면했을 때 아시아의 공장들은 다시 가동을 시작해 그들에게 장비를 수출할 수 있었다.

나는 유럽국제정치경제센터에서 유럽 연합 무역이 위기에 어떻게 영향을 받았는지 연구했다. 그 결과 자유 무역이 중요한 역할을 했음을 확인할 수 있었다. 2020년 3월, 유럽 연합 국가들이 다른 유럽 연합 국가들로부터 수입한 보호복 수량은 25% 감소했다. 한동안 유럽 각국은 자국 내에서 확보한 보호 장비를 독점하려 했다. 그러나 병원이 더욱 심각한 보호복 부족 사태를 겪지 않을 수 있었던 이유는 유럽 연합 외부 국가로부터 수입이 단 한 달 만에 44%나 증가했기 때문이다. 같은 기간 동안 유럽 연합의 손 소독제 수입량은 278% 증가했고, 방독면 수입량은 430% 증가했다.[29]

이 사례는 프렌드 쇼어링(friend-shoring), 즉 지정학적으로 가까운 우방국과의 무역을 확대하고 경쟁국과의 교류를 줄이려는 전략이 가진 위험성을 드러낸다. 2020년 3월 프랑스는 보호 장비의 수출을 금지했을 뿐만 아니라 제3국을 경유해 프랑스를 지나가던 물품까지 압수했다. 프랑스가 이탈리아와 스페인처럼 팬데믹으로 가장 큰 피해를 입고 있던 이웃 국가들이 필수 의료 장비를 확보하지 못하도록 막는 동안 이탈리아와 스페인은 중국 같은 아시아 국가들로부터 해당 장비를 수입할 수 있었다.

이것은 중국이 프랑스보다 더 나은 동맹국이거나 지정학적으로 더 가까운 파트너였기 때문이 아니다. 중국이 물리적으로 먼 나라였기 때문에 프랑스와 같은 시기에 같은 부족 현상을 겪지 않을 가능성이 높았던 것이다. 신뢰할 수 있는 가까운 국가들과만 무역을 한다는 것은 모든 달걀을 한 바구니에 담는 위험한 전략이다.

세계화 덕분에 우리는 위기를 극복할 시간을 벌 수 있었고, 이를 통해 자체 생산을 재조정할 수 있었다. 유럽 전역의 기업가들은 자신의 지역 상황, 기술, 장비를 활용해 어떻게 기여할 수 있을지 고민했다. 보드카 증류소와 향수 제조업체들은 손 소독제와 소독제를 생산하기 시작했다. 위생 용품 제조업체들은 일회용 장갑과 수술용 마스크 생산으로 전환했다. 단 두 달 만에 유럽에서 마스크를 생산하는 기업 수가 12곳에서 500곳으로 증가했다. 미국에서도 95%의 섬유업체가 처음으로 보호복 제작에 나섰다.[30]

위기에 적응할 수 있는 인간의 능력을 의심한다면 동네 상점의 진열대를 한번 살펴보라. 팬데믹이 시작되던 첫 몇 주 동안 세상이 멈추는 것처럼 보였을 때 통조림, 커피, 휴지 등을 사재기했던 기억이 있는가? 특히 식품 산업은 완전히 폭풍에 휩싸였다. 새로운 무역 장벽이 생겼고, 노동자의 상당수가 집에 머물러야 했으며, 국경을 넘는 것이 금지되기도 했다. 한편 식당 산업으로의 공급은 급감하는 동시에 일반 소비자들의 식품 구매 수요는 급증했다.

그런데 놀랍게도 상점의 진열대에는 거의 변화가 없었다. 24시간 내내 공급 업체를 변경하고, 인력을 재배치하며, 생산 방식을 조정하고, 물류 경로를 변경한 덕분에 식품 산업은 불과 몇 주 만에 글로벌 공급망을 재건할 수 있었다. 이는 정말 놀라운 성과이며, 소비자인 우리는 이 과정에서 거의 불편을 느끼지 못했다. 이를 지휘하는 식품 차르 같은 중앙 권력이 있었던 것도 아니다. 오히려 분산된 시스템이기에 가능했다. 각 지역에서는 자신이 처한 상황에서 가용한 원자재와 노동력을 활용해서 어떤 조정이 가능한지를 판단했고, 특정 생산을 중단하더라도 다른 곳에서 심각한 부족 사태를 일으키지 않도록 조율했다.

　이처럼 끊임없이 변화하는 정보를 중앙에서 통제하는 것은 불가능하다. 이런 정보는 현장과 공장 내부에 있으며 우리가 하는 수백만 가지 개별 행동에 따라 변하는 가격 속에서만 볼 수 있다. 이런 지역적 정보를 바탕으로 즉각 대응할 자유는 특히 세계가 예측할 수 없는 방식으로 빠르게 변화할 때 더욱 중요하다.

　팬데믹에서 벗어날 때 우리는 배송 대기 시간이 길어지고, 수많은 컨테이너선이 항구 밖에서 정박해 입항을 기다리는 광경을 봤다. 갑작스러운 봉쇄 조치, 통금, 새로운 격리 규정, 무역 제한 등이 반복되는 상황에서 공급망이 압박받는 것은 이상한 일이 아니다. 항구 입항이 갑자기 금지되거나 중국 정부가 예고 없이 도시 전체를 봉쇄하는 일이 벌어지면 당연히 혼란이 생긴다. 하지만 놀라운 점은 용감한 기업가들이 이런 장애물을 끊임없이 극복하며 공급망을 재조정하고, 우회 경로를 찾으며, 여전히 물자를 공급한다는 것이다. 훨씬 강력해진 제한에도 지금 이 순간 팬데믹 이전보다 더 많은 상품이 전 세계 바다를 건너고 있다. 자유 시장은 가장 혹독한 스트레스 테스트를 받았고, 이를 훌륭히 통과했다.

　이와 관련해 19세기의 미국 시인이자 초월주의 철학자인 헨리 데이비드 소로가 1849년에 남긴 말이 떠오른다.

"무역과 상업은 마치 고무로 만들어진 것 같다. 법률 제정자들이 계속해서 장애물을 놓아도 그것들은 늘 튕겨 나가면서 장애물을 뛰어넘는다."[31]

3장

파이 키우기 vs. 제로섬

우리는 누구에게
일자리를 뺏겼는가?

> 이는 모든 배를 띄우는 상승하는 조수가 아니다.
> 이는 우리 중산층과 일자리를 쓸어버리는 세계화의 파도다.
>
> **도널드 트럼프, 2016년 6월 22일 뉴욕 연설에서**

20년 전 내가 자유 시장을 옹호했을 때, 주로 그것이 부유한 국가를 더 부유하게 만들고 가난한 국가를 더 가난하게 만들 것이라고 두려워하는 좌파들과 논쟁을 벌였다. 그러나 역사는 이미 이 논쟁의 결론을 내렸다. 그 어느 때보다도 가난한 나라들이 빠르게 성장하고 있으며, 그 어느 때보다도 많은 사람이 빈곤에서 벗어났다.

오늘날 내가 자유 시장을 옹호하면 서구의 우파 민족주의자들에게 반박당하는 일이 많다. 그들은 자유 시장이 가난한 나라를 더 부유하게 만들지만 부유한 나라는 오히려 더 가난해질 것이라고 우려한다. 특히 21세기 초반 서유럽과 북미 경제가 중국의 저렴한 수입품으로 인해 탈산업화됐다는 인식이 널리 퍼져 있다. 이제는 아무것도 생산하지 않으며, 1950년대 디트로이트 자동차 산업처럼 높은 임금을 보장하고 안정적이던 제조업 일자리는 사라졌고, 기껏해야 아마존 물류 창고에서 저임금 노동을 하는 것만이 가능한 현실이라는 것이다. 임금은 정체되고, 농촌 지역은 쇠퇴하며, 전통적인 노동 계층은 소멸하고 있고, 일부 취약 계층에서는 자살, 약물 과다 복용, 알코올 관련 질병이 급증하고 있다는 것이다.

다른 나라에, 기계에 일자리를 뺏겼다?

이 같은 인식이 어느 정도는 사실이다. 제조업에 종사하는 인구는 점점 줄어들고 있다. 과거 산업 도시 곳곳에서 울려 퍼지던 공장 사이렌 소리는 이미 오래전에 사라졌다. 하지만 이것이 사회 붕괴의 신호라면, 왜 이런 현상이 모든 산업 국가에서 동일하게 나타났는지를 질문해야 한다.

수출 강국이자 만성적인 무역 흑자를 기록하는 국가들조차 같은 과정을 겪었다. 일본과 독일은 1970년대부터 탈산업화 과정을 밟았고, 싱가포르는 1980년대, 한국은 1990년대부터 같은 길을 걸었다. 중국의 저임금과 막대한 산업 보조금 때문에 이런 일자리가 사라졌다는 주장은 단순한 오류다. 그 논리를 반박하는 가장 쉬운 방법은 중국조차도 탈산업화되고 있다는 사실을 지적하는 것이다.[1]

중국에서 제조업 종사자의 비율은 2013년에 정점을 찍었다. 그 이후로 매년 약 500만 개의 제조업 일자리가 사라지고 있다. 현재 중국 기업들은 세계 시장에서 의류, 신발, 가구 등의 점유율을 줄여 나가고 있다. 그렇다면 우리 모두가 빼앗겼다고 믿는 그 제조업 일자리들은 어디로 갔을까? 그 답은 사하라 사막 이남의 아프리카다. 현재 전 세계에서 유일하게 제조업 일자리 비율이 증가하는 대륙이다.

우리는 탈산업화가 약화의 징후라는 낡은 개념을 버려야 한다. 오히려 그것이 적절한 단계에서 이뤄진다면 강함의 증거가 된다. 모든 국가가 부유해지는 과정에서 거치는 자연스러운 단계이며, 실질적으로 이는 탈산업화가 아니라 오히려 산업의 발전을 의미한다. 실제로 생산 라인은 그 어느 때보다도 빠르게 돌아가고 있다. 1980년 이후 미국의 산업 생산량은 2배 이상 증가했지만 이제는 그 생산을 유지하기 위해 예전만큼 많은 노동자가 필요하지 않다.[2]

2000년대 첫 10년 동안 미국의 제조업 일자리는 560만 개가 사라졌다. 하지만 이는 생산량 감소 때문이 아니었다. 오히려 이 기간 동안 미국의 생산량은 증가했다. 생산성이 2000년 수준에 머물렀다면 2010년에는 300만 명을 추가로 고용해야 했을 것이다. 즉 일자리가 감소한 이유는 공장이 경쟁력을 잃었기 때문이 아니라 생산성이 크게 향상됐기 때문이다.[3] 사라진 제조업 일자리의 87%는 생산성이 향상됐기 때문이고, 무역으로 인해 사라진 일자리는 13%에 불과했다.

이는 설령 전략적 산업 정책을 통해 공장을 본국으로 되돌린다 해도 일자리가 돌아오지는 않는다는 의미다. 왜냐하면 일자리를 빼앗아 간 것은 중국이나 멕시코가 아니라 R2-D2와 C-3PO(영화 〈스타워즈〉

시리즈에 등장하는 로봇*)이기 때문이다. 중국과 멕시코 역시 자동화를 적극 도입하고 있다. 2010년 이후 중국 기업들은 산업용 로봇의 수를 5만 대에서 80만 대로 늘렸다.[4] 이것이 그들이 더욱 생산력을 높이고 경쟁력 있게 변할 수 있었던 이유다.

그렇다고 해서 일자리가 완전히 사라지는 것은 아니다. 방적기, 기계식 직기, 증기 기관, 자동차, 컴퓨터, ATM 등 혁신 기술이 등장할 때마다 새로운 산업이 생겨났고, 소비력이 향상되면서 더 많은 사람을 고용할 수 있었다. 최근 연구에 따르면 공장에서 자동화가 1% 증가하면 2년 후에는 해당 공장의 노동력이 0.25% 증가하고, 10년 후에는 0.4% 증가한다.[5] 다만 그 일자리가 동일한 형태는 아니다. 기계와 직접 경쟁하는 수작업 일자리는 줄어들지만, 기계를 보완하는 새로운 일자리가 창출된다. 또한 생활 수준이 높아지면서 소비에서 물질적 제품이 차지하는 비중이 점점 줄어들고 대신 돌봄, 간호, 엔터테인먼트, 디자인, 연구 개발, 교육 같은 서비스에 대한 소비가 늘어나고 있다. 제조업의 자동화 덕분에 제품을 구매하는 데 비용이 낮아졌기 때문에 우리는 이런 서비스에 더 많은 비용을 쓸 수 있게 됐다.

이런 변화가 직관적으로 낯설게 느껴지는 이유는 우리의 사회 심리와 경제 논의가 종종 동화책 속 향수에 영향을 받기 때문이다. 우리는 마치 우리가 '진짜 일자리'를 잃어버린 것처럼 느낀다. '진짜 남자'들이 발에 떨어뜨리면 아플 법한 무거운 물건을 생산하던, 어린이 그림책 속에 나오는 바로 그런 일자리들 말이다. 대신 임시 계약직이 많아지고, 실제로 무엇을 생산하는지 불분명해서 만족스럽지 못한 '헛된 직업'이 늘어났다고 생각한다. (이는 데이비드 그레이버의 동명 저서에서 소개된 개념이다) 그림책에 등장하는 직업을 떠올려 보라. 예술 감독, 퍼스널 트레이너, 홍보 컨설턴트, 콘텐츠 매니저, 음식 배달원, 생명 공학 분석가 같은 직업이 과연 포함될까?

이런 그림책에서 하는 묘사는 과거 공장에서 실제로 일했던 노동자들의 관점으로 보완될 필요가 있다. 만약 1950~1960년대가 서구 노동 시장의 황금기였다면, 왜 그 시대에 일했던 사람들은 대부분 그때의 경험을 '더러움, 피로, 지루함, 망가진 몸, 탈진한 정신'으로 기억할까? 노동자들이 그렇게까지 자녀들에게 더 나은 교육을 받게 하려고 애쓴 이유는 그들이 다른 종류의 직업을 갖기를 원했기 때문이다. 펜실베이니아의 한 철강 노동자는 자녀들에게 이렇게 경고했다.

"이곳에 들어오면 나갈 수 있을지조차 모른다. 설령 나간다고 해도 팔 하나나 눈, 다리를 잃을 수도 있다. 너희는 너희 자신을 위해 무언가를 해야 한다."[6]

심지어 러스트 벨트의 삶을 묘사한 《힐빌리의 노래(Hillbilly Elegy)》에서도 저자이자 2025년에 미국 부통령으로 취임한 J. D. 밴스는 자신과 친구들이 성장하면서 한 가지 공통적으로 동의했던 점을 언급한다.

"그 누구도 블루칼라 직업을 갖고 싶어 하지 않았다."[7]

물론 예외도 있다. 오늘날 노동 시장에 대한 향수로 자주 언급되는 1950년대 디트로이트 자동차 산업의 노동자는 마치 꿈의 직업을 가졌던 것처럼 보인다. 하지만 정말 그랬을까? 역사학자 다니엘 클라크는 당시 자동차 공장에서 일했던 노동자들을 대상으로 대규모 인터뷰 프로젝트를 진행하면서 잃어버린 낙원에 대한 이야기를 기대했다. 그러나 그가 들은 것은 완전히 다른 이야기였다.

"남성이든 여성이든, 백인이든 아프리카계 미국인이든 1950년대를 안정적인 고용, 임금 상승, 복지 향상의 시대로 기억하는 사람은 거의 없다."[8]

대신 그는 빠른 구조 조정, 경제적 불안정, 불안한 고용, 반복되는 실업에 대한 이야기를 들었다. 한때 미국 전체 실업자의 10%가 디트로이트에 집중된 적도 있었다. 높은 시급은 연간 소득을 안정적으로 보장해 주지 못했다. 노동자들은 일시적으로 고용됐다가 곧바로 해고되는 경우가 많았기 때문이다. 클라크가 인터뷰한 자동차 공장의 노동자 대부분은 생계를 유지하기 위해 겸업을 해야 했다. 이들은 이사일, 청소, 쓰레기 수거, 웨이터, 목화 따기 같은 일을 추가로 해야만 생활비를 감당할 수 있었다. 그는 이렇게 기록했다.

"자동차 노동자들은 할부금을 제때 내지 못해 구매한 물건을 압류당했고, 주택 담보 대출과 월세를 감당할 수 없었다. 이들은 명목상

미국에서 최고 수준의 임금을 받는 산업 노동자였지만 정작 자신들이 만든 신차를 살 수 없었다."⁹

디트로이트의 황금기 신화는 오랜 기간 정규직으로 일자리를 유지할 수 있었던 극소수 노동자의 사례에 기반한다. 1950년대 당시 미국 전체의 임금 수준이 워낙 낮았기 때문에 이런 노동자의 급여가 상대적으로 높아 보였던 것이다. 특히 1953년 디트로이트에서 일하던 특정 노동자 집단이 이를 대표하는 사례로 자주 언급된다. 다시 말해 우리가 상실했다고 아쉬워하는 공장 노동의 황금기는 제2차 세계 대전 직후 유럽의 산업 기반이 폐허가 된 아주 특수한 시기의 특정 도시, 특정 연도에 국한된 이야기인 셈이다.

그렇다면 이 '행운아'들은 당시 얼마나 벌었을까? 강력한 자동차 노동조합 덕분에 시급은 약 1.3달러까지 상승했다. 오늘날 가치로 환산하면 약 14.5달러에 해당한다. 흥미롭게도 이 돈은 아마존 물류 센터가 초봉으로 지급하는 임금보다 조금 낮은 수준이다.

호텔 스위트룸으로 올라갈 수 있는 기회

현재 노동 시장에서 가장 어려움을 겪고 있는 집단을 보면 우리는 프레카리아트의 시대에 살고 있다고 결론짓기 쉽다. 어떤 사람은 이에 대해 책을 쓰기도 한다. 하지만 전체 인구의 상황을 정확히 파악하려면 개별 사례만으로는 부족하다. 일반적인 근로자의 실태를 살펴봐야 한다. 임금이 정체됐는가? 일자리가 더욱 불안정해졌는가? 노동자들은 더 큰 불안 속에 내몰렸는가?

임금 정체에 대한 이야기는 공장에 대한 향수처럼 미국으로부터 수입된 개념이다. 특히 저숙련 노동자의 임금 상승이 수십 년 동안 더뎠던 미국에서는 임금에 관한 논의가 활발했다. 그러나 이 이야기는 종종 오해받고는 한다. 마치 임금 자체가 전혀 오르지 않은 것처럼 말이다. 그러나 실제로 이 주장을 펼치는 사람들도 그런 의미로 이야기하는 것은 아니다. 그들이 말하는 바는 오늘날 특정 연령대에서 특정 직업을 가진 사람들의 임금이 1980년에 동일한 상황에 있던 사람들과 비교할 때 크게 향상되지 않았다는 것이다. 1980년에 최저 임금을 받던 사람과 오늘날 최저 임금을 받는 사람이 동일한 수준의 삶을 살고 있다고 말한다. 하지만 중요한 점은 그 두 사람이 같은 사람이 아니라는 것이다.

오스트리아 경제학자 요제프 슘페터는 분배 문제를 종종 호텔에 비유했다. 호텔에서 층이 높을수록 방이 더 좋다고 가정해 보자. 현재의 소득 분포를 과거의 소득 분포와 단순 비교하면 큰 변화가 없는 것처럼 보일 수 있다. 단지 호텔에서 가장 높은 층에 있는 스위트룸이 더욱 화려해지고, 에스프레소 머신과 고급 침구가 추가됐을 뿐이다. 하지만 슘페터가 하는 주장의 핵심은 사람들이 평생 같은 층에 머물지 않는다는 것이다. 대부분은 시간이 지나면서 더 높은 층으로 이동한다. 스위트룸에 살던 사람들은 결국 체크아웃하고, 호텔에는 새로운 이민자와 첫 직장을 얻은 학생들이 입주해 1층에서 시작하여 위로 올라간다.

1980년에 최저 임금을 받으며 일을 시작한 사람들은 대부분 시간이 지나면서 임금이 올랐다. 승진을 하거나 또는 직업을 바꿔서 더 높은 임금을 받게 됐다. 오늘날 최저 임금으로 일을 시작하는 사람들도 마찬가지다. 미국에서는 최저 임금을 받으며 일하는 사람들의 약 70%가 단 1년 만에 더 높은 임금을 받는 직책으로 이동한다. 또한 미국에서 최저 임금 이하를 받는 노동자의 비율은 1980년 15%에서 2020년 1.5%로 급감했다.[10]

미국에서 가장 가난한 최하위 20%(하위 1분위)에 속하는 가정에서 태어난 사람들의 약 37%는 결국 상위 60%(상위 3분위)에 속하게 된다. 또한 두 번째로 낮은 하위 20%(하위 2분위)에 속했던 사람들의 거의 절반이 상위 60%로 올라간다.[11] 최근 연구 중 가장 규모가 큰 한 연구에 따르면 1986년에 가장 가난한 20% 가정에서 태어난 미국 아이들 중 거의 10%가 26세가 될 때까지 최고 소득 20%에 도달했다.

이는 1971년 이후 유지된 사회 이동의 지표이며, 연구자들은 '최근 세대에서는 오히려 세대 간 이동이 다소 증가했을 가능성이 있다'고 분석했다.[12] 이것은 놀라운 결과였다. 그동안 불평등 심화가 사회 이동을 감소시킬 것이라고 가정했던 연구자들조차 예상하지 못한 결과였다. 그들은 연구 보고서의 결론에서 '왜 사회 이동이 예상과 달리 감소하지 않았는지에 대한 추가 연구가 필요하다'고 밝혔다.

미국에서 소득 계층 간 격차가 커졌다는 점은 사회 이동에 관해 주목할 만한 함의를 지닌다. 계층 간 이동의 '계단'이 가팔라졌지만, 이 계단을 오를 기회 자체는 줄어들지 않았다. 다시 말해 평균적인 사람이 실제로 금전적 측면에서 자신의 삶을 개선하는 것이 오히려 더 쉬워졌다. 이는 미국과 스웨덴, 덴마크 같은 국가를 비교할 때 중요한 차이점이다. 스칸디나비아 국가들은 임금 격차가 상대적으로 작기 때문에 임금이 몇백 달러만 상승해도 상위 소득 계층으로 이동할 수 있다. 반면 미국에서는 계층 간 소득 격차가 훨씬 크기 때문에 같은 이동을 위해서는 소득이 수천 달러가 늘어야 한다.

오늘날 저숙련 직종의 초봉이 40년 전과 비교해 크게 오르지 않았다는 사실을 이런 관점에서 보면, 새로운 청년층과 이민자들이 슘페터가 말한 '호텔'에 입장할 기회를 얻었다고 볼 수도 있다. 그리고 대부분은 점차 더 높은 층으로 이동한다. 만약 초봉이 지나치게 높았다면 애초에 많은 사람이 이 호텔에 들어갈 기회조차 얻지 못했을 것이다.

미국의 임금 정체에 대한 논의를 정확히 살펴보면, 1970년대 중반 이후 임금이 상승하는 속도가 이전보다 느려진 것이 사실이다. 하지만 이는 그 이전에 임금이 너무 빠르게 상승했기 때문이기도 하다. 당시 미국은 제2차 세계 대전 이후 독보적인 경제적 지위를 누렸고, 유럽은 여전히 전쟁의 폐허에서 재건 중이었다. 그러나 유럽 경제가 회복되면서 미국 산업은 세계 시장을 계속 독점할 수 없었다. 미국의 러스트 벨트 지역에서는 1950년부터 1980년 사이, 즉 본격적인 세계화가 미국을 강타하기도 전에 이미 아주 많은 일자리가 사라졌다. 그 후 몇십 년 동안 감소한 일자리 수보다도 더 심각한 수준이었다.[13]

이후 임금이 상승하는 속도가 둔화된 것은 미국 산업이 붕괴하는 것을 막기 위한 '비용 조정' 과정이었다. 이런 어려운 구조적 전환이 마무리된 후 미국의 임금은 다시 상승했다. 1990년 이후 물가 상승을 고려한 평균 임금은 약 34% 증가했다.[14] 결국 임금 정체에 대한 논의는 1970~1980년대에 형성된 인식에서 비롯된 것이며, 그 이후에도 수십 년간 정치적 논쟁으로 반복됐다. 하지만 최근 데이터를 보면 이런 논의가 여전히 주요 이슈로 남아 있는 것이 오히려 분석의 정체를 보여 준다고 할 수 있다.

물론 평균값만으로 저소득층의 실제 상황을 알 수는 없으므로 데이터를 더 세분화해서 살펴볼 필요가 있다. 그럼 임금이 가장 낮은 10% 계층의 임금이 실제로 36% 증가했음을 확인할 수 있다. 또한 세금 및 이전 소득을 고려하면 저소득층에서 실질 소득이 증가했다는 점이 더 두드러진다. 1990년부터 2016년까지 미국에서 가장 가난한 20%의 가구 소득은 66% 증가했다. 같은 기간에 중위 가구의 소득은 44% 증가했다.[15] 25년 동안 소득이 66%가 증가했다는 것을 다양한 방식으로 표현할 수 있지만, 그중에서 '정체'라는 단어는 적절하지 않다.

임금 정체에 관한 논의를 제대로 이해하려면 통계 수치가 반영하지 못하는 부분도 고려해야 한다. 오늘날 많은 임금이 세금 문제로 인해 급여 외 복리 후생 형태로 지급된다. 예를 들어, 의료 보험, 연금, 유급 휴가 등의 복지가 이에 해당하며, 이런 요소들은 공식적인 임금 통계에는 포함되지 않는다. 이런 혜택까지 포함하면 1980년 이후 미국의 시간당 실질 임금은 약 60% 증가했다.[16]

오늘날의 서비스업 일자리는 과거 제조업 일자리보다 보수가 더 높다. 심지어 세계화로 인해 가장 큰 타격을 입은 계층으로 여겨지는 '미국 노동 계층 출신 남성' 그룹에서도 72%는 그들의 아버지보다 더 높은 임금을 받고 있다. 이들은 아버지 세대보다 평균 30% 더 많은 소득을 올리고 있다.[17] 물론 이 수치는 부모 세대와 비교했을 때 상대적으로 불리하게 보일 수도 있다. 과거에는 아버지보다 더 높은 임금을 받는 것이 거의 100% 보장된 시대였기 때문이다. 그러나 그것은 당시 부모 세대가 대공황과 빈곤한 농촌에서 성장했기 때문이었다. 그런 상황에서 생활 수준을 개선하는 것은 상대적으로 쉬웠다.

그러나 중산층이 붕괴됐다는 주장에는 일정 부분 타당성이 있다. 평균 소득을 제공했던 특정 유형의 반복적인 직업들이 제2차 세계 대전 이후 사라졌기 때문이다. 이는 제조업 일자리뿐만 아니라 창고와 재고를 관리하는 사무원, 송장을 처리하는 은행 및 우체국 창구 직원, 현금을 세고 전달하는 은행 출납원 등의 직업도 해당된다. 이런 일자리는 정확성과 정밀함을 요구했지만 즉각적인 판단이나 사회적 지능은 크게 필요하지 않았다. 바로 이런 유형의 업무를 산업용 로봇, 컴퓨터, ATM이 대신 수행하게 됐다.

그러나 이런 변화가 곧 일자리의 총량이 감소함을 의미하지는 않는다. 과거 이런 업무에 사용됐던 돈은 여전히 존재하며, 이제는 '새로운 중산층 직업'으로 불리는 다른 유형의 일자리를 창출하는 데 쓰인다. 예를 들어, 운송업, 의료, 교육, 엔터테인먼트 및 문화 산업 등에서 새로운 일자리들이 생겨나고 있다. 제조업 노동자와 은행 창구 직원은 줄어들었지만, 기술 지원 전문가, 택배 기사, 트럭 운전사, 광대역 인터넷 및 태양 전지, 에어컨 설치 기사, 가족 상담사, 법률 보조원, 마사지사, 이벤트 기획자, 아트 디렉터, 음향 엔지니어, 요리사, 강사 등의 수요는 증가했다.

이 목록을 보면 알 수 있듯이 노동 시장은 점점 더 치열해지고 있다. 새로운 직업들은 대부분 문제 해결 능력, 즉각적인 대처 능력, 의사소통 기술을 더욱 요구한다. 심지어 내성적인 IT 지원 담당자조차도 고객에게 자신의 불만을 드러내지 않고 소통하는 능력이 필요하다. 그 결과 거의 모든 직무에서 요구하는 학력 수준이 높아지고 있다. 이는 곧 고등학교를 졸업하지 못한 미국인들처럼 교육 수준이 낮은 사람들이 양질의 중산층 일자리를 얻기가 점점 더 어려워지고 있음을 의미한다. 다만 고등학교를 졸업하지 못한 미국인의 비율은 1950년대 초 40%에서 현재 약 10%로 감소했다.

과거 중산층 직업의 특징은 평균 소득을 제공한다는 점이었다. 경제학자 마이클 스트레인은 과거의 중산층이 어떤 변화를 겪었는지 조사했다. 그는 미국 중산층을 연간 실질 소득(물가 조정 기준)이 약 3만 5,000달러에서 10만 달러 사이인 가구로 정의했다. 이 기준이 다소 임의적일 수 있지만, 많은 사람이 생각하는 중산층의 개념과 대체로 일치한다. 그의 조사에 따르면 중산층의 비율이 감소한 것은 사실이다. 1967년부터 2018년 사이, 이 소득 범위에 해당하는 가구의 비율은 54%에서 42%로 줄었다.

하지만 여기서 중요한 질문은 '중산층이 어디로 갔는가?'다. 단순히 소득이 하락해 몰락한 것이 아니다. 오히려 연 소득 3만 5,000달러 이하를 버는 가구의 비율도 36%에서 28%로 감소했다. 즉 사라진 중산층의 상당수가 소득 하위 계층으로 떨어진 것이 아니라 상위 계층으로 이동했다. 1967년 이후 연 소득 10만 달러를 초과하는 가구의 비율은 10%에서 30%로 3배 이상 증가했다. 즉 중산층이 붕괴된 것이 아니라 소득의 상한선이 더욱 높아진 것이다.[18]

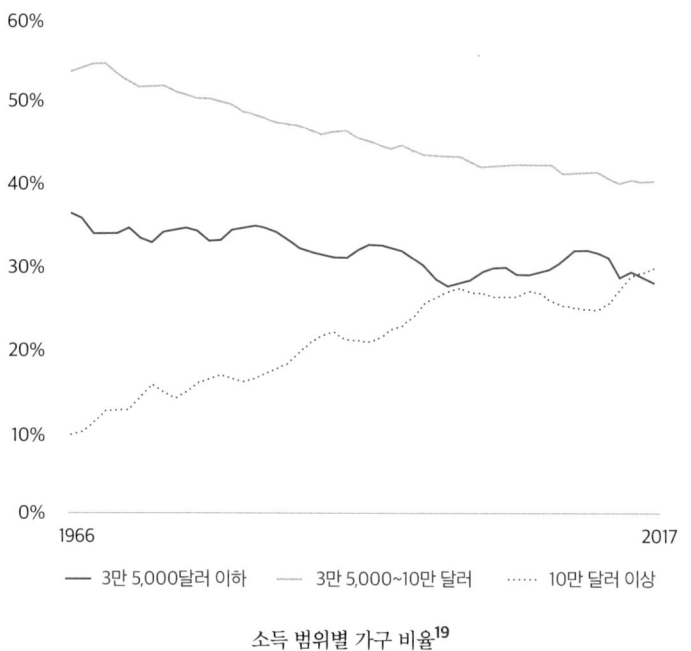

소득 범위별 가구 비율[19]

많은 사람이 이렇게 생각할 수 있다.

'우리 할아버지가 내 나이였을 때는 아내와 세 아이를 부양하고, 대출 한 푼 없이 집을 지을 수 있었는데, 나는 플레이스테이션 하나 사려면 급전 대출까지 받아야 한다.'

하지만 이 생각은 중요한 사실을 간과하고 있다. 할아버지는 소득의 10% 정도만 세금으로 냈고, 당시에는 새로운 집을 짓는 것이 지금보다 훨씬 쉬웠다. 실제로 1950년까지만 해도 새로 지어진 집에 욕실이 없을 확률이 절반 이상이었다.[20] 게다가 당시는 임금 수준이 낮은 덕분에 노동 집약 사업, 즉 집을 짓는 것이 지금보다 훨씬 저렴했다.

대신 할아버지에게 이렇게 물어보자.

"고기를 사 먹고 싶을 때나 새 재킷, 책, 전화기, 라디오가 필요할 때 어떻게 했어요? 어딘가로 이동하려면 어떻게 했고, 만약 새 인공 관절이 필요했다면요?"

그럼 할아버지 당신은 '좋았던 옛날'에 대한 이야기를 하기보다는 마치 몬티 파이튼(영국의 코미디언 그룹*)의 '네 명의 요크셔맨' 스케치에서 듣는 것처럼 이런 식의 대답을 들을 것이다.

"우리 때는 다 힘들었지."

직장 스트레스에 시달리는
현대인에게

    만약 오늘날 직장 생활에 점점 더 스트레스가 많아지고, 변화가 심하고, 우리는 끊임없이 이직해야 하고, 더 열심히 더 강도 높게 일해야 한다는 느낌이 든다면 그 감정이 어디에서 비롯되는지 곰곰이 생각해 볼 필요가 있다.

    사실 지금 우리는 150년에 걸친 대규모 산업화와 도시화 이후 비교적 안정적인 시기를 경험하고 있다. 미국에서 1850년부터 2015년까지 노동 시장의 변화를 연구한 결과에 따르면 직업이 가장 많이 창출되고 사라진 시기는 가장 초기였고, 가장 적게 변화한 시기가 가장 최근이었다. 1950~1960년대는 경제 호황기로 기억하지만, 당시 구조적 변화는 지금보다 5배나 더 컸다.[21] 그리고 그 변화는 단순히 같은 도시에 있는 다른 회사로 이직하는 수준이 아니라 아예 가족 전체가 새로운 지역으로 이사하는 경우가 많았다. 1950년대와 1960년대 초반 미국 인구의 약 20%가 매년 거주지를 옮겼다. 하지만 이후 이 비율은 계속 감소해서 2017~2018년에는 처음으로 10% 이하로 떨어졌다. 이는 1947년 미국 통계청이 국내에서 이동한 데이터를 수집하기 시작한 이후 가장 낮은 수준이었으며, 이후 계속 감소하고 있다.[22]

    오늘날 노동 시장의 문제는 변화가 지나치게 많아서가 아니라 오히려 변화가 너무 적다는 데 있다. 경제 성장은 오래된 직업과 기업이 사라지고 생산성이 높은 새로운 일자리로 대체될 때 가장 활발하다.

이런 변화가 충분히 이뤄지지 않으면 일자리 질의 개선과 임금 상승이 우리가 기대하는 수준으로 따라오지 않는다. 따라서 중요한 것은 사람들이 일자리가 있는 곳으로 더 쉽게 이동할 수 있도록 주거 환경을 조성하는 것이다.

우리는 과거보다 더 많이 일하는 것이 아니다. 오히려 더 적게 일하고 있다. 산업화가 본격 시작된 이후 서구 사회의 노동 시간은 절반으로 줄었으며 최근 수십 년 동안에도 그 감소 추세는 계속되고 있다. 다만 속도가 조금 느려졌을 뿐이다. 1960년부터 2017년까지 스웨덴, 영국, 미국, 독일, 프랑스, 스페인, 이탈리아 등 주요 국가들의 연간 노동 시간은 평균 약 20% 감소했다.[23] 게다가 우리는 과거보다 더 늦게 일을 시작하고 은퇴 후에도 더 오랜 시간을 살아간다.

직장 환경 역시 훨씬 더 안전해졌다. 1950~1960년대에는 노동자 10만 명당 약 2,025명이 산업 재해로 목숨을 잃었으나, 이 수치는 지속적으로 감소하여 현재는 10만 명당 약 3.4명 수준으로 떨어졌다. 이는 미국 산업안전보건청의 조사 결과다. 또한 노동자 100명당 발생하는 부상 및 질병 건수는 1972년 10.9건에서 2019년 2.8건으로 줄었다. 특히 제조업에서 서비스업으로 이동하면서 안전성이 가장 크게 개선됐다.

하지만 객관적인 지표가 악화되지 않았더라도 경쟁이 치열해지고 업무 강도가 높아지며 근로 계약이 유연해지는 것이 불안과 불확실성을 키울 수 있다. 만약 급여, 고용 안정성, 승진 기회, 상사에 대한 만족도가 급격히 하락했다면 이는 직업의 질이 실제로 악화됐다는 증거일 것이다.

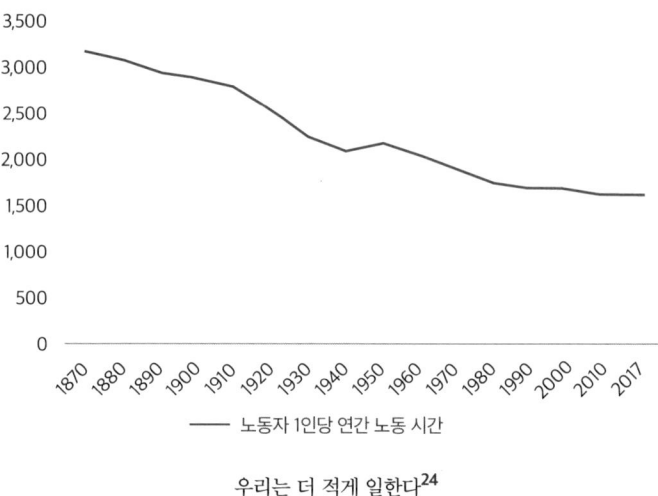

우리는 더 적게 일한다[24]

그러나 이 모든 지표는 오히려 반대 방향을 가리킨다. 1993년부터 '갤럽'은 미국인에게 직업 만족도를 조사했다. 심화된 경쟁과 세계화가 좋은 일자리를 빼앗았다고 주장하는 지난 25년 동안 자신의 직업에 '완전히 만족한다'고 응답한 비율은 35%에서 56%로 증가했다. '어느 정도 만족한다'고 답한 사람들까지 포함하면 이제 직장인 10명 중 9명 가까이가 자신의 일에 만족하고 있다고 볼 수 있다. 업무량에 대한 만족도도 3분의 1 증가했으며, '불만족하다'고 답한 비율은 절반으로 줄었다.[25]

현대의 노동 환경을 비판하는 일부 사람들, 예를 들어, 데이비드 그레이버와 롤란드 폴센은 우리가 업무 시간 동안 전화 통화를 하거나 이메일을 주고받고, 게임을 하며 시간을 낭비하는 것이 결국 우리 일이 그다지 중요하고 의미 있는 것이 아닐 수 있음을 보여 준다고 주장한다.²⁶ 물론 이런 경우도 있을 수 있지만, 사실 이는 긴급한 일을 처리하는 중에도 우리에게 미세한 휴식과 주의 전환이 필요하다는 점과 더 관련이 있을 것이다. 육체가 힘든 노동을 할 때 주기적으로 스트레칭을 하거나 몸을 다른 방식으로 움직여야 하는 것처럼 머리를 쓰는 일을 할 때도 간단한 게임을 한 판 하거나 유튜브를 보면서 지적 스트레칭을 할 필요가 있다. (내가 이 책을 쓰면서 얼마나 많은 닉 케이브 영상을 봤는지 알면 놀랄 것이다.)

중요한 점은 근무 시간에 게임을 하거나 이메일을 보내는 시간이 있고, 심지어 (폴센이 즐겨 인용하는) 항공 당국 직원 중 한 명처럼 업무 시간의 75%를 포르노를 보며 보낼 수 있는데도 성과에 별다른 영향이 없다면, 적어도 현대 노동 환경의 요구와 업무 강도가 인간적으로 감당할 수 없는 수준까지 치솟았다고 보기는 어렵다는 것이다.

그레이버는 그의 저서 《불쉿 잡(Bullshit Jobs)》에서 영국인의 37%가 자신의 일이 '인류에 의미 있는 기여를 한다고 생각하느냐'는 질문에 '아니오'라고 답한 점을 강조한다. 그리고 이를 '이 37%가 자신들의 일이 무의미하다고 확신한다'는 주장과 동일시하며 '헛된 일자리가 증가하고 있다는 주장이 통계적 연구에 의해 압도적으로 입증됐다'고 결론짓는다.²⁷ 그러나 그가 제시한 질문 자체가 자신의 일이 무의미하다고 간주되지 않으려면 상당히 높은 기준을 통과해야 하는 식으로 설정돼 있다.

나 역시도 인류 전체와는 아무런 상관이 없는 유용한 일을 꽤 많이 하고 있다고 생각한다. (게다가 영국인들이 자신을 인류의 은인으로 보느냐는 질문을 받았을 때, 다소 겸손하게 대답했을 가능성을 배제할 수 있을까?) 반대로 우리가 '당신은 유용한 일을 하고 있다고 느끼십니까?'라는 질문을 했을 때, 2015년 유럽 연합에서 '전혀 그렇지 않다' 혹은 '거의 그렇지 않다'고 답한 사람은 단 4.8%였다. 그리고 이는 2005년의 7.8%에서 감소한 수치다.[28]

만약 사람들이 직장에서 얼마나 스트레스를 받는지에 대한 자기 진술을 신뢰할 수 없다면 그들의 뺨 안쪽을 면봉으로 문질러 스트레스 호르몬을 분석하는 방법도 있다. 연구자 세 명은 미국의 중규모 도시에서 참가자 122명을 대상으로 하루에 6번씩 이 실험을 진행했다. 그 결과, 참가자 대부분이 실제로 스트레스를 받고 있었지만, 그 시점은 직장이 아니라 여가 시간이었다. 대다수의 노동자는 가족과 가사일에 둘러싸인 집에서 직장보다 더 큰 스트레스를 경험하는 것으로 나타났다. (이것은 오히려 근무 시간이 짧아진 것이 스트레스를 높인다는 의미일까?)

물론 이런 결과는 노동 시장의 불평등을 반영할 수도 있다. 즉 고학력자들은 높은 임금과 좋은 복지를 누리며 점점 더 편안한 삶을 살아가지만, 저소득층 노동자들은 점점 더 힘든 노동을 강요받고 있다는 가설이 가능하다. 그러나 이 연구 결과는 예상과 정반대의 결과를 보여 줬다. 임금이 낮고 근무 환경이 열악한 사회 경제적 취약 계층이 직장에서 더 큰 만족감을 느끼고, 스트레스를 덜 받는다고 응답한 것이다.[29]

단 하나의 연구 결과만으로 너무 성급한 결론을 내려서는 안 되며,

더 많은 연구가 필요하다. (이는 연구자들이 더 많은 허드렛일을 원할 때 흔히 하는 말이기도 하다.) 하지만 적어도 이 연구 결과로는 현대 노동 시장에 대한 어두운 이론들을 뒷받침하기 어렵다. 반면 이 연구 결과는 직장이 불안정한 가정 환경에서 벗어날 수 있는 안전한 공간이 될 수 있다는 이론과는 잘 맞아떨어진다. 예를 들어, 가정이 해체됐거나 가정 내 폭력이나 학대를 겪고 있는 사람들에게 직장은 오히려 안식처 역할을 할 수 있다.

불안감과 안정감, 시간과 소득, 유연성과 강제성, 성장과 도태

연구에 따르면 노동 시장에서 느끼는 불안감은 경기 변동에 따라 주기적으로 변한다. 불안감은 경기 침체기에 증가하고, 호황기에는 감소한다. 따라서 현대 노동 환경이 얼마나 나빠졌는지를 주장하려는 사람들은 간단한 속임수를 사용한다. 즉 불황기에 실시한 설문 조사 결과를 가져와서 과거 호황기의 결과와 비교하는 것이다.

하지만 오랜 기간 동안 여러 경제 주기를 거쳐 측정된 데이터를 보면 전반적으로 안정적인 패턴을 보이며 오히려 약간 개선됐다. 미국, 영국, 독일에서 지난 40년 동안 노동 시장의 불안감이 증가하지 않았으며, 심지어 그 기간 말미에 있었던 대규모 금융 위기에도 그러했다. 연구자들은 사람들이 주관적으로 느끼는 불안감을 설명하려고 했으나, 기술 발전이나 노동 시장 관련 법률과 불안감 사이의 뚜렷한 상관관계를 찾을 수 없었다. 유일하게 장기적으로 확실한 상관관계를 보인 요인은 실업률이었다. 즉 실업률이 상승하면 노동자들이 느끼는 불안감도 증가하는 경향이 있었다.[30]

노동 시장에는 기존의 직업보다 훨씬 더 불안정한 형태로 빠르게 성장하는 분야가 있다. 바로 '긱 경제(gig economy)'다. 이는 정규직이 아닌 임시 계약직으로 택시를 운전하거나 음식을 배달하는 등의 일을 의미한다. 솔직히 말해서 몇 달러를 벌기 위해 비바람을 맞으며 자전거를 타고 빠르게 이동하는 피자 배달원의 모습을 보면 이것이 과연 인류의 발전을 의미하는지 의문이 들 때가 있다. 비교적 새로운 분야인 만큼 연구도 초기 단계에 머물러 있지만, 흥미로운 설문 조사 결과가 하나 있다.

평균적으로 긱 노동자들은 임금이나 근무 시간에 대해 정규직 노동자들과 만족도가 비슷한 수준이다.[31] 물론 개인별로 차이가 크긴 하지만 대부분의 긱 노동자들은 이런 일을 적극적으로 찾았다고 응답했다. 단순히 다른 선택지가 없어서 이 일을 하는 것이 아니라 다른 일과 병행하거나 학업, 창업, 혹은 자신에게 맞는 직업을 찾는 과정에서 일시적으로 긱 경제에 참여하는 경우가 많다. 이런 맥락에서 보면 긱 경제의 가장 큰 특징인 '언제, 얼마나 일할지 스스로 결정할 수 있다'는 점은 단점이 아니라 장점이 된다. 물론 정규직의 급여와 비교하면 수입이 적어 보일 수도 있지만, 긱 경제의 본질은 다른 직업과의 병행이나 일시적인 수입원 역할을 하는 데 있다.[32]

물론 적지 않은 노동자가 다른 선택지가 없기 때문에 긱 경제에 참여하는데, 이 경우에는 열악한 조건을 감수할 수밖에 없으며 직업 만족도가 낮을 가능성이 크다. 하지만 만약 다른 모든 선택지가 더 나쁘다면 결국 이 일이 '가장 덜 나쁜' 선택지라는 뜻이 된다. 그리고 '가장 덜 나쁜'이라는 말은 결국 '가장 좋은'이라는 의미이기도 하다.

미국에서 우버와 리프트 운전자를 대상으로 한 연구 결과를 보면 60~70%의 운전자가 정규직보다 긱 노동을 선호한다고 응답했다. 하지만 이는 잘못된 질문이다. 진짜 선택지는 '긱 노동을 할 것인가'가 아니라 '긱 노동을 하면서 정규직을 얻을 기회를 기다릴 것인가'이기 때문이다. 기업이 고정 급여와 복지를 제공해야 한다면 누구나 고용할 수는 없으며, 특히 업무를 충분히 수행하지 못하거나 효율성이 떨어지는 사람은 기회를 얻기 어려워진다. 캐나다가 2020년 푸도라에게 배달원을 독립 계약자가 아니라 정규직으로 인정하라고 강제했을 때 푸도라는 결국 시장에서 철수했다.

많은 사람이 긱 노동자가 특정 업무를 수행할 때만 일한 것으로 간주되는 현실을 비판하며 노동조합이나 법률이 플랫폼 기업들에게 긱 노동자를 정규직으로 대우할 것을 요구하고 있다. 하지만 마진이 낮은 업종에서 정규직으로 고용되려면 결국 원하는 시간에 자유롭게 할 수 있는 일은 포기해야 한다. 대신 기업은 이들을 가장 수익성이 높은 시간대와 지역에서 일을 하도록 강제할 것이다. 뉴욕에서는 이런 규제의 결과로 긱 운전사들이 더 이상 원하는 시간에 자유롭게 일할 수 없게 됐으며 교대 근무를 해야만 했다. 또한 원하는 시간에 쉬거나 휴가를 가는 것도 불가능해졌다. 이런 자율성이야말로 긱 노동의 핵심적인 장점이었다.

음식 배달의 경우 정규직으로 고용되면 노동자는 더 높은 생산성을 요구받게 된다. 예를 들어, 비가 오는 날에도 오르막길을 빠르게 자전거로 올라가야 하고, 기업은 노동자들이 그렇게 하고 있는지를 감시해야 한다. 만약 속도와 상관없이 동일한 급여를 지급한다면 결국 느리게 배달하는 노동자는 도태될 것이다. 역설적이게도 긱 경제의 열악한 부분들은 이 산업의 유연성을 존중하지 않고, 이를 일반 직업처럼 규제하려는 시도에서 비롯된 경우가 많다. 경제학자 안드레아스 베리의 표현을 빌리자면 "그렇게 해서 결국 누구나 자전거만 탈 줄 알면 할 수 있었던 간단한 부업이 강하고 빠르며 신체적으로 우수한 사람들만 할 수 있는 고급 직업으로 변하고 말았다."[33]

중국산 수입품 덕분에 국내에 일자리가 생긴다고?

나는 산업 지대가 방치되고 러스트 벨트가 쇠퇴하는 현상이 허구라고 말하는 것이 아니다. 지역 사회는 번창하는 기업과 그 기업이 제공하는 좋은 일자리를 중심으로 성장한다. 하지만 기업의 비즈니스 모델이 더 이상 유효하지 않으면 그 지역 사회 역시 서서히 붕괴한다. 기업의 구매력에 의존하던 상점과 하청 업체들이 문을 닫고 젊은 층은 더 나은 기회를 찾아 떠난다.

　이런 현상은 특히 미국처럼 비교적 젊은 나라에서 두드러진다. 미국은 전통이 깊은 도시 환경에서 유기적으로 공장들이 형성된 것이 아니라 공장이 먼저 세워지고 그 주변에 새로운 지역 사회가 형성된 경우가 많다. 오늘날 미국의 러스트 벨트를 여행하다 보면 때때로 생기와 희망이 사라진 유령 도시를 방문한 듯한 우울한 느낌을 받는다. 유럽의 오래된 산업 도시에서도 비슷한 분위기를 느낄 수 있다. 이런 현실을 목격하고서도 어떻게 세계화가 중산층과 좋은 일자리를 몰락시키는 파도라고 비판하는 사람들에게 반박할 수 있을까?

　잠깐, 이 모든 문제의 원인이 세계화라는 것은 어떤 근거에서 나온 이야기인가? 가장 자주 언급되는 사례를 살펴보자. 중국은 2001년 WTO에 가입하면서 글로벌 경제에 본격 편입됐다. 이후 2001년부터 2021년까지 미국 내 제조업 일자리 비율은 연평균 0.2%p 감소했다. 이는 제조업 근로자들에게는 분명히 고통스러운 변화지만, 흥미로운 점은 이전 수십 년보다 감소 속도가 느려졌다는 것이다. 1960년부터 2001년까지 제조업의 일자리 비율은 연평균 약 0.4%p 줄어들었다. 즉 제조업에서의 일자리 감소는 갑작스러운 현상이 아니라 오랜 기간 지속돼 온 추세였으며 오히려 속도가 완만해진 것이다.[34]

　비판자들은 2000년부터 2015년까지 중국산 수입품과의 경쟁으로 인해 미국에서 매년 약 13만 개의 일자리가 사라졌다고 주장한다. 이 숫자는 꽤 커 보이지만 같은 기간에 미국 경제에서 연평균 약 6,000만 개의 일자리가 사라졌다는 사실과 비교해 보면 이야기가 달라진다.

그중 약 2,000만 개의 일자리는 기업 폐업, 이전, 인력 구조 조정 등으로 인해 비자발적으로 사라진 일자리였다. 즉 중국과의 무역 때문에 사라진 일자리는 전체 구조 조정에 따라 사라진 일자리 중 극히 일부에 불과했다. 중국산 수입품으로 인해 사라진 일자리 한 개당 다른 이유로 일자리를 잃은 노동자가 150명이나 된다.[35] 그런데도 우리는 유독 그 한 가지 사례에 집중하며 그것을 마치 약탈적인 글로벌 자본주의의 전형적인 사례처럼 받아들이는 것은 아닐까?

하지만 더 중요한 숫자는 150이다. 이 숫자가 의미하는 바는 우리가 언제나 일자리를 잃는다는 사실이다. 기술이 변화하면서 일부 업무는 자동화되고, 다른 업무는 새로운 기술을 요구하게 된다. 사람들은 이동하고, 소비력도 그에 따라 이동한다. 소비자들의 수요는 끊임없이 변화한다. 어느 날 우리는 여행사를 방문하는 대신 온라인에서 직접 여행을 예약하는 것을 선호하게 된다. VHS 테이프를 제작할 필요 없이 영화를 소비하는 시대가 열렸다. 아침 신문을 읽기 위해 그렇게 많은 제지 공장이 필요하지 않다는 사실도 깨닫게 된다.

일자리는 항상 사라지게 마련이다. 우리가 결정해야 할 것은 오래된 산업을 억지로 유지하려다가 생산성과 부를 잃고 약한 입장에서 일자리를 잃을 것인지, 아니면 성장하는 산업에서 풍부한 자원을 활용해 구조 조정을 하면서 강한 입장에서 새롭고 경쟁력 있는 기업에서 사람들을 고용할 것인지다. 후자를 선택한다면 국제 무역보다 더 좋은 동맹은 상상하기 어렵다. 국제 무역을 통해 우리는 지속적으로 업무 방식을 개선하고, 우리가 가장 잘하는 분야에 집중하여 잃어버린 일자리보다 더 나은 일자리를 창출할 수 있다.

미국에서는 매년 6,000만 개의 일자리가 사라지지만 그보다 더 많은 새로운 일자리가 창출된다. 그렇다면 이 새로운 일자리를 만들어 내는 주체는 누구일까? 예상과는 다르게 중국산 수입품에 가장 크게 영향을 받는 기업들이다. 이 기업들은 일자리를 일부 잃지만 경쟁에 대응하여 더 큰 가치를 창출할 수 있는 분야로 특화함으로써 새로운 일자리를 만들어 낸다.

한 연구에 따르면, 중국산 수입품의 영향을 받은 기업들은 그렇지 않은 기업들보다 연평균 고용 증가율이 2% 더 높았다.[36] 비판하는 이들은 그것이 같은 일자리는 아니라고 말한다. 그리고 이는 사실이다. 그러나 그것은 더 나은 일자리다. 더 높은 임금을 제공하는 제조업 일자리이며, 이는 더 많은 부가 가치를 창출할 수 있는 생산 단계에 해당하기 때문이다. 또한 엔지니어링, 디자인, 연구 개발, 마케팅 같은 보완적인 서비스 분야의 일자리도 포함된다. 그러므로 만약 '중국이 우리의 일자리를 빼앗았다'는 말이 사실이라면 동시에 그들은 그에 상응하는 더 나은 일자리를 우리에게 제공한 셈이기도 하다.

부가 가치 사슬의 더 높은 곳에 이르는 방식은 여러 가지가 있다. 2000년 무렵 유럽의 50만 개 기업을 대상으로 한 연구에 따르면 중국과의 경쟁에 직면한 기업들은 연구 개발에 더 많이 투자했고, 더 많은 특허를 출원했다. 그 결과 유럽 내 고용은 보다 혁신적인 기업들로 이동했다. 연구진은 2000년부터 2007년 사이 유럽 경제에서 일어난 기

술 개선 중 14%가 중국과의 경쟁 덕분이었다고 결론지었다.[37]

또한 내수 기업들은 더 저렴한 수입 중간재를 활용해 생산을 확장할 수 있다. 수입이 국내 일자리를 파괴한다고 주장하는 연구들은 대부분 직접적인 경쟁만을 살핀다. 예컨대 스미스 가족이 중국산 냉장고를 구입하면 미국산 냉장고는 사지 않게 된다는 식이다. 그러나 그것은 무역의 한 단면일 뿐이며, 핵심이 아니다.

국경을 넘어 유통되는 대부분의 상품은 기업들이 제조를 위해 필요로 하는 투입재, 원자재, 부속품이다. 가끔 우리는 완제품 냉장고를 중국에서 수입하기도 하지만, 더 일반적인 경우는 미국의 냉장고 제조업체가 더 나은 품질과 더 낮은 가격의 냉장고를 만들기 위해 중국에서 냉장고 문이나 전선, 전등을 수입하는 것이다. 최근의 한 연구에 따르면, 2000년부터 2007년까지의 전체 가치 사슬을 고려했을 때 중국과의 무역은 미국 내 일자리를 오히려 늘리는 결과를 가져왔다. 미국의 지역 평균 고용은 중국과 무역을 하지 않았을 경우와 비교하면, 매년 1.3%씩 더 증가했다. 그 결과, 미국 노동자 75%의 실질 임금이 상승했다.[38]

그렇다면 왜 애초에 일자리를 희생해야 하는가? 아이폰을 예로 들어 보자. 도널드 트럼프는 왜 애플이 지구 반대편에서 휴대폰을 조립하는지 이해하지 못했다. 그는 2019년 1월, '애플의 가장 큰 수혜자는 중국이지 우리가 아니다'라고 불평하며, '애플은 다른 나라가 아니라 이 나라에서 컴퓨터와 기타 제품을 만들어야 한다'고 주장했다. 하지만 정말로 중국이 가장 큰 수혜자인가?

몇몇 연구자가 당시 649달러에 판매되던 아이폰7을 분해하여 분석했다. 그 결과, 제조 원가는 약 237달러로 나타났으며, 이는 데이터상으로는 237달러 상당의 중국산 수입품처럼 보이지만 실제로는 대부분 중국에 선수입된 부품들로 구성돼 있었다. 이 부품들은 미국, 일본, 한국, 대만 등에서 생산된 마이크로프로세서, 메모리 칩, 디스플레이 등이었다. 물론 일부는 중국산 부품과 조립 노동에 해당했다. 그 비용은 얼마였을까? 겨우 8.5달러 미만이었다. 이는 미국의 최저 시급보다 조금 높은 수준에 불과하다. 결국 '가장 큰 수혜자'로 불린 중국이 가져가는 몫은 소비자가 아이폰에 지불하는 금액의 단 1.3%에 불과했다.[39]

나머지 98.7%는 부품을 제조하는 다른 국가의 기업들뿐만 아니라 애플과 미국의 연구원, 디자이너, 프로그래머, 영업 사원, 마케팅 전문가, 창고 직원, 세금 당국 등에게 돌아갔다. 이것이 바로 '공장을 미국으로 가져오는 것이 과연 더 나은 선택인가'에 대한 답이 된다. 조립 작업은 단순 노동에 해당하며 이를 원하는 미국인은 많지 않다. 설령 미국 내에서 생산하도록 강제한다 해도 높은 인건비로 인해 아이폰 가격이 급등할 것이고, 이는 애플이 중국 스마트폰 제조업체들과의 경쟁에서 밀리는 결과로 이어질 것이다. 반면 조립을 비용 효율적으로 수행할 수 있는 곳에 아웃소싱하면 미국인들은 설계, 부품 개발, 소프트웨어 개발, 광고 캠페인 기획 같은 고급 일자리를 유지하면서도 더 많은 수익을 자국으로 가져올 수 있다.

가난을 자처하게 되는
절망의 시스템

모든 사람이 더 나아진 것은 아니다. 그리고 내 낙관주의를 흔들어 놓은 패배자 집단이 하나 있다. 바로 미국의 오래된 노동 계층 일부, 특히 애팔래치아 지역의 러스트 벨트에 거주하는 중년층이다. 1999년 이후 이 집단의 건강 상태는 급격히 악화됐고, 자살, 알코올 관련 사고, 그리고 무엇보다 약물 과다 복용으로 인한 사망이 증가했다. 이들의 사망률은 1980년대 수준으로 다시 상승했다. 학자인 앤 케이스 디턴과 앵거스 디턴은 이를 '절망의 죽음'이라는 불편하지만 적절한 개념으로 설명했다.[40]

이 집단은 같은 기간 동안 노동 시장에서도 성과가 가장 나빴다. 임

―― 경제 활동에 참여하지 않는 미국 25~54세 남성

1965년부터 2019년까지 노동 시장에서 이탈한 미국 남성[41]

금 상승이 다른 계층에 비해 뒤처졌고, 많은 이가 아예 경제 활동을 포기했다. 이는 가족과 지역 사회를 더욱 불안정하게 만들었다. 이런 상황을 놓고 세계화가 원인이라고 비난하는 것은 쉬운 일이다. 그러나 25세에서 54세 사이의 남성이 노동 시장을 이탈한 비율을 그래프로 보면 1965년부터 지속적으로 증가했으며 규제 완화, 북미 자유 무역 협정(NAFTA), 중국의 WTO 가입 같은 사건이 특별한 영향을 미쳤다고 보기 어렵다. 경기 호황과 불황도 이 장기적 추세를 바꾸지는 못했다. 사실 노동 시장에서 이탈한 남성 비율은 2000년부터 2019년까지의 증가율보다 1965년부터 1975년까지의 증가율이 더 높았다.

앤 케이스와 앵거스 디턴 역시 '절망의 죽음'에 세계화가 원인이 될 수 없다고 본다. '세계화라는 개념 자체가 글로벌한 현상이며, 자동화 역시 마찬가지'라는 것이 그들의 입장이다.[42] 전 세계 서구 국가들은 미국과 같은 세계화 과정을 겪었으며, 그중에는 미국보다 무역 개방도가 높은 국가들도 많다. 그런데 왜 다른 나라에서는 '절망의 죽음'이 나타나지 않았을까? 서유럽 국가들은 거의 영향을 받지 않았고, 미국 내에서도 적어도 초기 단계에서는 라틴계나 흑인에게서는 같은 양상이 나타나지 않았다. 심지어 백인이라 해도 대학 학위를 가진 사람들에게는 이런 증가세가 관찰되지 않았다. 즉 이 특정 집단에게만 노동 시장의 어려움이 특히 더 치명적으로 작용한 다른 이유가 있다는 것이다.

디턴에 따르면 문제의 본질은 빈곤 자체가 아니다. 백인의 빈곤율과 '절망의 죽음'의 연관성은 뚜렷하지 않으며, 라틴계 인구가 비히스 패닉 백인보다 훨씬 가난함에도 불구하고 모든 연령대에서 사망 위험이 더 낮고 또 지속적으로 감소하는 현상을 설명하지 못한다. 불평등도 직접적인 원인이 아니다. 뉴욕과 캘리포니아처럼 불평등이 심한 주일수록 사망률이 낮다는 점이 이를 보여 준다.

문제는 비효율적이고 점점 더 비용이 증가하는 미국의 의료 시스템과 관련이 있다. 대부분의 미국인은 세금상의 이유로 직장에서 건강 보험을 제공받는다. 이로 인해 기업은 생산성이 낮은 직원을 해고할 유인이 생기며, 노동자는 일자리를 잃으면 건강 보험도 함께 잃게 된다. 또 하나, 미국의 특이점은 범죄로 유죄 판결을 받은 인구 비율이 크게 증가했다는 점이다. 이들은 노동 시장에서 차별을 받는 경우가 많으며 의료, 교육, 전문 자격증이 필요한 직업에서는 정부 기관이 직접 차별을 부과하는 경우도 있다. 다른 이유로는 미국 인구 중 전쟁 참전 용사의 비율이 높은데 이들은 신체적, 정신적 건강 문제를 겪는 경우가 많다.

이 모든 요인은 소수 인종에 최소한 동일한 영향을 미쳤다. 디턴은 지난 20년간 교육 수준이 낮은 백인이 가장 극심한 쇠퇴를 겪은 이유 중 하나로 미국 사회의 인종 차별이 줄어들었고, 흑인과 라틴계가 급속한 사회적 발전을 이뤘다는 점을 꼽는다. 이는 분명히 긍정적인 발전이지만 단순히 특정 집단에 속한다는 이유로 우월한 지위를 누렸던 사람들에게는 위협으로 느껴질 수 있다. '특권이 당연했던 사람에게 평등은 억압처럼 보일 수 있다'는 말이 이를 잘 설명한다.

문제를 더욱 악화하는 요소는 미국 정부가 일자리 상실 문제를 적극적인 노동 시장 정책보다는 노동 시장에서의 이탈을 유도하는 방식으로 해결해 왔다는 점이다. 실직한 사람은 일시적인 완충 역할을 하는 실업 수당, 푸드 스탬프(정부가 제공하는 식료품 구매 쿠폰*), 장애 수당, 조기 퇴직 지원금 및 의료 혜택을 받을 수 있다. 하지만 이런 지원은 대부분 새로운 직업 교육을 받거나 다른 유형의 일을 하거나 또는 경제가 강한 지역으로 이주하는 것을 방해하는 구조로 돼 있다. 그 결과 실업자는 더 이상 일자리를 제공할 수 없는 지역에 머물게 된다. 미국 정부가 실업자에게 지급하는 1달러 중 약 99센트는 그가 집에 머무르는 데 쓰이며, 단 1센트만이 새로운 일자리를 찾도록 돕는 데 사용된다.

미국의 복지 시스템은 극단적인 고착 효과를 만들어 낸다. 물론 실업이나 질병으로 어려움을 겪는 사람들이 일정 수준의 재정 지원을 받는 것은 필요하다. 그러나 그 지원이 일자리를 얻는 순간 사라진다면 이는 곧 복지의 덫을 만드는 것이다. 직업을 구하거나 저축을 하거나 결혼을 하면 오히려 경제적으로 불이익을 받는다.

복지 제도는 좌우 정당을 막론하고 정치인들이 한목소리로 비판하는 '파괴적인 삶의 방식'을 오히려 조장하도록 설계돼 있다. 이는 미국만의 문제가 아니다. 경제 협력 개발 기구(OECD) 국가의 실업자 중 약 40%는 새로운 일자리를 얻을 경우 80%에 달하는 한계 세율(marginal tax, 일정한 소득을 넘어서는 초과 수익에 대해 세금으로 지불해야 하는 비율. 한계 세율은 그 정도에 따라 노동의 공급량에 영향

을 미친다*)을 감당해야 한다.⁴³

몇 년 전 나는 복지 혜택을 받고 사는 미국인들을 직접 만나 그들의 상황을 연구한 적이 있다. 그들의 공통점은 복지의 덫에 갇혀 있고, 제도를 이해할 수 없다고 느낀다는 것이었다. 네 자녀를 둔 싱글 맘 크리스는 지원을 다섯 가지 형태로 받고 있지만 각각의 규정이 달라서 혼란스럽다고 말했다.

"각각의 지원금마다 다른 규칙과 지침이 있어서 내가 얼마를 벌 수 있는지, 어떤 소득이 포함되는지 아닌지를 계산하기가 너무 어려워요. 내가 벌 수 있는 최적의 금액이 얼마인지 알아내는 게 정말 복잡하죠."

그녀는 임금이 낮은 일자리를 얻으면 오히려 손해를 보게 되며, 연봉이 3만 달러까지 오르면 여러 복지 혜택이 한꺼번에 사라져 실질적으로는 1만 5,000달러를 버는 것과 다름없는 상황이 된다.

키스와 모니크는 아이를 출산한 후 결혼하고 함께 살기로 결정했다가 경제적으로 큰 불이익을 받았다. 하룻밤 사이에 복지 혜택이 총 55% 감소했으며 모니크가 거주하던 정부 보조 아파트에서 계속 살수 있을지도 불확실해졌다. 모니크는 이렇게 말했다.

"많은 사람이 공공 복지 기관에 자기 아이의 아버지에 대해 숨겨요.

저도 가끔은 그럴 걸 그랬나 싶어요."

전과 기록이 있고 평생 복지 혜택에 의존해서 살아온 엔젤은 저축을 하려는 모든 시도가 당국의 감시망에 포착돼 지원이 줄어든다고 말했다.

"복지 혜택이 끊기지 않으려면 돈을 손에 쥐자마자 써 버리는 게 최선이에요."

도시 빈민들이 값비싼 운동화를 여러 켤레씩 갖고 있는 이유가 궁금했던 적이 있는가? 나는 이 질문을 던졌고 대답은 놀라웠다. 그것은 일종의 '저축'이었다. 운동화로 가득 찬 신발장은 정부가 건강 보험이나 보조 아파트를 빼앗아 가게 하지 않는다. 갑작스러운 지출이 생기면 운동화를 한 켤레 팔거나 스니커 뱅크에서 운동화를 담보로 돈을 빌릴 수도 있다.

나는 경제적으로 황폐해진 지역이 종종 노동력을 필요로 하는 지역과 가까운 곳에 위치해 있다는 사실도 발견했다. 큰 타격을 입은 웨스트버지니아는 노동 수요가 높은 버지니아와 메릴랜드주와 맞닿아 있다. 경제 위기를 겪고 있는 메인주는 급성장하는 뉴햄프셔주와 이웃한다. 과거 세대는 산업이 무너지면 일자리를 찾아 다른 지역으로 이주하는 것이 당연했다. 그러나 오늘날에는 점점 더 어려워지고 있다. 건축 규제와 님비 현상이 확산되면서 아무런 반대 없이 건물을 지을 수 있는 곳은 사람들이 원하지 않는 지역뿐이다.[44] 결과적으로 주택 가격이 상승하여 일자리를 찾아 다른 도시로 이동하는 것이 오히려 경제적 부담이 될 수 있다.

이동하는 데 장애물이 되는 또 다른 이유는 직업 면허 제도가 기존의 종사자를 보호하고 외부인을 배제하는 수단이 됐다는 점이다. 1950년대에는 5% 미만이었던 면허 및 자격증 규제 대상 직종의 비율이 오늘날 25%를 넘어섰다. 간호사와 검안사부터 메이크업 아티스트와 플로리스트까지 1,100개 이상의 직업이 한 개 이상의 주에서 규제를 받고 있다. 게다가 주마다 요구 조건이 다르다. 실직한 사람이 다른 주에서 같은 직업을 다시 시작하려 해도 새로운 교육을 받고 면허를 취득하는 과정은 어렵고, 비용이 많이 들며, 시간이 오래 걸린다.[45]

영국의 브렉시트 그 이후

이 문제를 해결하기 위해서는 미국뿐만 아니라 세계 여러 나라에서 다양한 개혁이 필요하다. 그러나 자유 무역과 경쟁을 제한하는 것은 해결책이 될 수 없다. 이는 단순히 우리 모두를 더 가난하게 만들 뿐만 아니라 더 많은 패배자를 양산하기 때문이다.

가끔 나는 자유 무역으로 인해 자신의 일자리를 잃은 누군가에게 그 이유를 설명해야 할 때가 있다. 나는 이렇게 설명한다. 예를 들어,

철강 생산 같은 전통적인 제조업 일자리를 보호 관세로 지킬 수 있다고 가정해 보자. 그렇다면 어떻게 될까? 우리는 적어도 단기적으로는 일자리를 하나 지킬 수 있다. 강경한 조치를 취했다는 인상을 줄 수 있고 정치인이라면 재선에 유리할 수도 있다. 19세기 프랑스 경제학자 프레데릭 바스티아가 말했듯이, 우리는 눈에 보이는 효과만을 보게 된다. 그러나 보이지 않는 것, 즉 그 이후에 일어나는 일들은 무엇일까?

철강 가격이 상승하면 이를 원자재로 사용하는 어려운 기업들은 제품 가격 경쟁력을 잃고 판매가 줄어든다. 그 결과 A라는 사람이 그 회사에서 일자리를 잃는다. 철강이 포함된 모든 제품의 가격이 오르면 소비자는 다른 제품과 서비스에 사용할 돈이 줄어든다. 그럼 B라는 사람이 그 감소된 수요로 인해 일자리를 잃는다. 또한 보호 관세로 인해 철강을 수출하는 나라의 C라는 사람도 일자리를 잃게 된다. 그렇게 되면 그 나라는 우리 수출 기업에서 제품을 살 여력이 줄어들고, 결국 D라는 사람이 또 일자리를 잃는다. 더불어 경제 성장과 세수도 전반적으로 감소하게 된다.

따라서 자유 무역을 옹호하는 사람이 실직자 한 명에게 해고의 이유를 설명해야 한다면 보호 무역을 주장하는 사람은 네 명의 실직자를 마주하고 그들이 왜 일자리를 잃었는지 설명해야 한다. 우리의 행동이 장기적으로 초래할 피해를 상상할 능력이 부족하다고 해서 그 피해가 존재하지 않는 것은 아니다.

정부는 고통을 제거할 수 없다. 단지 그것을 다른 곳으로 옮길 뿐이다. 문제는 이 부담이 비효율적인 기업에서 더 생산적인 기업으로 이동한다는 점이다. 후자는 보다 혁신적이고 경쟁력 있는 일자리를 창출하는 기반이 되는 곳이다. 결국 보호 관세를 부과하더라도 우리는 일자리를 잃는다. 그러나 이는 새로운 일자리를 창출할 수도 없고, 피해를 입은 사람들을 도울 자원도 없는 취약한 위치에서 이뤄진다는 문제가 있다. 만약 일자리를 보호한 것이 관세가 아니라 세금으로 충당된 보조금이었다고 가정해도 결과는 비슷할 것이다. 국가가 특정 일자리를 인위적으로 창출하는 것은 결국 다른 곳에서 자연스럽게 생길 일자리를 빼앗는 것과 같다.

이것은 단순한 가설이 아니라 정치인들이 자국 내 일자리를 보호하겠다고 약속할 때마다 실제로 발생하는 일이다. 어쩌면 앞서 제시한 사례에서 너무 적게 계산했을 수도 있다. 미국의 다양한 무역 장벽을 상세히 분석한 결과, 보호 무역을 통해 일자리 한 개를 지킬 때마다 소비자들은 제조업 평균 임금의 6배에 달하는 비용을 부담해야 하는 것으로 나타났다. 즉 보호 무역으로 일자리 한 개를 지킬 때마다 노동자 6명을 고용할 수 있는 구매력을 잃게 되는 셈이다.[46]

현재 영국은 개방적인 무역에서 후퇴한 대가를 톡톡히 치르고 있다. 강경하게 브렉시트를 추진한 결과, 영국은 유럽 연합뿐만 아니라 마거릿 대처가 힘들게 구축했던 유럽 단일 시장에서도 이탈하게 됐다. 처음에는 그 심각한 결과를 간과하는 사람이 많았다. 하지만 자유 무역이 공식 종료된 2021년 1월 이후, 유럽 전역으로 자유롭게 수출하던 기업들은 갑자기 새로운 무역 장벽에 가로막혔다. 대처가 한때 '국가별로 상이한 기준, 다양한 서비스 제공 제한, 해외 기업의 공공 조달 시장 배제 등 교묘한 장벽'이라고 부른 바로 그 문제들이 현실이 된 것이다.[47] 특히 많은 중소기업이 끝없는 행정 절차를 감당하지 못하고 결국 유럽 시장을 포기하고 있다. 그 결과 유럽과의 구매자와 판매자의 관계는 거의 3분의 1이나 줄어들었다.

지금까지의 상황을 보면 브렉시트란 결국 기업가와 소비자로부터 관료들이 권력을 찾아오는 과정일 뿐인 것처럼 보인다. 〈타임스〉의 친브렉시트 칼럼니스트인 이언 마틴조차도 "브렉시트가 유럽 연합과의 무역에 미친 부정적인 영향을 부정하는 것은 현실을 부정하는 것과 같다"라고 지적했다.[48]

경제 전체가 이런 상황으로 인해 타격을 입고 있다. 파운드화 가치는 급격히 하락했으며, 이는 수입 비용 증가와 물가 상승을 초래했다. 물론 환율이 낮아지면 수출이 저렴해지는 효과도 있지만, 다른 주요 유럽 국가들과 달리 영국의 수출은 팬데믹 이후에도 회복되지 않고 있다. 기업 투자는 세제 혜택이 상당히 확대됐음에도 여전히 저조한 상태다. 이 모든 요인이 결합되면서 생산성이 둔화되고 임금 상승을 가로막고 있다.

일각에서는 브렉시트가 '글로벌 브리튼'을 실현하여 규제를 완화해 세계와 자유롭게 교역하는 개방적인 경제를 만들 것으로 기대했다. 그러나 현실은 정반대다. 세계화에 대한 관심이 줄어들었으며, 새로운 자유 무역 협정 대부분은 이미 유럽 연합을 통해 체결했던 협정을 대체하는 수준에 그쳤다. 호주와의 무역 협정이 성사된 것은 긍정적인 소식이지만 영국 교역의 절반 이상을 차지하는 유럽 단일 시장(약 5억 명 규모)에서 이탈한 대가를 보상할 수는 없다.

영국 정부의 공식 예산 전망 기관인 예산 책임국은 브렉시트로 인해 영국의 무역 강도가 장기적으로 15% 감소할 것이며, 그 결과 영국의 경제 규모가 4% 축소될 것으로 예측했다. 이는 연간 약 1,000억 파운드의 경제적 손실을 의미하며, 정부 세수도 매년 약 400억 파운드 줄어들게 된다. 비교하자면 2022년 9월 리즈 트러스 전 총리가 시장을 혼란에 빠뜨린 최고 소득세율 인하 정책은 세수를 약 20억 파운드 감소시킬 것으로 예상됐는데, 브렉시트로 인한 세수 손실은 그보다 20배나 크다.

무역에 대한 논의에서 우리는 종종 보호 무역주의로 인해 가장 큰 피해를 입는 존재를 간과한다. 바로 소비자다. 특히 저소득층과 중산층이 가장 큰 타격을 받는다. 이들은 의류, 식료품, 가전제품 같은 국제적으로 거래되는 상품에 소득의 상당 부분을 지출하며, 상대적으로 국내 서비스(예: 외식, 부동산, 법률 서비스)에는 적은 비중을 할애하기 때문이다.

〈QJE(Quarterly Journal of Economics)〉에 발표된 연구에 따르면 국제 무역이 전면 중단될 경우 영국에서 가장 부유한 상위 10%의 가구는 구매력이 약 10% 감소할 것으로 예상된다. 물론 이들은 그 정도의 손실을 감당할 수 있을지도 모른다. 그러나 가장 가난한 하위 10%의 가구는 구매력을 무려 54%를 잃게 된다.[49] 이는 이미 소득이 적은 계층에 막대한 타격을 주는 것이다. 모든 관세 장벽은 역진적인 세금과 같다. 즉 저소득 소비자의 부담을 늘려 부유한 생산자들에게 혜택을 주는 구조다. 보호 무역주의의 물결은 결국 우리의 중산층과 일자리를 무너뜨린다.

4장

억만장자 vs. 우리

부자는 노동자를 착취해서 돈을 버는 도둑인가?

> 나는 수백만장자다. 나는 엄청나게 부유하다.
> 왜 내가 수백만장자가 됐는지 아는가?
> 수백만 명이 내가 하는 일을 좋아하기 때문이다.
>
> **사회주의 성향의 영화감독 마이클 무어**

자본주의에서 한 가지 확실한 사실은 부가 평등하게 분배되지 않는다는 점이다. 최근 몇십 년 동안 극소수의 초부유층, 즉 상위 1%가 대부분의 부를 차지하며 나머지 사람들은 뒤처졌다. 왜 자본가들이 그렇게 많은 부를 가져야 하는가? 그들은 직접 노동을 하는 사람들이 아니다.

2018년 이케아의 창립자 잉바르 캄프라드가 사망하자 스웨덴 좌파당 청년 운동의 대표인 헨리크 말름로트는 즉각 "우리 노동자 15만 명이 캄프라드의 유산을 나눠 가져야 한다"라고 주장했다. 그는 이케아의 가치는 캄프라드가 아니라 노동자들이 창출했으며, 이제 그들이 캄프라드가 빼앗아 간 부를 되찾아야 한다고 주장했다. 그는 한때 여름에 이케아의 창고에서 아르바이트를 한 경험이 있다.[1]

어느 마을에서 일어난
밀짚모자 사업 이야기

이런 생각은 다소 극단적이다. 단순히 운 좋게도 조금 덜 성공한 가구 회사가 아니라 이케아의 창고에서 일했다는 이유만으로 부를 가질 자격이 있다고 생각하는 것이다. 그러나 이런 태도는 기본적으로 널리 퍼져 있다. 즉 오직 육체노동만이 진정한 노동이며, 사업 아이디어를 고안하고, 돈을 투자하며, 조직을 운영하고, 새로운 시장을 개척하는 사람은 아무것도 창출하지 않는다는 생각이다.

그래서 사회주의자들은 자신이 이상적으로 여기는 나라에서 상품이 사라지고 식량난이 발생할 때마다 크게 놀란다. 왜 그런가? 그 나라에는 여전히 같은 수의 근육과 뇌를 가진 사람들이 있다. 단지 '착취자'들이 사라졌을 뿐이다. 이것이 바로 핵심이다. 베네수엘라에는 캄프라드 같은 사람이 없다. 그렇기 때문에 나눌 것이 없는 것이다.

마르크스주의 경제학자 미하우 칼레츠키는 1962년 당시 사회주의 국가였던 인도의 극심한 빈곤을 보고 이렇게 결론지었다.

"착취당하는 사람이 너무 많고, 착취하는 사람이 너무 적다."[2]

스웨덴의 위대한 작가 중 한 명인 아우구스트 스트린드베리는 한때 젊은 사회주의자들의 사상을 공유했다. 그러나 그는 산업주의가 절정에 달한 시대를 살면서 기업가들이 번영에 결정적인 역할을 한다는 사실을 직접 목격했다. 그는 《하인의 아들》에서 한 노동자가 가난한 마을에 찾아와 아이디어를 떠올리는 이야기를 들려준다.³

그 노동자는 돈을 빌려 원자재와 도구를 구입한 후 마을의 농가 소녀들에게 밀짚을 엮을 수 있는지, 소년들에게는 밀짚모자를 만들 수 있는지 묻는다. 그렇게 새로운 사업이 시작된다.

그는 노동자들에게 약속한 임금을 지급하고, 대출금을 빠뜨리지 않고 갚으며, 원자재 비용을 지불하면서도 약간의 이윤을 남긴다. 그 이윤은 그가 더 효율적으로 생산하고, 더 나은 디자인을 개발하며, 더 큰 시장을 찾고, 경쟁에서 한발 앞서 나가도록 동기를 부여한다. 사업이 점점 번창하면서 마을 전체가 활기를 띠게 된다. 노동자들의 삶도 나아지고, 배고픈 사람은 먹을 것을 얻으며, 이제는 자본가가 된 최초의 노동자도 부유해진다.

그런데 어느 날, 한 철없는 젊은 사회주의자가 여름 일꾼으로 마을에 찾아온다. (스트린드베리는 그를 '베를린 건달'이라고 표현했다.) 그는 노동자들을 선동하며 말한다.

"이 자본가는 너희의 노동으로 부자가 됐다. 그는 도둑이다."

하지만 그는 한 가지 중요한 사실을 무시한다. 노동은 원래 그곳에 존재했지만, 새로운 사업 모델이 등장하기 전까지는 그 노동이 생산적이거나 소비자들에게 가치 있는 것이 아니었다는 점이다.

스트린드베리의 이야기에서 젊은 사회주의자는 노동자들을 설득해 모자 제조업자의 돈과 기계를 빼앗게 만든다. 이제 그들에게 급여를 지급할 사람은 아무도 없고, 최고의 원자재를 찾거나, 기계를 수리하거나, 생산을 효율화하거나, 새로운 시장을 개척하려는 사람도 없다. 마을 사람들은 계속해서 일하지만, 곧 이윤과 임금이 사라진다는 사실을 깨닫는다. 그리고 다시는 그 어떤 노동자도 자신의 저축을 걸고 이 작은 마을에서 공장을 세우겠다는 무모한 생각을 하지 않는다. 결국 마을은 다시 빈곤과 기아로 되돌아간다.

스트린드베리의 요점은 자본가의 일이 매우 생산적이라는 것이며, 또한 그가 부를 얻는 순서에서 가장 마지막이라는 점이다. 한 기업의 소유주가 돈을 벌기 위해서는 공급망에 속한 모든 사람이 먼저 자신의 몫을 챙겨야 한다. 고객은 자신이 지불한 돈보다 가치가 더 높은 제품이나 서비스를 받아야 하며 직원은 매달 계약된 급여를 받아야 한다. 이는 기업이 제품을 판매하기까지 몇 년이 걸리더라도, 심지어 평생 이익을 내지 못하더라도 마찬가지다. 많은 사람이 자영업 대신 고용되는 것을 선호하는 이유 중 하나는 누구도 급여를 받기 위해 몇 년씩 기다리거나, 제품이 팔리지 않으면 임금을 전혀 받지 못하는 상황을 원하지 않기 때문이다. 이뿐만 아니라 원자재와 기계를 공급하는 모든 하청 업체도 대금을 받아야 하며 은행은 정기적으로 이자를 지급받아야 한다. 이렇게 직원, 공급 업체, 대출 기관이 모두 보상을 받은 후에도 여전히 수익이 남는다면 그것을 '이윤'이라고 부른다.

그런데 이 금액이 클수록 우리는 분노한다. 사실 우리는 이윤이 클수록 더 기뻐해야 한다. 그것은 공급망의 모든 참여자가 먼저 보상을 받았고, 그럼에도 기업이 시간을 투자하고 자원을 활용해 우리가 원하는 가치를 창출하는 데 성공했음을 의미하기 때문이다. 그렇기에 성공한 기업가에게 이윤을 사회에 '환원'해야 한다고 말하는 것은 매우 실망스러운 일이다. 그가 이윤을 창출했다는 사실 자체가 이미 사회에 무언가를 기여했다는 증거이기 때문이다.

자본가가 가져가는 수익
2.2%

자유 시장에서 이윤이 발생하는 것은 누군가에게 그들이 원하는 것을 제공했기 때문이다. 그것이 무엇이든 간에 말이다. 진보 성향의 민주당원인 버니 샌더스도 〈뉴욕 타임스〉와의 인터뷰에서 다소 멋쩍게 인정했다.

"그렇다. 나는 백만장자다. 나는 베스트셀러를 썼다. 당신도 베스트셀러를 쓰면 백만장자가 될 수 있다."[4]

이윤은 타인에게서 빼앗는 것이 아니라 타인에게 창출해 준 가치 중 일부를 자신이 가져가는 것이다. 그 일부는 과연 얼마나 될까? 노벨 경제학상 수상자인 윌리엄 노드하우스는 혁신가와 기업가들이 새로운 상품, 기술, 방법을 경제에 도입할 때 정상적인 투자 수익률을 넘어 추가로 얻는 이윤을 연구했다. 그는 50년에 걸친 미국의 통계를 분석한 끝에 탐욕스러운 자본가가 혁신을 통해 창출한 사회적 가치 중 차지하는 몫이 겨우 2.2%에 불과하다는 결론을 내렸다. 그것도 특허 보호와 선점 효과가 있음에도 말이다.[5]

겨우 2.2%라니! 왜 이렇게 적을까? 이렇게 생각해 보자. 언젠가 누군가가 마이크로프로세서를 현재 가격의 절반으로 생산하는 방법을 개발했다고 가정해 보자. 그로 인해 혜택을 보는 사람은 누구일까? 당연히 소비자다. 하지만 처음에는 혁신가가 가장 큰 혜택을 본다. 그는 경쟁 업체보다 가격을 약간만 낮춰 모든 고객을 자신의 제품으로 끌어올 수 있기 때문이다.

하지만 곧 이 기술은 확산되기 시작한다. 그는 다른 제조업체에 라이선스를 제공하고, 다른 기업들은 이를 모방하며, 또 다른 기업은 이 방법이 가능하다는 사실을 깨닫고 자신만의 방식으로 발전시킨다. 그리고 곧 누군가가 더 나은 방법을 개발한다. 머지않아 대부분의 제조업체가 이 새로운 기술을 사용하고, 결국 그 누구도 이전보다 더 많은 이윤을 벌지 못한다. 하지만 혁신은 지속되며, 이를 통해 절약된 시간과 비용이 소비자에게 돌아간다. 즉 최종적으로 이윤은 소비자와 인류 전체의 몫이 된다. (특허 보호가 모방을 막을 수 있다는 우려가 종종 제기되지만, 실제로 혁신이 다른 기업과 소비자에게 확산되는 속도는 점점 빨라지고 있다.)[6]

자본주의는 자본가가 아닌 사람들에게도 놀랍도록 유리한 시스템이다. 기업가는 빚을 지고, 집을 담보로 잡고, 친구와 가족을 등한시하며 밤낮없이 노력한다. 그리고 모든 어려움을 이겨 내고 성공한다 해도 그가 가져가는 것은 고작 2.2%에 불과하다. 반면 우리는 소파에 누워 영화를 보면서도 나머지 98%를 가져간다. 더 낮은 가격으로 상품과 서비스를 이용할 수 있고 그만큼 구매력이 증가하기 때문이다.

이는 우리 모두에게 유익한 형태의 불평등이다. 기업가들이 더 큰 이윤을 창출할수록 우리가 가져가는 98%의 가치도 커진다. 수십억 달러 규모의 이윤 중 2.2%만 차지하더라도 새로운 잉그바르 캄프라드, 빌 게이츠, 일론 머스크가 될 수 있다. 그리고 그들과 어깨를 나란히 할 수 있다는 희망은 수많은 사람에게 도전 의식을 불러일으킨다.

스웨덴에서 성공한 기업가 중 한 명인 스벤 노르펠트는 한때 시장을 '지뢰밭'에 비유한 적이 있다. 저 멀리 반대편에는 사회 전체를 풍요롭게 할 수 있는 새로운 지식, 역량, 제품, 서비스가 있다. 하지만 그곳으로 가는 길은 불확실성, 기술적 난관, 예측 불가능한 소비자, 불안정한 경기 사이클, 금리 변동, 변덕스러운 정책, 그리고 그저 불운이라는 지뢰밭으로 가로막혀 있다. 우리는 지뢰가 어디에 묻혀 있는지 전혀 알지 못한다. 반대편으로 가는 유일한 방법은 최대한 많은 사람이 용기를 내어 이 지뢰밭에 뛰어드는 것이다. 더 많은 사람이 도전할수록 결국 누군가는 안전한 길을 발견하고, 나머지 사람들도 그 길을 따라갈 가능성이 커진다.

이 위험한 탐험을 감행하도록 사람들을 고무하는 최고의 동력은 성공했을 때 상당한 이익을 차지할 수 있다는 희망이다. 대부분은 지뢰를 밟고 쓰러지겠지만 극소수는 반대편까지 도달할 것이다. 물론 이 과정이 항상 공정한 것은 아니다. 가장 열심히 일한 사람이, 혹은 가장 성실하고 도덕적인 사람이 반드시 반대편까지 살아남는 것도 아니다. 때로는 단순히 운이 좋은 사람이 성공할 수도 있다. 그러나 우리에게 중요한 것은 '누가 반대편에 도달했느냐'가 아니라 '누군가가 길을 찾아냈다'는 점이다. 한 사람이 개척한 길을 따라 더 많은 사람이 안전하게 이동할 수 있고, 그다음에는 새로운 지뢰밭을 향해 나아갈 수 있다. 이것이 인류가 앞으로 나아가는 유일한 방법이다.

증조할머니의 증조할아버지의
증조할머니의 타임머신

―

혁신은 여전히 엄청난 소득과 부의 격차를 만들어 낼 수 있다. 평범한 사람의 평균 임금이 매년 몇 퍼센트씩 오르는 동안 소수의 사람들이 수조, 수십조 단위의 부에서 몇 퍼센트씩을 차지한다면 우리는 마치 완전히 다른 세상에서 살아가는 것처럼 느낄 수도 있다. 이들은 매초 엄청난 돈을 벌어들이기 때문에 길에 떨어진 100달러 지폐를 줍기 위해 몸을 숙이는 순간조차 손해를 볼 수 있는 사람들이다.

이런 격차는 받아들이기 어려울 수 있다. 하지만 조금 더 깊이 생각해 볼 필요가 있다. 미국 경제학자 도널드 부드로가 그의 저서에서 제시하는 가정을 떠올려 보자.

만약 당신의 증조할머니의 증조할아버지의 증조할머니가 1800년에서 2025년으로 타임머신을 타고 이동해 마침 초부유층의 집, 예를 들어, 빌 게이츠의 집에 도착했다고 상상해 보자.[7] 그가 빌 게이츠의 일상에서 가장 놀라워하고 부러워할 만한 것이 무엇일까? 잠시 읽기를 멈추고 생각해 보자.

당신은 무엇을 떠올렸는가? 개인적으로 나는 그녀가 가장 먼저 눈치챌 점은 빌 게이츠가 가족과 함께 먹을 식사를 걱정하지 않아도 된다는 사실일 것이라고 생각한다. 게다가 그의 식탁에는 감자와 죽만 있는 것이 아니라 세계 각지에서 온 신선한 음식이 가득하다. 그리고 그는 수도꼭지만 틀면 안전한 물을 마실 수 있다. 직접 우물을 파서 물을 길어 올릴 필요도 없다. 심지어 따뜻한 물로 샤워하고 목욕할 수도 있다. 게다가 변기의 버튼만 누르면 가족의 배설물을 먼 곳으로 보내 깨끗하게 처리할 수도 있다.

빌 게이츠는 예순일곱 살이 됐음에도 여전히 치아를 갖고 있으며 두통이 생기면 약 한 알로 없앨 수 있다. 필요하다면 새로운 엉덩이 관절이나 간까지 이식받을 수도 있다. 전 세계가 예상치 못한 코로나 바이러스의 공격을 받았을 때도 그는 1년 안에 백신을 맞을 수 있었다. 그의 세 자녀는 수십 년 전에 태어났지만 모두 건강하게 살아 있으며 평균 기대 수명이 80세 이상이다.

빌 게이츠는 편안한 옷을 충분히 갖추고 있고, 한 번 입은 옷을 큰 상자에 넣기만 하면 다시 깨끗해진다. 벽의 특정한 부분을 누르기만

하면 한밤중에도 모든 방을 환하게 밝힐 수 있다. 손에 든 작은 상자를 사용하면 자신이 흥미롭거나 아름답다고 느끼는 대상을 거의 완벽한 이미지로 기록할 수 있다. 믿기 어렵겠지만 같은 작은 상자를 이용해 지구 반대편에서 일어나는 장면을 실시간으로 볼 수도 있다.

집에 오케스트라가 없어도 언제든지 베토벤과 모차르트의 명곡을 감상할 수 있으며, VNV 네이션이나 클랜 오브 엑시모스 같은 비교적 알려지지 않은 아티스트의 음악도 무한히 반복해서 들을 수 있다. 더욱 놀라운 점은 이 기기를 통해 잔디밭의 잡초를 제거하는 방법부터 현재 세계에서 가장 부자인 사람이 누구인지까지 궁금한 모든 질문에 대한 답을 얻을 수 있다는 것이다.[8]

만약 당신의 고조할머니의 고조할머니가 빌 게이츠는 원하는 곳 어디든 갈 수 있으며 그가 타는 금속 기계는 말보다 훨씬 빠르게 이동한다는 사실을 듣는다면 어떨까? 심지어 날개 달린 긴 원통형 기계를 타고 몇 시간 만에 다른 대륙으로 이동할 수 있다는 것을 알게 된다면 그녀는 아마 자신이 꿈을 꾸고 있다고 확신할 것이다. 그녀의 눈에는 빌 게이츠가 왕이 아니라 마치 마법사처럼 보일 것이다.

이것이 바로 세계의 슈퍼 리치가 누리는 놀라운 삶이다. 하지만 당신도 마찬가지다. 이 사고 실험에서 가장 주목할 만한 점은 바로 이것이다. 당신의 조상이 살았던 삶과 오늘날의 슈퍼 리치를 구분 짓는 인상적인 요소들이 대부분 당신에게도 있다는 사실이다.

물론 차이는 존재한다. 빌 게이츠는 자신의 개인 전용기를 보유하고 있지만, 당신은 다른 사람들과 함께 비행기를 이용해야 한다. 그의 집은 당신보다 훨씬 크고, 따뜻한 물이 나오는 수세식 화장실, 오케스트라 연주를 감상할 수 있는 공간까지 갖추고 있다. 그러나 당신의 조상이 살던 시대의 슈퍼 리치 또한 거대한 저택과 수많은 하인을 거느렸다. 새롭게 등장한 이 놀라운 것들은 이제 슈퍼 리치와 일반 대중이 함께 공유하는 자원이 됐다. 나는 감히 이렇게 말할 수 있다. 역사상 중요한 재화, 서비스, 편의 시설이 지금처럼 균등하게 분배돼 공급된 시대는 없었다.

어떻게 이런 일이 가능했을까? 그것은 바로 빌 게이츠, 제프 베이조스, 샘 월튼, 잉그바르 캄프라드 그리고 수많은 기업가가 슈퍼 리치가 될 수 있도록 허용됐기 때문이다. 그들은 이런 재화, 서비스, 편의 시설을 개발하고, 그것의 가격을 획기적으로 낮추는 비즈니스 모델과 프로세스를 만들어 냈다. 그 결과 일반 대중도 이를 누릴 수 있게 됐다. 그들의 은행 계좌에는 엄청난 숫자의 0이 붙었지만, 우리 나머지 사람들은 증조할머니의 증조할아버지의 증조할머니가 감격하여 기절할 만큼 편리하고 풍요로운 삶을 얻었다.

토마 피케티와
<포브스> 400대 억만장자 리스트의 생존자들

―

하지만 슈퍼 리치 중에 과연 게이츠나 캄프라드 같은 사람이 얼마나 될까? 그들보다도 거대한 유산과 수동적 소득에 의존하는 사람들이 더 많지 않은가?

프랑스 경제학자 토마 피케티는 자본 수익률이 경제 성장률보다 빠르게 증가한다는 사실을 입증했다(r>g, rate of return on capital > growth rate of the economy). 이에 따라 상속된 자산은 계속 불어나며, 결국 소수의 엘리트가 거의 모든 부를 차지하게 된다고 주장했다. 그는 《21세기 자본(Capital in the Twenty-First Century)》이라는 저서에서 부자들에게 '몰수에 가까운 세금'을 부과할 것을 제안한다. 피케티는 이런 세금이 대규모 세수를 창출할 것이라는 환상은 갖고 있지 않다. 중요한 것은 부유층의 거대한 소득을 차단하는 것이다. 그렇다면 과연 이런 소득이 사회에 혁신과 성장을 제공하지 않는다고 확신할 수 있을까? 피케티조차도 이에 대해서는 확신하지 못한다.

그의 책은 현대의 기업가보다 오스틴과 발자크의 소설 속 기업가에 대해 더 많이 다뤘다는 점에서 호평받았다. 나 또한 꽤 흥미롭게 읽었다. 하지만 그는 소설보다 기업 활동을 더 이해해야 했다. 그는 '가장 부유한 사람들이 어떻게 부자가 됐는지 사실상 아무것도 모른다'고 인정하면서도 순수한 영웅담 같은 것은 없으며 모든 사람이 '가치 창출과 순수한 착취 사이의 연속선 어딘가에 위치한다'고 단정한다.

피케티는 '법원은 부정한 이득이나 정당하지 않은 부의 모든 사례를 해결할 수 없다'고 주장하며, 따라서 세금이 이 문제를 다루는 데 있어 '덜 거칠고 더 체계적인 도구'라고 말한다.[9] 이런 주장은 기업이 사회에 기여하는 바를 무시하는 것은 물론이고, 강도를 당했을 때 경찰을 부르기보다 세금을 더 내야 한다는 논리만큼이나 터무니없다. 그의 입장은 편안한 상아탑에 앉아 차고에서, 가게에서, 공장에서, 아래에서 무슨 일이 벌어지든 그 일을 무시하는 것이 오히려 자랑스러운 듯한 전형적인 프랑스 지식인의 모습에 가깝다. 그리고 이것이 역사상 가장 부유한 문명에서 살아가고 있는 사실과 어떻게 연결되는지에 대해서는 전혀 고민하지 않는다. 피케티는 나의 선입견을 그대로 확인시켰다. 그는 스물다섯 살 이후로 '파리를 떠난 적이 거의 없으며, 가끔 짧은 여행을 다녀온 것이 전부'라고 밝혔다.[10]

동시에 피케티는 자유 기업의 중요성을 무시하는 명확한 이유를 제시한다. 그는 자신의 아이디어와 노력으로 부를 축적한 기업가조차 결국에는 '렌티에', 즉 이자와 투자 수익만으로 살아가는 사람이 된다고 믿는다. 그가 보기에 'r>g(자본 수익률이 경제 성장률보다 높다)'의 법칙이 적용되면 기업가의 가족은 세대를 거듭하며 부를 상속받아 계속해서 부를 재생산하게 된다. 그는 〈포브스〉의 억만장자 리스트를 보며 일정 수준 이상의 재산을 물려받은 사람의 자산은 '극도로 높은 속도로 성장한다'고 판단하며 결국 이들이 나머지 사람들을 뒤처지게 만든다고 주장한다.[11]

이 주장은 이상하다. 다른 연구자들이 1982년 〈포브스〉 400대 억만장자의 명단을 분석했을 때 2014년까지 그들 또는 그들의 상속인 중 69명만이 리스트에 남아 있었다. 그리고 연구자들이 내린 결론은 '대물림된 부가 계속 축적된다는 믿음은 신화에 불과하다'는 것이었다.[12]

또 다른 연구자는 1987년부터 2014년까지 〈포브스〉 리스트에 남은 개인들과 그 사이 리스트에서 사라진 327명을 분석했다. 그리고 그들이 가진 부의 연평균 증가율이 겨우 2.4%에 불과하다는 것을 계산해 냈다. 이는 같은 기간에 돈을 미국의 패시브 인덱스 펀드에 투자하면 얻을 수 있었던 수익의 3분의 1 수준에 불과하다.[13] 부를 점점 더 축적하는 것과는 정반대로 가장 부유한 이들은 자선 활동과 세금, 소비, 잘못된 투자 결정, 그리고 일부는 막대한 벌금(실제로 몇몇은 사기꾼이기도 하다)으로 인해 부의 전체적인 성장률에서 손해를 보고 있다.

〈포브스〉 리스트에서 눈에 띄는 점은 19세기 후반 '강도 귀족'으로 불렸던 초부유층 가문의 이름 '록펠러, 카네기, 모건, 멜런, 허스트, 스탠퍼드, 밴더빌트'가 사라졌다는 것이다. 부유한 가문의 재산 흐름을 추적해 보면 2세대 만에 재산의 약 70%가 사라지고, 3세대가 지나면 무려 부의 90%가 소멸된다는 사실을 알 수 있다.[14]

피케티는 아주 기초적인 실수를 저질렀다. 그는 〈포브스〉 리스트에서 빌 게이츠같이 성공한 인물이 어떻게 부를 유지하는지에만 집중했다. 반면 재산이 줄어든 사람, 리스트에서 사라진 사람은 완전히 간과했다. 이는 마치 인간이 불멸하다고 주장하면서 단순히 지금 거리에서 활동하는 사람만을 관찰 대상으로 삼는 것과 다를 바 없다.

흥미롭게도 서구 사회가 유난히 평등했던 1982년은 오늘날의 자본주의보다 오히려 피케티가 경고하는 '세습 왕조의 악몽'에 더 가까웠다. 〈포브스〉 리스트에서 가장 부유한 100명 중 60명이 재산을 상속받은 사람들이었다. 그중 10명은 거의 200년의 역사를 가진 듀퐁 가문의 유산을 물려받은 상속인이었다. 높은 세금이 부과되고, 대부분의 사람들이 고용돼 있으며, 새로운 기업이 거의 창업되지 않으면 어떤 모습이 되는가? 겉으로 보기에는 평등이 인상적으로 보이지만, 새로운 자산은 거의 창출되지 않는다. 이런 환경에서는 오래된 부가 강력하게 유지된다.

하지만 2020년이 되자 〈포브스〉 리스트에서 상속으로 재산을 얻은 사람의 수는 절반 이상 줄어들었고, 부유한 100명 중 단 27명만이 주로 상속을 통해 부를 축적한 사람이었다.[15] 미국 억만장자의 재산 중 상속 재산의 비율은 1976년 약 50%에서 2001년 35%, 2014년에는 30% 남짓으로 지속적으로 감소했다.[16] 또한 상위 10% 부유층 중에서도 '근로 소득' 상위 10%에 포함되는 비율이 1980년 이후 2배로 증가했는데, 이는 부유층이 클럽에서 사교하며 부를 축적하기보다는 실제로 일하면서 재산을 늘리고 있음을 보여 준다.

사실 피케티의 전체적인 논지 또한 틀렸다. 1970년대 이후 자본 소득의 비중이 증가한 것은 사실이지만, 이는 부유한 자본가 때문이 아니라 주택 가격의 급등으로 설명할 수 있다. 주택 가격은 극단적으로 상승했지만, 주택 소유는 주식 소유보다 훨씬 더 균등하게 분포돼 있기 때문에 다른 형태의 자본보다 더 공평하게 분배되는 편이다. 주택을 제외하고 보면 자본 소득의 비중은 1950년대 이후 다소 감소했다.[17]

불평등 문제를 심각하게 고민하고 부유층에 대한 과세를 강화해야 한다고 주장하는 학자 브랑코 밀라노비치의 계산에 따르면 1975년 이후 미국과 영국의 자본 소득 분배는 비교적 안정적이었다. (많은 사람이 갖고 있는 레이건과 대처에 대한 강박적인 집착을 고려하면 자본

소득 분배가 독일이나 노르웨이 같은 나라와 크게 다르지 않다는 점을 짚고 넘어갈 필요가 있다.)[18]

점점 더 많은 사람이 상속이 아니라 직접 돈을 벌면서 초부유층의 재산은 '극단적으로 높은 비율'로 증가하는 것이 아니라 평균보다 더 느린 속도로 성장하고 있다. 그리고 주택 시장을 제외하면 자본 소득이 경제 성장보다 더 빠르게 증가하지도 않는다.

만약 부유층의 돈을
빈곤층에게 나눈다면

우리는 '할아버지의 할머니의 할아버지의 할머니의 타임머신'을 다시 떠올려야 한다. 돈의 액수로 측정되는 불평등이 곧 삶의 질에서의 불평등을 의미하는 것은 아니다. 이를 보여 주는 한 가지 지표는 서구 사회에서 경제적 불평등이 증가했음에도 개인이 느끼는 행복의 불평등은 증가하지 않았다는 점이다. 오히려 빠르게 성장한 서구 국가들에서는 소득 불평등이 커졌음에도 행복의 불평등이 크게 감소했다.[19]

행복의 불평등이 증가하지 않은 또 다른 이유는 우리가 단순한 돈의 액수로 측정되는 불평등을 과장하고 있기 때문일 수도 있다. 대부분의 연구는 시장 소득만을 기준으로 삼고, 불평등을 완화하기 위해 시행되는 세금과 각종 이전 소득을 포함하지 않는다. 예를 들어, 미국 인구조사국은 소득 최상위 20% 계층이 최하위 20%보다 16.7배 더 많은 소득을 벌어들인다고 발표했다. 하지만 상위 계층에 집중적으로 부과되는 세금과 하위 계층에 제공되는 각종 이전 소득을 모두 포함하면 이 격차는 16.7배에서 4배 수준으로 감소한다.[20]

물론 전 세계적으로 보면 불평등은 여전히 뚜렷하다. 그러나 무역 자유화와 국제 공급망의 확산 덕분에 저소득 및 중간 소득 국가가 부유한 국가보다 더 빠르게 성장하면서 산업 혁명 이후 처음으로 전 세계의 소득 불평등이 감소했다. 이는 엄청난 변화이며 그 속도도 눈이 빙글 돌 만큼 빠르다. 2000년부터 2018년 사이 전 세계 지니 계수(Gini coefficient, 소득 불평등을 1에서 100까지 점수로 나타내는 지표)는 70에서 60으로 감소했다. 이는 100년에 걸쳐 축적된 불평등을 불과 20년도 채 되지 않는 기간 동안 되돌린 셈이다.[21]

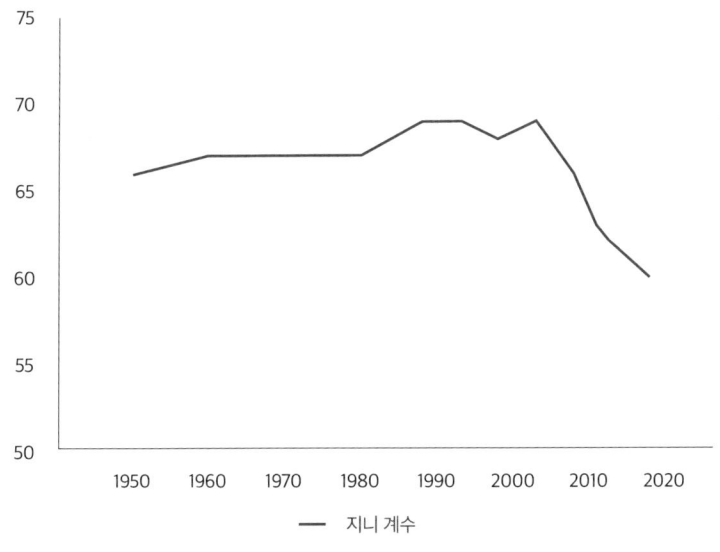

1950년부터 2018년까지 전 세계 불평등의 변화[22]

자산 불평등에서도 급격한 증가세는 보이지 않는다. 나는 크레디트 스위스가 매년 발표하는 글로벌 자산 보고서를 그리 신뢰하는 편은 아니다. 상당 부분이 단순한 추정에 불과하며 각국 통화의 구매력을 조정하지 않은 데이터를 사용하기 때문에 저소득 국가의 부를 과소평가하는 경향이 있다. 또한 환율 변동에 따라 드라마틱한 연간 변동이 나타나기도 한다. 그럼에도 흥미로운 점은 이 자료에서도 2000년부터 2020년까지 최상위 계층에 전 세계 부의 집중도가 소폭 감소했다는 점이다. 세계에서 가장 부유한 10%가 차지하는 자산 비율은 89%에서 82%로 감소했고, 최상위 1%의 자산 비율도 48%에서 45%로 줄어들었다. 이는 같은 기간 동안 자산 가격이 폭발적으로 상승했음에도 나타난 현상이다.[23]

그럼에도 불평등의 격차는 여전히 어마어마하다. 국제 구호 단체인 옥스팜은 매년 크레디트 스위스의 보고서를 바탕으로 세계 부의 분배가 얼마나 극단적으로 불균형한지를 강조하는 새로운 통계를 발표한다. 최근 옥스팜은 전 세계의 억만장자 2,153명이 최빈곤층 46억 명이 보유한 자산을 합친 것보다 더 많은 재산을 갖고 있다고 발표했다.[24] 이는 마치 세상이 완전히 미쳐 버린 것처럼 들리며 부유층이 자신들의 부를 조금이라도 나누기만 하면 세계의 모든 문제가 해결될 것처럼 보이게 만든다.

이런 비교가 극단적으로 보이는 이유는 최빈곤층이 주식이나 채권 같은 금융 자산을 거의 보유하고 있지 않기 때문이다. 가난한 사람들의 자산에서 모든 부채를 차감하면 남는 것이 거의 없다. 또한 옥스팜의 계산 방식에는 서구 국가의 대학을 갓 졸업한 채무자도 포함된다. 그들의 방식에 따르면 전 세계에서 가장 가난한 10% 중 약 20%가 유럽과 북미에 속한다. 즉 옥스팜이 세계 최빈곤층 46억 명의 자산을 합산할 때 먼저 부유한 나라의 학생 대출과 주택 담보 대출을 자산에서 차감하는 것이다.

나는 과거에 옥스팜에게 이렇게 말한 적이 있다.

"당신들의 계산 방식대로라면 저금통에 20달러를 넣어 둔 내 딸이 20억 명이 넘는 사람들보다 부유한 셈이네요."

하지만 잠시 그 부분을 제쳐 두자. 과연 부유층이 자신들의 재산을 나눈다면 세계의 빈곤층을 도울 수 있을까? 우리가 단순히 억만장자의 자산을 이 46억 명에게 분배한다고 가정해 보자. 물론 이를 실현하는 과정에서 전 세계의 주식 시장이 붕괴하고 기업 대부분이 무너지는 문제를 피할 수 있다고 가정해야 한다. 그렇게 한다면 모든 개인에게 약 1,900달러씩 돌아간다. 이는 무시할 수 없는 금액이며, 최빈곤층 46억 명의 연간 소득을 약 60% 증가시키는 효과가 있다. 하지만 불행히도 이는 단 한 해에만 가능하며, 그 이후에는 돈이 바닥난다. 동시에 전 세계에 기업가 정신, 투자, 혁신에 대한 재정적 인센티브가 사라지는 대가를 치러야 한다.

그렇다면 이 46억 명에게 부유층의 자본 수익만을 나눠 준다면 어떨까? 모든 억만장자의 돈을 몰수하여 인덱스 펀드에 투자한다고 가정하자. 그리고 지난 20년간 미국에서 기록한 인플레이션을 감안한 연평균 수익률을 그대로 유지한다고 낙관적으로 가정해 보자. 그럼 전 세계의 최빈곤층 46억 명 각자에게 하루에 추가로 세전 32센트씩 지급할 수 있다. 이를 통해 세계 최빈곤층의 평균 소득 수준을 약 4% 증가시킬 수 있다. 물론 이는 무시할 수 없는 증가율이지만, 세계의 모든 문제를 해결할 만큼 큰 변화는 아니다.

흥미롭게도 이 방식은 시장이 정상적으로 작동하는 상황에서 이들이 매년 자연스럽게 얻는 소득 증가보다도 낮다. 2008년부터 2018년까지 세계 인구의 하위 50%에 해당하는 계층은 연평균 약 6%씩 소득이 증가했다. 최빈곤층 10%의 경우 연평균 거의 8%씩 증가했다.[25] 이는 단순한 추가 소득이 아니라 복리 효과를 발생시킨다. 즉 올해 소득이 8% 증가하면 다음 해에는 증가된 소득을 기준으로 다시 8%가 늘어나며, 그다음 해에도 같은 방식으로 증가한다. 빈곤은 이렇게 지속적인 성장에 의해 장기적으로 줄어든다. 이미 존재하는 부를 단순히 재분배하는 것이 아니라 새로운 부를 창출하고 신기술과 더 나은 생산 방식을 개발하는 것이 핵심이다. 그리고 역사적으로 부유층의 자산을 몰수하는 국가에서는 이런 성장이 잘 이뤄지지 않았다.

반면 가난한 사람도 성공적인 아이디어를 바탕으로 억만장자가 될 수 있는 나라에서는 경제 성장이 계속됐다. 베네수엘라의 우고 차베스가 보여 준 바와 같이 1조 달러라도 생산적인 방식으로 지속적으로 재투자되지 않는다면 그리 오래가지 못한다.

윈스턴 처칠은 1945년 10월 의회 토론에서 이렇게 말했다.

"자본주의의 본질적인 악덕은 축복을 불평등하게 나누는 것이고, 사회주의의 본질적인 미덕은 고통을 평등하게 나누는 것이다."

불평등이 사람을
죽음에 이르게 하는가?

———

런던 지하철을 타고 그린 파크에서 주빌리 라인을 따라 동쪽으로 이동하면, 런던에서 태어난 사람의 평균 기대 수명이 두 정거장마다 1년씩 감소한다. 하이드 파크 코너에서 할로웨이 로드까지 피카딜리 라인을 따라 북쪽으로 15분간 이동하면 기대 수명이 11년 줄어든다.[26]

《평등이 답이다(The Spirit Level)》와 《불평등의 킬링필드(The Killing Fields of Inequality)》 같은 책들은 문제의 핵심이 단순한 빈곤이 아니라고 주장한다. 불평등 그 자체가 사회적 지위에 대한 스트레스와 건강 문제를 야기한다는 것이다. 따라서 빈곤과 싸우는 것만으로는 충분하지 않으며 지나치게 큰 부도 함께 해결해야 한다고 말한다.

노벨 경제학상 수상자인 앵거스 디턴은 이런 연구에 대해 강한 비판을 제기한다. 그는 미국에서 발생하는 '절망의 죽음' 문제에 세계의 관심을 집중시키는 데 큰 기여를 한 인물이다. 그는 "소득 불평등 자체가 인구의 건강을 결정하는 주요 요인이라는 것은 사실이 아니다. 중요한 것은 낮은 소득이며, 부자들이 더 부유해지는 것이 다른 측면에서 바람직하지 않더라도, 가난한 사람이나 그들 자녀의 건강에 해

롭다는 증거는 없다. 단, 그들의 소득이 유지된다는 전제하에서다"라고 주장한다.[27]

또한 앤 케이스와 함께 쓴 저서 《절망의 죽음과 자본주의의 미래(Deaths of Despair and the Future of Capitalism)》에서 불평등이 논쟁의 본질을 흐리는 '거짓 단서'라고 지적한다. 그는 "절망에 빠진 사람들은 상위 1%가 부유해졌기 때문에 절망하는 것이 아니라 자신의 삶과 자신이 속한 공동체에서 일어나는 일들 때문"이라고 말한다.[28]

현재 논쟁에서 자주 등장하는 거의 모든 사례는 불평등한 국가들에 평균 더 많은 빈곤층이 있다는 사실로 설명할 수 있다. 건강을 악화하는 요인은 소득 격차가 아니라 빈곤 그 자체다. 미국의 불평등한 주에는 평균적으로 아프리카계 미국인 인구 비율이 높은데, 이들은 오랜 인종 차별의 역사와 열악한 의료 서비스로 인해 모든 소득 수준에서 다른 집단보다 건강 상태가 더 나쁜 경향을 보인다.

런던 지하철 노선을 따라 소득 격차는 크지만 그 인과관계에 대해서는 여전히 논쟁이 있다. 스웨덴 작가 프레드릭 세거펠트가 지적했듯이 소득 자체보다는 그것과 연관된 생활 방식이 더 중요한 경우가 많다.[29] 교육 수준이 낮은 사람은 더 많이 흡연하고, 건강에 좋지 않은 음식을 섭취하며, 운동을 덜 하지만, 그것이 돈이 없어서 그런 것은 아니다. 담배는 비싸고, 산책은 무료다. 영국에서 기대 수명의 차이를 만들어 내는 큰 요인 중 하나는 흡연이다. 가장 빈곤한 지역에서 흡연율은 가장 부유한 지역보다 4배나 높다.

이런 차이는 경제적 요인보다는 사회적 요인과 관련이 깊다. 중산층과 상류층에서는 운동하고, 식단을 관리하며, 건강한 생활을 유지하는 것이 일종의 지위 상징이 됐다. 이제 자기 관리를 하지 않는 것은 부끄러운 일로 여기며 사회적 낙인이 찍히기 때문에 이런 생활 습관은 빠르게 확산된다. 반면 정부가 정책적으로 다른 문화의 생활 습관을 바꾸려는 것은 훨씬 더 어렵다. 변화를 꿈꾸는 사회 공학자들은 이를 원하지만, 정책 개입만으로는 해결하기 힘들다. 그러나 한 가지 효과적인 방법이 있다. 2016년 〈미국의학협회저널(The Journal of the American Medical Association)〉에 실린 미국 연구에 따르면 저소득층은 부유한 사람이 많이 사는 도시에 거주할 때 더 건강한 삶을 유지하는 경향이 있다.[30]

이는 매우 흥미로운 발견이다. 기존의 통념에 따르면, 부유한 사람이 더 좋은 주택에서 살고 화려한 생활을 누리는 모습을 매일 보는 것은 상대적 박탈감을 유발해 건강을 해칠 것으로 여겨졌다. 그러나 연구 결과는 정반대였다. 저소득층이 자신의 경제적 수준과 비슷한 사람들 속에서 살아가는 것보다 부유한 사람들의 가까이에서 생활할 때 더 건강하고 오래 산다는 것이다. 왜일까? 연구진 중 한 명은 그 이유를 생활 습관의 전염성에서 찾았다.

"가난한 사람이 부유한 사람과 가까이 살면 그들의 습관을 많이 흡수하게 된다. 물론 지나치게 어려운 어휘를 사용하는 것 같은 습관은 건강에 별 영향을 미치지 않을 것이다. 하지만 운동하는 습관은 확실한 긍정적 효과를 가져온다. 실제로 부유한 사람과 가까이 사는 저소득층은 운동을 더 많이 하고, 흡연율이 낮으며, 비만율도 낮다."[31]

그렇다면 이제 누군가 '불평등이 생명을 구한다'는 책을 쓸 차례가 아닐까?

그들만의 이익을 원하는
패거리 자본주의자

이는 불평등 자체가 바람직하다는 뜻이 아니다. 누군가가 혁신을 통해 자신과 타인의 삶을 개선하면서 부를 축적한다면 이는 사회 전체에 이로운 불평등이다. 하지만 모든 불평등이 이런 선한 과정에서 비롯되는 것은 아니다. 때때로 그 반대의 경우도 존재한다. 이런 '추악한 불평등'은 전 세계의 권위주의적이고 부패한 국가들에서 자주 나타난다. 러시아는 엘리트 계층이 국민으로부터 체계적으로 부를 착취함으로써 세계에서 불평등한 국가 중 하나가 됐다. 그러나 이런 문제는 민주적인 시장 경제를 운영하는 국가에서도 발견된다.

20년 전, 나는 반세계화 운동과 맞서 싸웠다. 그때 검은 옷을 입은 좌파 활동가들과 헤나로 염색한 히피들은 뜻밖의 재정 후원자를 두고 있었다. 바로 보수적인 섬유 재벌 로저 밀리컨이다. 그는 정치적 스펙트럼을 가리지 않고 자유 무역 반대 세력을 지원했다. 그 이유는 단순했다. 그의 사업 모델은 높은 관세 장벽에 의존하고 있었으며, 이는 가난한 나라가 미국 시장에 의류를 수출하는 것을 막아 줬다.

자본주의의 핵심은 기업이 더 나은 제품과 서비스를 갖고 소비자의 선택을 받기 위해 경쟁하는 것이다. 하지만 안타깝게도 많은 기업이 소비자보다 정치인의 환심을 사기 위해 경쟁한다. 이들은 보조금, 관세, 규제 혜택, 구제 금융을 받아 시장에서 경쟁을 피하려 한다. 이것은 자유 시장 자본주의가 아니라 패거리 자본주의이며, 때로는 '부자를 위한 사회주의'로 불리기도 한다. 이는 경제에 심각한 문제를 초래한다. 특정 계층이 합법적으로 타인의 주머니에서 돈을 빼 갈 권리를 갖게 될 뿐만 아니라 비효율적인 사업 모델이 시장에서 살아남아 경제 전체의 발목을 잡는다.

팬데믹 이전, 나는 미국 공영 방송 PBS에서 다큐멘터리를 제작하기 위해 미국 전역을 여행하며 이런 현상을 연구했다. 나는 철강 산업을 보호하기 위한 관세 정책, 경관 보호를 이유로 주택 건설을 제한하는 규제, 그리고 대형 식품 회사가 받는 막대한 농업 보조금을 목격했다. 이 보조금은 옥수수, 밀, 콩, 설탕, 면화 재배를 지원하는 데 사용되며 그 비용은 소비자와 보조금을 받지 못하는 과일 및 채소 농가가 부담한다. 전문가들은 전체 농업 보조금의 약 70%가 상위 10% 대형 농장에 집중된다고 추산한다. 이런 현상은 미국만의 문제가 아니다. OECD 국가들은 매년 약 3,000억 달러를 농업 보조금으로 지출한다. 하루에 약 10억 달러다.

미국에서 가장 성공한 '복지 귀족' 중 하나로는 플로리다의 알폰소와 호세 판줄 형제가 있다. 이들은 설탕 산업에서 연간 약 6,500만 달러의 보조금을 받고 있으며, 그중 일부를 정치적 로비 자금으로 사용해 지속적인 보조금 유입을 보장받는다. 이들에 대한 가장 긍정적인 평가라면 최소한 정치적 양극화를 조장하지 않는다는 점일 것이다. 2016년 미국 대선 당시, 판줄 형제는 자신들의 영향력을 지키기 위해 트럼프와 클린턴을 위한 후원 행사를 각각 따로 개최했다.

나는 대형 식품 회사들이 소규모 가족 농장을 규제로 압박해 무너뜨리려는 뻔뻔한 시도를 직접 목격한 적이 있다. 인디애나주에서는 소규모 농부가 안전성이 입증된 기술을 활용할 경우 대형 도축장에 의존하지 않고도 농장에서 직접 닭을 도축할 수 있도록 허용한다. 그런데 호킨스 패밀리 팜이 점점 성공을 거두고 고급 레스토랑에 닭고기를 납품하기 시작하자 대형 농업 기업들은 주(州) 정치인들을 설득해 이 예외 조항을 철회하고 호킨스 팜의 닭 판매를 금지하도록 시도했다. 이런 로비 활동에는 닭고기 산업뿐만 아니라 돼지고기와 스테이크 산업도 가세했다. 이들은 이 법안이 통과되면 작은 경쟁 업체들을 단숨에 제거할 기회가 될 것으로 판단했다. 다행히도 이번 시도는 시민의 강한 반대로 저지됐다. 하지만 호킨스 패밀리 팜의 잭 호킨스가 말했듯이, 일반적으로 이런 싸움에서 소규모 농장은 패배하는 경우가 더 많다.

기업에 대한 규제가 많아질수록 기업은 어설프거나 과도한 규제로부터 자신을 보호하기 위해 로비를 할 수밖에 없다. 이들은 정치 네트워크를 구축하고 로비 활동에 막대한 비용을 투자해야 하는데, 이는 점점 더 필수적인 '자기방어' 수단이 되고 있다. 실리콘 밸리의 기술 기업들은 한때 정치 로비를 하지 않는 것을 자랑으로 여겼다. 하지만 이들은 곧 협상 테이블에 앉지 않으면 메뉴에 오른다는 사실을 깨닫고 정치 로비에 동참할 수밖에 없었다. 이제는 실리콘 밸리 기업의 채용 공고에서 '공공 정책 관리자' 또는 '정부 업무 디렉터' 같은 직책을 쉽게 찾아볼 수 있다. 이 과정에서 기업은 단순히 규제에서 자신을 보호하는 것을 넘어 규제를 자신에게 유리하도록 조정하고 경쟁 업체의 성장을 저지하는 유혹과 기회를 맞이하게 된다. 그러므로 특정 기업이 시장이 혼란스럽다며 '질서를 잡고, 시장 참여자를 줄이는 것이 모두에게 좋다'고 주장할 때에는 경계해야 한다. 미국 작가 P. J. 오루크가 말했듯이 매매가 법으로 통제되면 가장 먼저 사고파는 대상이 되는 것은 입법자들이다.[32]

기업은 세법도 자신에게 유리하게 활용한다. 스웨덴인으로서 나는 스웨덴의 가구 대기업 이케아가 미국 테네시주 멤피스에 대형 매장을 개설하면서 950만 달러 이상 세금을 감면받는 조건을 내건 사례를 지켜보는 씁쓸한 경험을 했다. 많은 대기업이 새로운 지역에 진출할 때 정치권을 상대로 비슷한 전략을 사용한다. '우리가 여기에 오면 무엇을 받을 수 있습니까?'라는 식이다. 나는 멤피스에서 지역 가구 업체 두 곳을 만났는데, 그들은 이런 세금 감면을 전혀 받지 못했다. 그들은 '왜 우리는 세금을 더 많이 내야 하는데 경쟁 업체는 오히려 혜택을 받는가?'라며 불만을 토로했다.

정책이 만들어 내는
좀비 기업

또한 금융 시장에서도 유사한 현상이 벌어진다. 많은 은행과 금융 회사는 자신이 실패하면 납세자들이 구제해 줄 것이라고 기대하며 운영된다. 또한 금융 거래자들은 중앙은행이 금리를 낮추고 유동성을 늘려 약세장을 피하려 할 것이라고 믿는다. 이런 기대는 주식 시장을 왜곡한다. 주식 시장은 본래 기업 가치를 평가하는 곳이다. 따라서 무역 전쟁, 팬데믹, 경기 침체 등의 요인이 기업에 타격을 주면 주가가 하락하는 것이 당연하다. 하지만 현실에서는 오히려 중앙은행이 위기마다 금리를 인하하고 경제에 돈을 더 풀어 주기 때문에 주가가 상승하는 일이 반복된다. 이런 정책은 투기 거품을 만들어 내고, 결국 거품이 터질 때 더 큰 고통을 초래한다. 중앙은행이 이렇게 행동하는 것은 이해할 만한 일이다. 부동산 거품이 꺼지거나 기업들이 채무 위기에 빠지면 그 여파가 심각할 수 있기 때문이다. 그러나 문제는 사람들이 자신의 어리석음에 따른 결과를 직접 경험하지 않도록 보호하려다 보면 오히려 세상이 어리석은 사람들로 가득 차게 된다는 점이다.

2001년 닷컴 버블 이후 경제 회복을 위해 금리가 급격히 인하됐다. 사람들은 더 이상 예금으로 돈을 벌 수 없게 됐고, 대신 신용 평가 기관과 정부가 안전하다고 간주했던 유일한 시장인 부동산에서 이익을 찾기 시작했다. 그 결과 2008년 글로벌 금융 위기가 발생했으며, 나는 이 위기를 내 책《Financial Fiasco(금융 붕괴)》에서 다룬 바 있다.

이 위기를 극복하기 위해 중앙은행은 더욱 강력한 경기 부양책을 시행하고 심지어 마이너스 금리까지 도입했다.[33] 그 결과, 부채 규모는 더욱 커졌으며, 특히 주택 구매자와 신용 등급이 낮은 기업이 더 많은 부채를 짊어지게 됐다. 왜냐하면 이들만이 눈에 띄는 수준의 금리를 부담하며 돈을 빌릴 수 있었기 때문이다. 그러던 중 팬데믹이 발생하면서 이런 고위험 대출의 금리가 급등했다. 그러자 중앙은행은 대규모 자금을 투입해 해당 대출을 다시 사들였는데, 이는 사실상 헤지펀드와 기타 고위험 투기자들에게 보조금을 지급한 것이나 마찬가지였다. 이제 이런 무제한적인 통화 확대 정책 덕분에 주식과 부동산 가격은 비정상적인 수준까지 치솟았다. 그러나 언젠가 경제가 정상적인 상태로 돌아오면 그 하락폭은 더욱 클 가능성이 크다.

이런 행동은 충분히 이해할 만하다. 어느 누구도 위기가 불필요하게 심화되는 것을 원하지 않는다. 그러나 일단 거대한 위험을 떠받치기 시작하면 그 위험이 현실화될 때 비용은 더욱 커지게 된다. 문제는 이처럼 국가가 시장의 자율적인 조정 기능을 무력화한다는 점이다. 만약 당신이 충분히 부자고 금융 시장에서 중요한 위치를 차지하고 있다면, 중력의 법칙조차 뒤집혀서 추락하더라도 결국 더 높은 곳으로 올라갈 수 있다. 주식이나 대도시의 고급 아파트 같은 자산을 보유한 금융 상류층은 더욱 부유해지는 반면, 대부분의 사람들은 인플레이션과 국가 부채 증가로 인해 그 대가를 치러야 한다. 안타깝게도 최근 수십 년간 심화된 불평등의 상당 부분은 이 장의 앞부분에서 언급했던 혁신과 투자 때문이 아니라 정부가 투기꾼들을 보호했기 때문에 발생했다.

이런 정책은 무책임한 행동을 조장한다. 자본주의는 이익과 손실의 균형 위에 성립된 체제다. 올바른 선택을 하면 이익을 얻고 잘못된 선택을 하면 손실을 감수해야 한다. 손실은 시장에 있어서 필수적인 신호 역할을 한다. 실패한 기업은 정리되고 그 자본은 보다 경쟁력 있는 비즈니스 모델로 이전돼야 한다. 그러나 기업과 투기꾼이 투자에 실패하더라도 결국 구제받을 것이라는 확신이 있다면, 그들이 추구하는 유일한 목표는 더 많은 레버리지를 활용하고, 더욱 위험한 자산에 투자하며, 점점 더 높은 리스크를 감수하는 것이 된다. 이는 결국 손실을 국가에 전가할 수 있다는 믿음 때문이다. 이런 방식으로 우리는 위험을 잘못 평가하는 구조를 체계화하고 경제 전반에 걸쳐 점점 더 많은 불량 투자를 쌓아 가게 된다.

그 결과 경제는 점점 더 좀비화되고 있다. 즉 스스로 생존할 수 없는 기업들이 시장에 넘쳐나는 것이다. 국제 결제 은행이 수행한 연구에 따르면, 좀비 기업이란 수익성이 너무 낮아 이자 지급조차 감당하지 못하고 낮은 기업 가치를 바탕으로 장기적인 성장 가능성도 희박한 기업을 뜻한다. 선진국에서 상장된 기업 중 좀비 기업의 비율은 1980년대 후반까지만 해도 20곳 중 1곳에 불과했으나 팬데믹 이전에는 6곳 중 1곳으로 급증했다. 더욱이 문제를 안고 있는 많은 기업이 비상장 기업이기 때문에 실제 비율은 이보다 더 높을 가능성이 크다. 또한 팬데믹 이후 좀비 기업의 수는 더욱 증가했다.[34]

좀비 기업이 급격히 늘어난 주요 원인 중 하나는 글로벌 금융 위기 이후 지속된 초저금리 시대다. 은행들 역시(낮은 조달 비용을 감당하며) 대출 기업을 파산하는 것보다 계속 유지하는 것이 더 유리해졌다. 기업이 파산하면 은행은 대출에 대한 손실을 기록해야 하고 자산 처리 과정에서 장기적인 법적 분쟁에 휘말릴 위험도 있다. 또한 중앙은행이 시장에 유동성을 과도하게 공급한 덕분에 좀비 기업은 채권 발행을 통해 자금을 조달하기도 훨씬 쉬워졌다. 그 결과, 이 기업들은 간신히 명맥을 유지하며 산업 내 새로운 기업들이 자본과 노동력을 확보하지 못하도록 가로막고 있다.

국제 결제 은행의 연구에 따르면 좀비 기업 비율이 1%p 증가할 때마다 경제의 생산성 성장률이 0.1%p 감소하는 것으로 나타났다. 이를 적용하면 1990년대 중반 이후 진행된 경제의 좀비화는 생산성 성장률을 1%p 낮췄다는 의미가 된다. 이는 서구 경제에서 성장 정체 문제가 발생한 주요 원인 중 하나로 볼 수 있다.

자본가를 위한 사회주의는 다른 형태의 사회주의보다 나을 것이 없다. 따라서 자본주의를 다시금 '이익과 손실의 원칙'이 지배하는 체제로 되돌리는 것만큼 중요한 개혁은 없을 것이다. 시장 자유주의의 논리는 냉정하다. 기업이 경쟁력을 갖추고 있다면 정부의 지원이 필요 없고, 경쟁력을 갖추지 못했다면 정부의 지원을 받을 자격도 없다.

5장

거인들 vs. 도전자들

독점 시장을 파고들
시장이 남아 있는가?

> 민주주의를 걱정한다면 독점을 해체해야 한다.
> 경제를 걱정한다면 마찬가지다.
>
> **터커 칼슨**

당신은 이렇게 반론할 수도 있다.

물론 열심히 일하며 소비자가 오랫동안 원해 온 상품과 서비스를 제공함으로써 엄청난 부를 쌓은 기업가의 사례가 있을 것이다. 하지만 대기업이 단지 규모가 크다는 이유만으로 시장의 주요 부문을 장악하고, 공급 업체와 직원들에게 압력을 가해 굴복시키는 상황이 발생한다면 어떻게 해야 할까? 그리고 기술 기업은 지배력을 활용해 우리에게 점점 더 많은 정보를 수집하고, 그것을 이용해 우리의 시간을 통제하며, 자신에게 불리한 목소리를 침묵시키지 않는가? 우리가 그들을 찾아가는 것이 아니다. 그들은 어디에나 존재한다. 그리고 우리가 그들의 제품을 사용할수록 점점 더 심리적으로 중독되고 감정적으로 소모되지 않는가?

기업은 경쟁한다, 독점하지 않는다

내가 《세계 자본주의를 옹호하며》를 집필했을 당시, 나는 대기업의 지배력이 줄어드는 추세라고 썼다. 당시에는 사실이었지만 지금은 더 이상 그렇지 않다. OECD 전역에서 시장 집중도가 증가하고 있으며, 일부 대기업들은 점점 더 국가별 시장을 장악하고 있다. 그들은 한계 비용(추가로 제품이나 서비스를 한 단위 더 생산하는 비용) 대비 점점 더 높은 가격을 책정할 수 있는 위치에 있다.

버락 오바마 행정부의 경제 자문 위원회가 발표한 한 연구에 따르면, 1997년에서 2012년 사이 미국의 13개 주요 산업 중 10개 부문에서 수익이 점점 더 적은 수의 대기업에 집중된 것으로 나타났다.[1] 이는 강력한 독점 기업이 지역 시장을 하나씩 집어삼키는 모습을 떠올리게 한다. 많은 경제학자가 이런 현상이 서구 경제의 생산성 둔화와 관련이 있다고 지적한다. 즉 노동이나 자본 같은 투입 요소를 사용하여 더 많은 산출을 이끌어 내야 하지만, 그렇지 못하고 있다는 것이다.

대기업의 지배력이 실제로 문제를 일으키는지 살펴보기 전에 독점이 왜 문제가 되는지를 먼저 짚어 보자. 전통적인 우려는 독점 기업이 시장을 지배할 경우 제품 개발과 공급을 제한하고, 가격을 올리며, 임금을 낮출 가능성이 높다는 것이다. 소비자와 근로자가 대안을 찾을 곳이 없다면 이는 심각한 문제다. 만약 우리가 이런 결과를 실제로 목격한다면 경고등을 켜야 한다.

　이전 장에서 살펴봤듯이 독점이 문제를 일으키는 사례는 분명히 존재한다. 정치인을 설득해 경쟁자를 멀리 떨어뜨려 놓고 자본과 생산성을 갉아먹는 기업들이 많다. 그러나 이것이 전체의 경향은 아니다. 오히려 대기업들이 새로운 비즈니스 모델, 연구, 개발, 혁신에 가장 많이 투자한다.[2] 또한 이들은 가격을 올리기보다는 인하하는 경우가 더 많다.

　예를 들어, 이케아나 월마트 같은 기업은 세금 감면을 기반으로 시장 지배력을 유지하는 것이 아니라 효율적인 생산 및 물류 시스템을 통해 누구보다 저렴하게 제품을 판매하기 때문에 강한 지위를 확보하고 있다. 기술 산업에서는 아예 무료로 서비스를 제공하는 경우도 많다. 또한 독점적 지위를 이용해 낮은 임금을 지급하는 것이 아니라 오히려 기업의 규모가 클수록 평균 더 높은 임금을 지급하는 경향이 있다. 미국에서 직원을 1,000명 이상 둔 기업들은 직원을 100명 이하로 둔 기업들보다 평균 2배 높은 급여를 지급한다.[3]

　이런 사실을 보면 새로운 독점 서사가 어딘가 잘못됐음을 알 수 있다. 그 원인은 시장 점유율이 지역별, 국가별로 어떻게 집중돼 있는지를 살펴보면 명확해진다. 국가 단위에서 보면 시장 집중도가 증가하고 있지만, 지역 및 지방 단위에서는 오히려 감소하는 경향을 보인다. 이는 다소 모순적으로 들릴 수 있다. 그러나 같은 변화를 보는 두 가지 다른 관점일 뿐이다.

예를 들어, 당신이 사는 마을에 카페가 한 곳만 있다가 스타벅스가 새롭게 들어선다면 지역적으로는 경쟁이 증가하는 것이다. 하지만 국가적으로 보면 이미 시장을 지배하고 있는 스타벅스의 점유율이 높아지므로 독점이 심화된 것처럼 보일 수 있다. 따라서 국가 차원에서 독점이 증가하는 것처럼 보이더라도 지역 차원에서는 소비자에게 더 많은 선택권이 생기고 경쟁이 활발해질 수 있다. 이는 중요한 사실인데, 우리는 국가 전체의 시장 데이터를 보며 소비하는 것이 아니라 실제로 생활하는 지역에서 소비 결정을 내리기 때문이다.

경제학자 에스테반 로시 한스버그와 장타이 시에에 따르면 미국 내 시장 집중도의 증가 중 약 93%는 대기업들이 더 많은 지역으로 확장한 결과라고 한다. 이는 특히 서비스업 부문에서 생산성을 높이는 데 성공한 신흥 소매업체들에 의해 주도되고 있다. 혁신적인 비즈니스 모델과 데이터 처리 기술에 대한 대규모 투자 덕분에 이들 기업은 변화하는 수요에 맞춰 지리적, 시간적 변동에 유연하게 대응할 수 있었다. 이는 미국의 경쟁법이 완화됐기 때문이라는 일반적인 설명보다 훨씬 더 그럴듯한 해석이다. 같은 패턴은 OECD의 다른 국가들, 특히 경쟁법이 오히려 강화된 유럽 연합에서도 나타나고 있다.[4]

이런 분석은 학자들에게 오랫동안 골칫거리였던 여러 가지 역설을 설명해 준다. 미국의 생산성 증가율은 1996년부터 2005년 사이에 정점을 찍었으며 이 시기의 생산성 증가율은 역사적 평균보다 1%p 높았다. 흥미롭게도 이 시기는 시장 집중도가 가장 빠르게 증가했던 시기이기도 하다.⁵ 이후 생산성 증가율이 둔화된 것은 슈퍼스타 기업 때문이 아니라 좀비 기업의 증가와 더 관련이 있다.

슈퍼스타 기업은 더 효율적이기 때문에 성장했으며, 이는 시장에서의 지배력이 커졌음에도 생산성이 증가할 수 있었던 이유를 설명해 준다. 이 기업들이 정보 기술에 막대한 투자를 하면 비용이 많이 들지만, 이런 투자는 결국 단위당 비용을 낮추는 효과를 가져온다. 덕분에 다른 기업보다 높은 마진을 유지할 수 있으면서도 소비자에게는 더 낮은 가격으로 상품을 제공할 수 있다. 로시 한스버그와 시에는 이를 '서비스업의 산업 혁명'이라고 표현했다.⁶

이들은 경제를 침체시키는 게으른 독점 기업이 아니다(물론 그런 기업도 일부 존재한다). 오히려 이들은 혁신적인 기업가들이며, 경쟁자가 따라잡기 어려울 정도로 빠른 속도로 산업을 발전시키고 있다. 이는 단순히 시장의 한정된 공간을 차지하고 사람들의 지갑을 더 많이 차지하려는 '독점 자본주의'와는 다르다.⁷ 오히려 이는 '마인크래프트 자본주의'에 가깝다. 마인크래프트에서는 다른 플레이어들이 주된 적이 아니라 협력자이며, 자원을 채굴하고 수집하여 더 나은 도구를 만들어 가면서 점점 더 창의적인 구조물을 쌓아 올린다. 이를 통해 전체 게임이 더욱 아름답고, 흥미롭고, 흥분하는 경험이 되듯, 이런 혁신적인 기업들도 경제 전반을 더욱 발전시키고 있다.

우리는 과거에 독점 기업이 소비자에게 형편없는 서비스를 제공할까 봐 우려했다. 그러나 기업이 성장한 이유가 더 나은 성과를 내기 때문이라면 이야기가 달라진다. 물론 이런 기업은 다른 기업에게 위협이 되지만, 원래 경제 발전이란 더 생산적이고 혁신적인 기업이 기존 기업을 앞서는 것을 전제로 한다. 당신은 아마도 이렇게 생각할 것이다.

'어딜 가나 스타벅스, 테스코, H&M뿐이라니, 정말 재미없는 세상 아닌가? 개성 있는 지역 브랜드는 설 자리가 없는 걸까?'

나는 이런 불만을 이해한다. 나 역시 내가 사랑하는 아늑한 카페가 없어지고, 어디서나 볼 수 있는 대형 체인이 '바닐라 어쩌고저쩌고 라테 카푸치노' 같은 메뉴를 내놓을 때 화가 난다. 하지만 우리가 그 개성 넘치는 장소들을 정말로 좋아한다면 소비를 통해 그 가치를 증명하면 된다. 그렇다면 이들은 체인점 옆에서도 충분히 살아남을 수 있을 것이다. 반면 우리가 그곳을 찾지 않는다면 결국 우리의 불만은 단지 이론에 불과하며, 사회가 변화하는 방식에 대해 불평할 권리는 우리에게 없다. 왜냐하면 그 변화를 만든 것은 바로 우리이기 때문이다.

장기적으로 보면 다른 기업도 이런 대기업에게서 배워 경쟁을 시작할 것이다. 그러다 보면 지금의 대기업 중 상당수가 사라질 수도 있다. 만약 대기업들이 저렴한 가격과 우수한 서비스로 시장을 장악한 뒤 가격을 올리고 서비스의 질을 낮춘다면, 그것이 바로 경쟁 기업들에게는 공격할 신호가 될 것이다. 오늘날 지배적인 기업들은 견고해 보인다. 하지만 기업이란 늘 무너지기 직전까지는 무적처럼 보이기 마련이다. 자본주의는 소비자에게 가치를 제공하지 못하는 자본가들에게 결코 관대하지 않다.

내가 《세계 자본주의를 옹호하며》를 쓴 20년 전, '세계 최대의 휴대 전화 제조업체인 노키아가 불과 몇 년 전까지만 해도 핀란드의 작은 자동차 타이어와 장화 제조업체였다는 사실을 기억하는가?'라고 질문했다. 그런데 지금은 오히려 '2001년에 노키아가 세계 최대의 휴대 전화 제조업체였다는 사실을 기억하는 사람이 몇이나 될까?'라고 묻는 것이 더 적절하다.

2020년 〈포춘〉 500대 리스트에 오른 미국의 최대 기업 중 1955년 첫 리스트에 포함됐던 기업은 단 51곳뿐이다. 이는 거의 90%의 대기업들이 파산했거나 인수됐거나 단순히 시장에서 밀려나거나 사업을 접었음을 의미한다.[8]

기존 기업들은 당연히 자신들을 성공으로 이끌었던 비즈니스 모델을 보호하고 발전시키기 위해 필사적으로 노력한다. 하지만 이것이 오히려 그들이 자사 제품의 매출을 뛰어넘을 수도 있는 새로운 혁신을 개발하는 것을 어렵게 만든다. 비즈니스 역사를 보면 시장을 지배했던 기업이 다음 단계로 나아갈 기술적 역량을 갖추고 있었음에도 실패한 사례가 수없이 많다. IBM은 빠른 개인용 컴퓨터를 개발했어야 했고, 코닥은 디지털 카메라를, 소니는 디지털 음악 플레이어를, 레고는 마인크래프트를, 블록버스터는 비디오 스트리밍 서비스를 개발했어야 했다. 하지만 이 기업들은 자신의 기존 시장을 지나치게 소중히 여긴 나머지 다음에 올 큰 변화를 놓치고 말았다.

오스트리아 경제학자 루트비히 폰 미제스는 이렇게 말했다.

"시장의 비판자들이 시장을 기업 권력과 동일시하는 이유는 우리 모두가 기업가와 자본가들이 경제라는 배의 키를 잡고 조종하는 모습을 보기 때문이다."

시장 사회에서 모든 경제적 사안을 결정하는 역할은 기업가에게 있다. 생산을 통제하는 것은 그들이다. 그들이 키를 잡고 배를 조종한다. 피상적으로 보면 그들이 최고 권력을 가진 것처럼 보일 수 있다. 하지만 그렇지 않다. 그들은 선장의 명령을 무조건 따라야 한다. 이 선장은 소비자다. 기업가도 농부도 자본가도 무엇을 생산해야 할지를 결정하지 않는다. 소비자가 그것을 결정한다. 사업가가 시장 가격 구조를 통해 전달되는 대중의 명령을 엄격히 따르지 않으면 그는 손실을 보고 파산하며, 결국 경제의 키를 잡고 있는 자리에서 밀려나게 된다. 그리고 소비자의 수요를 더 잘 충족시킨 다른 사람이 그 자리를 대신한다.[9] 가장 중요한 독점 방지 정책은 자유롭게 무역하고 시장을 개방하여 더 나은 방향으로 배를 조종할 수 있는 이들이 경쟁할 수 있도록 하는 것이다.

오바마 정부의 경제 자문 위원회가 미국 시장에서의 집중도가 증가하고 있다고 결론 내렸을 때, 그들은 초보가 하는 실수를 저질렀다. 미국 내에서 생산된 상품만 고려했기 때문이다. 이로 인해 예를 들어, 모토로라가 미국 내에서 유일하게 휴대 전화를 제조하는 회사였기 때문에 시장 점유율이 100%인 것으로 보였다. 그러나 이는 아이폰, 삼성, 화웨이 같은 경쟁 업체들이 존재하지 않는 시장을 분석한 것이나 다름없었다.[10] 중앙은행 경제학자 2명이 1992년부터 2012년까지 미국 산업에서의 시장 지배력을 분석하면서 소비자가 해외에서 구매한 상품도 포함시켰을 때, 집중도의 증가는 전혀 나타나지 않았다. 오히려 상위 20개 기업의 시장 점유율이 감소한 것으로 드러났다.[11]

기업이 사기꾼이라는 생각

오늘 하루 동안 얼마나 많은 거짓말을 했는가?

너무 직설적인 질문인가? 내가 기업을 너무 이상적으로 묘사하고 있다고 느끼는가? 힘센 양아치들을 그저 공익을 위해 헌신하는 좋은 기업가들인 것처럼 말이다. 만약 그렇게 들렸다면 내 의도를 제대로 전달하지 못한 것이다. 분명 어떤 이는 거짓말과 속임수에 유혹될 것이고, 나는 물론 기업 중에 도둑과 사기꾼이 숨어 있다는 사실도 잘 알고 있다.

그래서 우리는 자유 시장이 필요하다. 만약 우리가 언제나 기업들의 선의만을 믿을 수 있었다면, 그들에게 독점적 권한과 관세 보호를 제공했을 것이다. 하지만 그들의 선의만으로는 충분하지 않기 때문에 우리는 자유 경쟁과 소비자의 선택권, 그리고 독립적인 법률 체계와 자유로운 언론으로 그들을 통제해야 한다. 자본주의는 자본가들을 우리의 통제 아래 두는 방식이다.

그렇다고 해서 기업 세계에서 스캔들이 끊이지 않는 것은 아니다. 폭스바겐의 배기가스 조작 사건, 테라노스의 혈액 검사 사기, 샘 뱅크먼 프리드의 암호 화폐 거래소 FTX 붕괴 같은 사례들이 그것이다. 하지만 이런 사기 사건들이 그렇게 큰 주목을 받고 강한 시장 반응을 불러일으키는 이유는 그것들이 예외적인 사례이기 때문이다.

시장에는 사기꾼에 대한 내재적 방어 기제가 존재한다. 비즈니스란 신뢰를 바탕으로 한 자발적 협력이며 누구도 신뢰할 수 없는 사람과 협력하고 싶어 하지 않는다. 물론 이것만으로 충분하지 않을 때도 있다. 사기꾼은 우리가 가진 제한된 정보를 이용해 우리를 속인다. 저가 항공사들은 혹하는 비행 일정을 내세워 항공권을 판매한 후, 이를 월요일 이른 새벽 시간대로 시스템을 변경해 버린다(약관의 작은 글씨를 읽어 보지 않았는가?). 악덕 대부업자들은 연체 이자를 교묘하게 숨기고 법적 강제 집행을 마치 자신의 사업 도구처럼 이용한다. 일부 기업의 고객 서비스는 극도로 인력이 부족해서 소비자들이 환불 요청조차 하지 못하도록 만든다. 모든 사업가가 영웅은 아니다.

그러나 경제학자 타일러 코웬은 기업가 정신의 신뢰성을 평가하는 흥미로운 질문을 던진다. 물론 기업은 거짓말을 한다. 하지만 중요한 질문은 이것이다.

과연 기업들이 일반 사람들만큼 거짓말을 할까?

우리 역시 언제나 진실만을 말하는 것은 아니다. 우리는 평균 10분간의 대화에서 2번 정도 거짓말을 한다. 그것도 대부분 우리가 사랑하는 사람들에게 말이다.

온라인 데이팅 프로필을 보면 어떨까? 한 조사에 따르면 사람들 53%가 자신이 프로필에서 거짓말을 했다고 인정했다(만약 어떤 고집 센 거짓말쟁이가 이를 인정하지 않았다면 실제 수치는 이보다 더 높을 것이다). 우리의 프로필 사진은 대개 10년 전, 10킬로그램이 가벼운 한참 지난 시기의 모습이라 일부 플랫폼에서는 이제 사진에 시간 스탬프를 요구한다. 그리고 구직 시장에서 제출하는 이력서는 말할 것도 없다. 한 채용 담당자의 추정에 따르면 이력서의 40%에는 완전한 거짓말이 포함돼 있으며, 76%는 경력을 미화하고, 59%는 중요한 정보를 누락한다고 한다.[12]

데이터 분석을 통해 우리가 가족과 친구들에게 얼마나 많은 거짓말을 하는지도 알 수 있다. 소셜 미디어에서는 휴가를 즐기는 행복한 가족, 규칙적으로 운동하는 모습, 맛있는 음식을 먹으며 토마스 만의 《마의 산(Der Zauberberg)》을 읽는 자신을 연출한다. 하지만 익명성이 보장된 인터넷 검색에서는 관계 문제, 신체적 불편함에 대한 고민을 검색하고, 《마의 산》의 짧은 요약본을 찾아 헤맨다.

세스 스티븐스 다비도위츠는 이런 차이를 연구했고, 그 결과를 《모두 거짓말을 한다(Everybody Lies)》라는 책으로 출간했다. 예를 들어, 여성이 남편에 대해 이야기하는 방식의 차이를 보자. 소셜 미디어에서는 남편을 '환상적이다', '귀엽다', '나의 가장 친한 친구'라고 표현하는 경우가 많다. 그러나 익명 검색에서 솔직한 조언을 원할 때 남편은 '멍청이', '짜증 난다', 혹은 심지어 '게이일지도 모른다'는 식으로 묘사된다. 물론 익명 검색은 금기시되는 주제에 대한 궁금증을 해결하려는 경향이 있으므로 실제 남편의 성격은 인스타그램과 구글 검색 사이 어딘가에 있을 것이다.[13]

사실 우리는 자신을 조금 더 나아 보이게 하고 싶어서 이미지를 다듬고, 흥미롭게 만들거나 혹은 날것의 진실이 초래할 수 있는 말다툼과 불쾌한 분위기를 피하고 싶을 때 진실을 왜곡하고는 한다. 그렇기에 우리가 비즈니스에서도 같은 행동을 한다는 것은 놀라운 일이 아니다(혹은 학계, 저널리즘, 정치, 비영리 단체에서도 마찬가지다). 그러나 기업은 이런 위험을 줄이기 위해 제도와 통제 메커니즘을 발전시키기 위해 노력한다. 그들은 신뢰가 곧 상품이라는 사실을 잘 알고 있기 때문이다. 따라서 테스코나 스타벅스에서보다 방문 판매원에게 속을 확률이 훨씬 더 높다.

내가 좋아하는 설문 조사 중 하나는 미국과 영국의 도서관에서 가장 많이 도난당한 책 목록을 다룬 것이다. 만약 도덕 철학자들이 흔히 주장하는 것처럼 기업가가 유독 비양심적이라면 미래의 자본가들이 공부하는 경제학 교과서나 경영 서적이 이 목록의 상위권을 차지해야 할 것이다. 하지만 실제로 가장 자주 도난당하는 책은 도덕 철학 서적이다. 일반적으로 교수나 연구 학생들만 읽는 난해한 현대 윤리학 서적은 다른 책들보다 도난율이 50%나 높았다. 부끄럽게도 존 로크나 존 스튜어트 밀 같은 고전 자유주의자들의 책이 특히 많이 도난당하는 경향이 있는 듯하다.[14]

기업이 소비를 조장하는가, 인류가 소비를 좋아하는가?

《세계 자본주의를 옹호하며》에 대한 몇몇 비판자는 내가 현대 소비 사회 전체를 관통하는 사기 요소를 간과했다고 주장했다. 그들은 이를 '계획적 진부화(planned obsolescence)'라고 부르며, 기업이 의도적으로 제품의 결함과 단점을 설계하여 수명을 단축시킴으로써 소비자가 새로운 제품을 계속해서 구매하도록 만든다고 주장했다.

일부 비판자들은 이것이 현대 경제 성장 모델의 핵심 메커니즘이라고 말한다.[15] 소프트웨어 업데이트 이후 오래된 아이폰이 갑자기 느려지는 것이 이상하지 않은가? 가정용 세탁기는 7년 만에 고장이 나는데, 왜 빨래방에서 사용하는 세탁기는 수십 년 동안 문제없이 작동하는 걸까? 그리고 도대체 왜 내 전구는 자꾸 나가는 것인가? 캘리포니아 리버모어의 한 소방서에는 센테니얼 라이트라는 전구가 120년 넘게 계속 빛을 내고 있다는데 말이다.

다큐멘터리 〈전구 음모 이론(The Light Bulb Conspiracy)〉에 따르면 그 이유는 1925년 전 세계 기업들이 전구의 수명을 단축하고 가격을 올리기 위해 카르텔을 형성했기 때문이다. 그렇지 않았다면 오늘날 우리는 모두 100년 동안 지속되는 전구를 사용하고 있을 것이다.

실제로 그런 카르텔이 존재했지만, 이는 빠르게 무력화됐다. 그중 하나의 이유는 스웨덴 소비자 협동조합인 루마파브리켄이 저렴한 전구로 경쟁에 나섰기 때문이다. 결국 카르텔은 같은 해에 루마의 가격 수준까지 가격을 낮춰야만 했다. 흥미롭게도 루마 역시 영구히 지속되는 전구를 제조하려 하지 않았다. 그런 전구는 제작 비용이 너무 비쌌고 조명 품질도 충분히 좋지 않았기 때문이다.

리버모어의 전구가 지금까지 빛을 내는 이유는 단순하다. 현대 전구의 금속 필라멘트보다 훨씬 두꺼운 탄소 필라멘트를 사용했기 때문이다. 하지만 이는 전기를 빛으로 변환하는 데 극도로 비효율적인 방식이다. 20세기 초부터 텅스텐 필라멘트가 사용됐는데, 이는 훨씬 높은 온도를 견딜 수 있어서 더 강한 빛을 낸다는 장점이 있다. 부작용은 필라멘트가 더 빨리 마모된다는 점이지만, 경제적 측면이나 환경 보호를 고려할 때 일정 기간마다 전구를 교체하는 것이 오히려 더 낫다. (또한 리버모어 소방서처럼 전구를 계속 켜 두는 것이 아니라 사용하지 않을 때는 끄는 것이 바람직하다. 물론 자주 껐다 켜는 것도 전구의 수명을 단축시킬 수 있다.) 더 나은 방법은 발전한 기술을 활용하는 것이다. 현대의 저전력 LED 전구는 훨씬 적은 전력으로 더 많은 빛을 내며 전통적인 전구의 수명이 1,000시간인 것과 비교해 거의 10만 시간 동안 사용할 수 있다.

대부분의 경우 우리가 비용을 더 지불할 의향이 있다면 더 오래가는 훨씬 좋은 제품을 구매할 수 있다. 하지만 결국 중요한 것은 우선순위다. 지금 사용하는 세탁기보다 훨씬 내구성이 뛰어난 제품을 살 수도 있다. 실제로 상업용으로 판매되는 고급 세탁기는 5,000달러에서 2만 달러에 이른다. 하지만 그런 제품을 구매하기 위해 과도한 빚을 지는 것이 과연 현명한 선택일까? 몇 년 후 에너지 효율성이 훨씬 더 나은 제품이 개발됐을 때는 어떻게 할 것인가? 내구성이 조금 떨어지는 제품을 선택하는 것이 개인의 재정 상황, 편리함, 소요 시간, 그리고 미래 기술 발전에 대한 기대 등을 고려했을 때 오히려 합리적인 균형점이 될 수도 있다. 이런 균형에 정답이 있는 것은 아니다. 따라서 가장 좋은 방법은 다양한 해결책이 시장에서 경쟁하게 하고 소비자에게 선택의 자유를 주는 것이다.

자동차의 경우, 긴 수명은 높은 중고 가격을 의미하므로 내구성이 중요한 경쟁 우위가 된다. 그래서 오늘날 자동차는 내가 어렸을 때보다 2배 이상 긴 주행 거리를 기록할 수 있다. 1960년에 생산된 미국 자동차 중 15년을 넘긴 차량은 7%에 불과했지만, 현재 미국 자동차의 평균 수명은 12년을 넘고 있다.[16]

반면 기술 발전 속도가 너무 빨라 소비자들이 금방 새로운 모델을 원하는 경우도 있다. 대표적인 예가 휴대 전화다. 몇십 년간 사용할 수 있도록 제작된 고가의 모델을 구매하도록 소비자를 설득하기란 어렵다. 또 어떤 경우에는 소비자가 지나치게 절약을 중시하는 바람에 내구성이 떨어지는 제품을 선택하기도 한다. 가격만을 고려해 제품을 구매하면 기본 부품만으로 제작된 단순한 제품을 갖게 된다. 예를 들어, 원가 절감을 우선시하면 제조사는 배터리나 다른 부품을 교체할 여유 공간을 따로 마련하지 않을 것이다. 9.9달러짜리 커피 머신이나 39.9달러짜리 프린터의 부품 제작비가 얼마나 될 것으로 생각하는가? 제조사가 제품의 수명을 인위적으로 단축하는 '계획적 진부화' 사례가 실제로 존재할 가능성을 배제할 수는 없다. 그러나 이는 사람들이 생각하는 것만큼 흔한 일이 아니며, 만약 그런 전략이 밝혀진다면 해당 기업은 시장에서 빠르게 처벌받는다. 프랑스에는 계획적 진부화를 금지하는 법이 있지만, 실제 사례를 입증하는 것이 얼마나 어려운지를 보여 주는 결과만을 낳았다.

전 세계에 화제가 됐던 사례가 애플이 벌금을 물었던 사건이다. 구형 아이폰에 운영 체제 업데이트 후 갑자기 느려지는 현상이 발생하자 많은 이가 계획적 진부화라고 의심했다. 그러나 실제로 애플은 계획적 진부화로 유죄 판결을 받은 것이 아니라 이런 변화를 사용자에게 미리 알리지 않은 점에서 유죄를 인정받았을 뿐이다. 당시 상황을 살펴보면, 2016년 말에 운영 체제가 업데이트되면서 많은 사용자의 구형 아이폰이 갑자기 꺼지는 현상이 발생했다. 이는 오래된 배터리가 충분히 충전되지 않았을 때 새로운 애플리케이션의 전력 요구량을 감당할 수 없었기 때문이다.

이를 해결하기 위해 애플은 다음 업데이트에서 과부하가 발생할 경우, 특정 작업을 더 오랜 시간에 걸쳐 수행하는 기능을 추가했다. 그 덕분에 휴대 전화가 갑자기 꺼지는 일을 방지할 수 있었고 결과적으로 기기의 수명이 연장됐다.

이는 계획적 진부화와는 정반대의 개념이다. 대부분의 사람은 갑자기 꺼지는 휴대 전화보다 약간 느려진 휴대 전화를 선호한다. 프랑스 법원도 같은 결론을 내렸다. 현재 애플은 사용자에게 이 기능을 알리고 있으며, 사용자가 원한다면 해당 기능을 끌 수도 있다. 물론 그 경우에는 아이폰이 일정 주기로 꺼질 위험을 감수해야 한다.

다른 한편으로는 자본가들이 굳이 기존 제품을 망가뜨릴 필요가 없다. 대신 기능을 조금 더 향상하거나 디자인을 약간 더 슬림하게 만든 새로운 제품을 꾸준히 출시하면 된다. 그럼 소비자는 자연스럽게 업그레이드를 원한다.

반자본주의 진영에서는 이를 두고 '자본주의는 인간의 소유욕과 지위 불안을 자극해 새로운 소비 욕구를 만들어 낸다'고 비판한다. 하지만 아무리 엉뚱한 제품이라 하더라도, 예를 들어, 재킷에 후드를 붙이거나, 데님 작업복을 만들거나, 특별히 디자인된 변기 솔을 내놓더라도 새로운 소비재는 결코 갑자기 생겨난 욕구를 반영하는 것이 아니다. 인간은 예전부터 자신의 아름다움, 지위, 편리함, 안전, 소통, 이동, 그리고 오락을 향상시킬 다양한 방법을 찾았다. 이를 충족하는 방식이 시대에 따라 변화해 왔을 뿐이다. 동굴 벽화에서 인스타그램으로, 연기 신호에서 스마트폰으로, 문신에서⋯ 계속 문신으로.

인류학자와 고고학자들은 자신을 치장하지 않는 인류 문화 사례를 단 한 건도 발견하지 못했다. 미용 산업이 우리가 꾸미고 치장해야 한다고 말하기 10만 년 전부터 우리 조상들은 피부를 물들일 귀한 색소를 얻기 위해 가진 것을 모두 바치거나 심지어 전투에서 목숨을 걸기도 했다. 네안데르탈인에게 명품 브랜드는 없었지만, 대신 최고의 독수리 발톱을 두고 다투며 그것으로 목걸이나 팔찌를 만들었다.

소비문화가 상업적 이해관계의 압박에서 비롯됐다고 믿는 사람들은 왜 공산주의의 굴레를 벗어난 사람들이 즉시 청바지와 레코드 플레이어를 갈망했는지 그 이유를 설명하지 못한다. 2000년대 초 탈레반 치하의 아프가니스탄에서도 여성들은 지하 미용실에서 몰래 치장을 하고 부르카 아래에서 화장을 했다. 채찍질의 위협에도 불구하고 말이다. 2001년 탈레반 정권이 무너지자마자 아프가니스탄 사람들은 화장품, TV, 비디오 플레이어를 사기 위해 줄을 섰다. 이를 보고 서구 지식인들은 '볼썽사나운 광경'이라며 혀를 찼고, 한 서구 기자는 '압제에서 벗어난 것을 축하하는 방식이 가전제품을 사는 것이라니, 참으로 우울하다'고 한탄했다.[17] 하지만 이는 인간 본성이라고 고고학자 브라이언 헤이든은 말한다. 그는 중동, 극동, 북미, 호주 등지에서 원주민들과 함께 생활하며 연구했다. 그는 이렇게 단언한다.

"내가 접한 모든 문화권의 사람들은 이용 가능한 산업 제품을 강하게 원했다. 비물질주의적 문화라는 것은 신화에 불과하다고 확신한다."[18]

이런 소비 속에서 우리는 또 다른 특징을 발견할 수 있다. 그것은 계획적 진부화 때문이 아니라 인간의 본성에 깊숙이 자리한 '익숙한 것에 싫증을 느끼고 새로운 것에 끌리는 성향'이다. 대기업이 막대한 비용을 들여 마케팅을 펼친 것도 아닌데 우리는 시간이 지나면 기존의 이름에 싫증을 느끼고 새롭고 신선한 이름을 찾는다. 오늘날 어린이집에서 불리는 이름을 한번 살펴보라. 우리는 흔치 않으면서도 너무 특이하지 않은 이름을 찾으려 한다. (그래서 종종 조부모 세대에서 유행했던 이름을 빌려 오는데, 이렇게 하면 향수를 불러일으키면서도 동시에 새롭고 신선한 느낌을 줄 수 있기 때문이다.)

모든 것에 유행이 존재하는 이유는 상업적인 이유라기보다 진화적 이유에 가깝다. 우리는 안전함을 느끼고 싶으면서도 새로운 경험을 원하고, 흥미로워 보이고 싶지만 너무 괴짜처럼 보이고 싶지는 않다. 남들과 차별화되고 싶지만 동시에 공동체에서 소외되고 싶지는 않다. 그래서 머리 스타일과 옷을 조금씩 바꾸기는 하지만 극단적인 변화는 피한다. 우리는 남들과 다르고 싶지만 너무 달라서는 안 된다. 이런 균형은 끊임없이 변하며, 결국 다른 사람들이 무엇을 하는지에 따라 달라진다. 모두가 자신의 취향을 미세하게 조정해 가는 과정에서 패션이 형성된다. 우리가 변덕스럽기 때문에 기업이 돈을 버는 것이지, 기업이 돈을 벌기 위해 우리를 변덕스럽게 만드는 것은 아니다.[19]

그렇다. 나도 안다. 이 모든 것이 터무니없이 피상적이고 유치하다는 것을. 다른 사람의 소비는 늘 우스꽝스러워 보이지 않는가? 나는 비싼 시계나 빠른 차에 감탄하는 사람들이 꽤 민망하게 느껴지고, 주방을 그렇게 자주 리모델링해야 하는 이유나 소파에 쿠션을 잔뜩 올려놓는 이유도 이해하지 못하겠다. 하지만 한편으로 나는 집 안의 모든 벽을 책으로 가득 채우고 세계 문학에 둘러싸인 순간을 즐긴다. 그리고 우리 집을 방문하는 사람들이 가장 자주 하는 말은 '이렇게 많은 책이 정말 필요한가요? 요즘은 다 온라인에 있지 않나요?'라는 질문이다.[20] 인정한다. 내가 좋아하는 책의 초판본을 소유할 필요는 없었을

지도 모른다.

이것이 하나의 관점이다. 우리는 너무 쉽게 다른 사람들의 행동과 허영을 깎아내리고 그들이 하찮은 소비에 빠져 있다고 생각한다. 그렇기에 자유 시장 경제 속에서 살아가는 것이 얼마나 다행인가. 우리가 원하지 않는 소비를 기꺼이 건너뛸 수 있으니까.

웹 자본주의가
우리에게 미치는 영향

그 어떤 산업도 기술 산업만큼 빠르게 명성을 잃은 적이 없다. 불과 몇 년 전만 해도 기술 기업은 혁신적이고 창의적인 존재로 여겨졌지만, 이제는 우리의 자율성을 팔아넘기고 현실을 외면하게 만드는 음흉한 독점 기업으로 인식되고 있다. 이들은 강력한 네트워크 효과를 활용할 수 있다.

페이스북에 사람들이 많기 때문에 나도 가입해야 하고, 내가 가입하면 플랫폼은 더욱 필수적인 존재가 된다. 그럼 페이스북은 더 많은 데이터를 확보하고, 이를 통해 서비스와 광고를 더욱 정밀하게 타깃팅할 수 있다. '데이터는 새로운 석유'라는 말처럼 소셜 미디어, 검색 엔진, 지도 서비스, 전자 상거래, 결제 앱, 스트리밍 서비스, 앱 기반 택시 서비스 등 디지털 서비스의 성공은 성공을 낳는다.

동시에 소셜 미디어에 대한 논의는 점점 어두운 방향으로 흐르고 있다. 한때 민주주의의 구원자로 여겨졌던 소셜 미디어는 이제 민주주의를 위협하는 존재로 간주된다. 비판하는 사람들 중 절반은 플랫폼이 콘텐츠를 지나치게 검열한다고 비난하고, 나머지 절반은 혐오와 거짓 정보가 무분별하게 확산되도록 방치한다고 불평한다.

좌파는 소셜 미디어가 극우의 음모론과 가짜 뉴스가 퍼지는 공간이라고 비판하고, 우파는 그것이 정치적으로 올바른 좌파들이 만들어낸 '캔슬 컬처(cancel culture, 유명인이 사회적 규범에 어긋나는 행동을 했을 때 대중이 그들을 비난하고 그들의 사회적 지위를 박탈하려는 문화*)'의 산물이라고 비난한다. 어떤 사람은 애플이 과도한 요금을 부과한다고 분노하고, 또 어떤 사람은 페이스북과 구글이 요금을 받지 않는다는 이유로 불만을 제기한다('당신은 고객이 아니라 상품이다'라는 말처럼).

가장 낙관적으로 보더라도 소셜 미디어는 시간 낭비에 불과하다. 최악의 경우, 이는 사회를 양극화하고, 필터 버블을 만들며, 외로움과 사회적 압박을 조장하는 기계일 뿐이며, 우리의 시선을 광고에 고정시키기 위해 존재하는 시스템이라는 것이다.

그러나 이런 기업에 대한 평가와 상관없이 우리가 이들의 플랫폼에 얼마나 몰려들고 있으며, 어떤 점을 매력적으로 여기는지를 보면 이들이 엄청난 가치를 창출했다는 사실을 부정할 수 없다.

한 인터뷰 기반 연구에 따르면 우리가 흔히 사용하는 디지털 서비스가 사라질 경우, 사람들은 이를 대체하기 위해 상상조차 하기 어려운 금액을 지불할 의사가 있는 것으로 나타났다. 검색 엔진이 사라질 경우 사람들은 연평균 1만 8,000달러를, 이메일 서비스에는 8,000달러를, 디지털 지도 서비스에는 3,600달러를 지불할 의향이 있다고 답했다. 만약 이 세 가지 서비스만 미국 1인당 국내 총생산에 반영된다면, 평균적인 미국인은 갑자기 50% 더 부유하게 보일 것이다.[21] 즉 이 거대 기술 기업들은 어마어마한 가치를 지닌 제품을 거의 공짜로 제공하고 있는 셈이다.

맞다, 다시 한번 반복하자면 '당신이 돈을 내지 않는다면, 당신이 곧 상품이다'. 이 말은 우리 모두가 수도 없이 들었고 나 역시도 자주 한 말이다. 하지만 내가 수만 달러라도 기꺼이 지불했을 서비스를 단지 이전보다 조금 더 내게 적절한 광고를 보는 대가로 이용할 수 있다면 꽤 괜찮은 거래라고 할 수 있다. 대부분의 사람도 그렇게 생각하는 것처럼 보인다. 그렇지 않다면 이용하지 않으면 그만이다.

개인의 차원에서 우리가 이미 알고 있는 것을 비판가들도 이해할 필요가 있다. 진정성의 문제는 분명 심각한 사안이지만 모든 것이 완벽할 수 없다는 점, 그리고 삶에서 언제나 절충이 필요하다는 점을 인정해야 한다. 나 역시 내 정보가 너무 많이 노출되는 건 원하지 않지만, 반대로 온라인 쇼핑몰이 내가 지난번에 뭘 샀는지 기억하지 못하고 다시 찾아봐야 하는 상황이 되면 짜증이 난다.

개인적으로는 사용자가 자신의 데이터를 직접 통제하고 우리가 방문하는 웹 사이트의 데이터 관리 방식을 체계적으로 감독하는 정보 은행 같은 시장이 형성되는 것이 바람직한 방향이라고 생각한다. 유럽 연합의 개인 정보 보호 규정처럼 투박한 규제가 아니라 말이다. 개인 정보 보호 규정은 결국 우리가 웹 서핑할 때 아무런 생각 없이 상자에 동의 체크만 하게 만들었을 뿐이다.

토론의 장에서는 그렇게 안 느껴지겠지만, 인터넷을 통한 커뮤니케이션의 민주화라는 희망은 실제로 실현됐다. 이제 사람들 대부분이 전 세계의 거의 모든 정보에 접근할 수 있고 자신의 목소리를 낼 수 있으며 전 세계의 친구, 동료, 마음이 맞는 사람들, 그리고 연인을 찾을 수 있게 됐다. 이는 말 그대로 혁명이다.

허나 이제 실망감이 광범위하게 퍼진 이유는 사회 진보적인 인터넷 선구자들이 '자기들과 생각이 같은 사람들이 공적 대화를 주도하게 될 것'이라고 가정했기 때문이다. 그들은 누구나 자유롭게 말할 수 있게 되면 그들과 같은 가치를 공유하지 않는 사람들 역시 목소리를 낼 수 있다는 점을 간과했다. 여기에는 민족주의자와 백신 반대론자들도 포함된다.

기존 언론에서 주변부로 밀려나 있었던 이들은 디지털 공간에 더 큰 투자를 할 이유가 있었고, 실제로 그렇게 했다. 이를테면 2008년 오바마 캠프가 소셜 미디어와 맞춤형 광고를 통해 유권자의 마음을 얻었을 때, 많은 언론인이 감동의 눈물을 흘렸다. 하지만 2016년 트럼프 캠프가 비슷한 전략을 사용했을 때는 거의 치면에 가까운 교묘한 조작이라며 비난했다. (물론 이 비판은 트럼프의 주요 지지층이 인터넷 사용률이 가장 낮은 시골 지역의 고령층이었다는 사실과 잘 들어

맞지 않는다. 실제로 트럼프는 소셜 미디어 사용자들 사이에서 오히려 이전 공화당 후보였던 밋 롬니보다 지지율이 낮았다.)[22]

커뮤니케이션 기술에 대한 논의는 너무 자주 '이 기술이 우리 모두를 라테를 마시는 온순한 자유주의자로 만들 것인가, 아니면 외국인을 배척하는 반동주의자로 만들 것인가'라는 양극단적 시선에 매몰돼 왔다. 하지만 만약 이 기술이 단지 '우리가 원래 어떤 존재였는지'를 드러냈을 뿐이라면 어떨까? 그것이 긍정적인 방향이든 부정적인 방향이든 말이다.

물론 그렇다고 해서 이 모든 것이 바람직하다는 뜻은 아니다. 우리 자신이 완전히 소화하지 못한 가정과 편견을 대중 앞에 드러내게 된 것이 반드시 문명적 진보라고 보기는 어렵다. 다만 우리가 곧 '식탁에서나 나눌 법한 이야기를 디지털 대중 매체에 올리는 것은 삼가야 한다'는 교훈을 배우기를 바랄 뿐이다.

인터넷이 멍청이들로 가득 차 있다고 불만을 느낀다면 그런 사람들은 예전에도 항상 존재했음을 떠올려야 한다. 단지 이전에는 그들이 당신의 시야에 들어올 일이 별로 없었을 뿐이다. 또 당신이 그렇게 느끼는 이유가 트위터 같은 곳에서 벌어지는 정치 싸움판을 너무 자주 보기 때문일 수도 있다. 그곳에서는 서로 다른 정치 진영의 투사들이 자기 부족에게 잘 보이기 위해 복잡성과 미묘함은 물론 문명적 태도조차 포기하고 과시적 언행에 집중한다. 세상의 대다수 사람에게 그런 싸움은 무의미하다.

그들은 인터넷을 통해 자신과 비슷한 사람들을 찾고 자신이 관심 있는 분야에 몰두한다. 지역 환경, 조류학, 스팀펑크(SF의 한 장르*), 축구, 잘 조리된 볶음밥, 보트 모터 수리하기, 레너드 코헨의 해적판 음반, 러시아의 우크라이나 침공에 대한 최신 분석 등 관심사는 제각각이다. 혹은 그저 레드와인 소스를 만드는 법, 지퍼 고치는 법, 연례보고서를 읽는 법, 얼룩을 지우는 법, 장례식 복장을 갖추는 법을 빠르게 배우기 위해 인터넷을 사용한다. 그뿐만 아니라 인터넷은 우리를 아이디어, 문화, 연구, 이야기, 음악이 가득한 우주와 연결시켰다. 약간의 광기를 감수할 가치가 있을지도 모른다.

우리가 온라인에서 '필터 버블'에 갇힌다는 이야기가 많지만, 사실 우리는 예전보다 훨씬 더 다양한 반대 의견에 노출되고 있다. 왜냐하면 특정 분야에서 관심사를 공유하는 사람들이라고 해서 다른 분야에서도 반드시 같은 생각을 갖고 있는 것은 아니기 때문이다. 우리가 얼마나 반대 의견으로부터 고립돼 있는지를 측정한 지표에 따르면, 아침 신문을 읽는 사람이 온라인에서 뉴스를 소비하는 사람보다 더 고립돼 있으며, 직장, 이웃, 가족이야말로 더욱 획일화된 의견의 버블이라고 한다. 가장 최악의 에코 체임버는 바로 당신의 주방 식탁이다.[23]

미국의 정치적 양극화는 종종 소셜 미디어 탓으로 돌아가지만, 실제로 이 현상은 소셜 미디어가 생기기 전부터 시작됐고 트위터나 페이스북보다는 라디오 토크쇼와 케이블TV에 더 많은 시간을 보내는 고령층 세대가 주도했다. 스탠퍼드대학교와 브라운대학교 연구자들이 서구 9개국을 분석한 결과, 이 중 5개국에서는 오히려 양극화가 감소하고 있었으며, 이들 모두가 미국보다 인터넷 사용률이 더 높은 국가였다.[24]

물론 온라인에는 쓸모없는 정보도 많다. 어떤 것이 커질수록 그 안에 있는 쓰레기의 양도 늘어난다. 또한 모든 주제에 대해 서로 대립하고 충돌하는 정보들이 갑자기 넘쳐나면 단순한 답을 원하는 일부 집단에게 위험한 반작용을 불러올 수도 있다. 이들은 '한 번만, 확실하게, 있는 그대로' 말해 주는 누군가를 갈망한다.

그렇다면 음모론과 증오 발언은 도대체 어느 수준까지 플랫폼에서 정리돼야 할까? 우리는 여전히 플랫폼에 남아 있는 거짓말과 괴롭힘을 본다. 동시에 정작 아무 문제가 없고, 풍자적이거나 심지어 시급한 메시지(또는 사람)는 퇴출당하는 것도 본다. 일부 사람들은 이를 두고 해당 기업이 무능하거나 심지어 악의적이라고 말한다.

하지만 나는 이것이 그저 매우 어려운 일이라고 생각한다. 어떤 내용이 예의 바르고 건전한 사회의 기준에서 명백히 벗어났더라도, 그런 사람들을 더욱 증오에 찬 지하 온라인 환경으로 몰아넣는 것이 과연 더 나은 방법인지에 대해서는 여전히 명확한 해답이 없다. 이 문제에는 복잡하고 어려운 균형 조정이 필요하다. 우리는 다양한 해결책을 시도해 봐야 한다. 대형 테크 기업들을 해체하거나, 정부 기관이 이 업무를 넘겨받거나, 소규모 플랫폼 수백 곳이 이를 맡게 된다고 해서 이 과제가 더 쉬워질 것이라는 근거는 어디에도 없다.

물론 우리는 모든 정보에 항상 접근할 수 있는 이 환경이 우리 아이들에게 어떤 영향을 미치는지에 대해 특별히 주의 깊게 살펴야 한다. 페이스북에서 유출된 한 보고서에 따르면 10대 소녀들 중 4%가 인스타그램이 자신을 더 나쁘게 느끼게 만든다고 답했다.[25] 하지만 그와 동시에 같은 보고서에서는 약간 더 많은 비율인 9%가 인스타그램이 자신을 더 긍정적으로 느끼게 만든다고 응답했다는 점은 크게 주목받지 못했다.

소셜 미디어에는 분명 사회적 압박과 괴롭힘이 존재한다. 하지만 그런 문제는 학교에도 마찬가지로 존재한다. 우리는 이런 문제를 인식하고 해결해 나갈 수 있다. 그것이 곧 소셜 미디어나 학교 자체가 존재해서는 안 된다는 결론으로 이어질 필요는 없다. 실제로 10대 청소년의 81%는 소셜 미디어 덕분에 친구들과 더 강한 공동체 의식을 느낀다고 응답했으며, 68%는 상황이 어려울 때 자신을 지지해 주는 사람들이 있다는 느낌을 소셜 미디어를 통해 받는다고 말했다. 대다수는 소셜 미디어가 자신을 배제하고 불안하게 만드는 것이 아니라 오히려 소속감과 자신감을 준다고 답했다.[26]

이 모든 것은 매우 복잡하다. 우리는 인터넷을 더 잘 활용하고 그 부정적인 효과를 줄이기 위해 많은 학습과 실험을 거쳐야 할 것이다. 하지만 나에게 기술 산업의 사회적 순효과에 대한 논쟁은 한 83세의 장애를 가진 미망인과 대화를 나눈 순간에 이미 결론이 났다. 그녀는 스크린 타임에 대한 이론적 논쟁 따위에는 전혀 관심이 없었다. 그녀는 이렇게 말했다.

"나는 내 컴퓨터를 사랑해요. 알고 싶은 건 뭐든 구글에 물어볼 수 있잖아요. 절대 외롭지 않아요."

빅 테크가 계속
선두 자리를 지킬 수 있는 이유

기술 기업들의 기여에 대한 평가와는 별개로 그들이 선두 자리를 공고히 하고, 소규모 경쟁 업체들을 인수하며, 다른 기업들은 도전조차 하지 않게 되는 '혁신의 그림자'를 만들어 낼 위험이 존재한다. 어쩌면 더 나은 경쟁자가 있을 수 있지만, 우리는 그들에게 기회를 주지 않는다. 새로운 서비스를 배우고, 데이터를 옮기며, 충분한 수의 사용자가 함께 이동하도록 설득하는 데 드는 비용이 너무 크기 때문이다.

"우리 시대를 지배하는 소셜 네트워크가 독점 지위를 잃게 될 날이 올까?"

〈가디언〉의 기술 칼럼니스트는 이렇게 질문한다. 그 가능성은 희박하다.

"이 플랫폼은 경제학자들이 '자연 독점'이라고 부르는 상태에 빠르게 다가가고 있다. 사용자는 자신의 정보를 올리는 데 이미 엄청난 사회적 자본을 투자했기 때문에 다른 사이트로 옮길 가치가 없다. 게다가 새로운 사용자가 추가될수록 이 네트워크는 상호 작용의 장으로서 더욱 가치가 커지기 때문이다."

하지만 이론적으로 아무리 어렵다고 해도 실제로는 누군가가 더 나은 것을 제공하면 독점을 깨는 일이 가능하다는 사실은 입증돼 있다. 우리가 이 사실을 아는 이유는 위 인용문이 오늘날 페이스북을 가리킨 것이 아니라 2007년에 작성된 글로서 당시 절대 지위를 누리던 마이스페이스에 대한 설명이기 때문이다.[27]

지금처럼 새로운 경쟁자가 시장에 진입하기 어려운 일처럼 여겨지는 상황에서도 그 일이 실제로 자주 일어난다는 점은 기적과 같다. 오늘날의 GAFAM(구글, 아마존, 페이스북, 애플, 마이크로소프트) 빅테크 기업들이 얼마나 새로운 기업들인지 되돌아보면 알 수 있다.

내가 《세계 자본주의를 옹호하며》의 스웨덴어 초판을 집필하던 2001년 당시, 구글은 창립 3년 차의 신생 기업이었다. 기업 공개(IPO)까지는 아직 3년이 남아 있었고, 당시에는 야후, 알타비스타, MSN 서치 같은 검색 엔진 대기업들과 치열하게 경쟁 중이었다. 〈포춘〉의 1998년 3월 기사 제목은 '야후가 어떻게 검색 전쟁에서 승리했는가'였다. 그 보도에서는 많은 사람이 야후가 다음 '아메리카 온라인(AOL)'이 될 수도 있다고 믿는 내용을 담고 있었다.[28] 실제로도 유사점이 있다. 야후와 AOL은 이후 모두 통신 회사 버라이즌에 인수됐고, 막대한 손실을 본 끝에 약 50억 달러에 다시 매각됐다.

그 당시 아마존은 적자를 면치 못하는 신생 온라인 서점이었다. 그보다 1년 전, 명망 높은 투자 은행 리먼 브라더스는 아마존이 무능하고 돈을 계속 잃고 있으며, 아마 1년 안에 파산할 것이라고 경고했다. 그리고 8년 후, 파산한 쪽은 리먼 브라더스였다.

2001년 당시 마크 저커버그는 페이스북을 시작하려고 하버드를 중퇴하지 않았다. 그는 아직 하버드에 입학조차 하지 않은 상태였기 때문이다. 당시 소셜 네트워크의 강자들은 식스디그리즈, AIM, 프렌스터, 그리고 무엇보다 마이스페이스였다. 마이스페이스는 너무나도 핫한 플랫폼이어서 2006년 구글이 이 네트워크와 3년짜리 광고 계약을 체결한 것이 구글에게 일종의 돌파구로 여겨졌다. 계약은 보노와 토니 블레어 같은 인물들이 참석한 펩블비치의 호화로운 파티에서 성사됐다. 구글은 마침내 큰손들 사이에 끼게 된 것이다.

반면 애플은 개인용 컴퓨터 시대의 베테랑이었지만, 오랜 위기를 겪은 후 빠르게 변화하는 시장에서 초기의 지배적 위치가 얼마나 무의미한지를 상징하는 기업이 됐다. 하지만 스티브 잡스가 복귀했고, 2001년 말 출시된 아이팟은 애플에 새로운 희망을 안겨 줬다. 2003년, 애플은 마침내 연간 기준으로 소박한 흑자를 기록했다. 인플레이션을 고려한 그해의 연간 수익은 현재 애플이 14시간 만에 벌어들이는 수익과 비슷한 수준이다. 하지만 이런 변화는 애플이 모바일 폰 시장을 혁신한 이후에야 가능해졌다. 당시 휴대폰 시장은 노키아가 지배하고 있었다.

2007년 10월, 〈포브스〉는 이렇게 물었다.

"10억 명의 고객. 과연 누가 휴대폰의 왕을 따라잡을 수 있는가?"

'어느 휴대폰 회사도 노키아만큼 사람들이 휴대폰을 어떻게 사용하는지 잘 알지는 못한다'는 것이 중론이었고, '노키아는 인터넷과 동의어가 될 역사적 기회를 갖고 있다'고 평가받았다.[29] 물론 마이크로소프트도 오래 존재한 회사였지만, 모바일 인터넷으로 전환하는 시기를 놓쳤다. 이후 개인용 컴퓨터 운영 체제 중심의 사업 모델을 거의 완전히 바꿔 애플과 안드로이드 제품에서도 작동하는 클라우드 기반 서비스로 전환한 후에야 다시 회복세에 접어들 수 있었다.

미국 언론인 로비 소아브는 그의 저서 《Tech Panic(테크 패닉)》에서 이렇게 썼다.

"만약 내가 고등학교를 졸업한 2006년, 미래에서 온 누군가가 '앞으로 몇 년 안에 마이스페이스, AOL 인스턴트 메신저, 혹은 MSN 핫메일 이메일 주소가 더는 필요하지 않게 될 것'이라고 말했다면, 나는 내가 사고로 죽지 않는 이상 그런 일은 일어나지 않는다고 생각했을 것이다."[30]

새로운 거대 기업들이 과거의 선도 기업들보다 더 안전한 위치에 있다고 믿을 이유는 없다. 이들이 더 낫고, 더 저렴하거나, 더 흥미로운 새로운 제품과 서비스를 계속해서 출시하는 한 사용자들은 계속 몰려들 것이다. 하지만 사용자들과는 달리 이들이 공짜로 얻는 것은 없다. 우리는 종종 이 기업들을 무엇을 하든 성공하는 돈 찍어 내는 기계처럼 생각하지만, 그것은 우리가 그들이 현재 판매하고 있는 베스트셀러만 보기 때문이다. 혹시 아마존의 파이어폰, 구글 글래스, 마이크로소프트의 준 뮤직 플레이어를 기억하는가? GAFAM 기업들이 출시한 수많은 제품이 실패한 이유는 그 제품들이 재미없거나, 이미 존재했거나, 너무 복잡하거나, 못생겼거나, 비싸거나, 혹은 그저 황당했기 때문이다.

마이크로소프트는 음악 스트리밍 서비스인 그루브 뮤직, 스마트 스피커 인보크, 피트니스 밴드인 마이크로소프트 밴드, 아이패드의 복제품이라 불린 서피스RT 등으로 성공을 거두지 못했다. '빙(Bing)'이라는 단어는 여전히 '구글하다(Google)'만큼 보편화되지 못했다. 마이크로소프트의 모바일 폰 킨은 심각하게 실패했고 그 후속으로 출시된 윈도우폰 역시 실패했다. 마이크로소프트는 상황을 반전시키기 위해 2013년 노키아의 휴대 전화 부문을 인수했지만, 이 시도는 마이크로소프트의 모바일 부문에 새 생명을 불어넣기는커녕 노키아를 죽이는 결과로 이어졌다.

페이스북도 아마 2013년에 시도했던 모바일 시장 진출을 잊고 싶어 할 것이다. 당시 페이스북은 '페이스북 홈'이라는 인터페이스를 탑재한 전용 스마트폰을 출시했는데, 이 제품은 출시 한 달 만에 가격이 99달러에서 99센트로 떨어졌다. 페이스북은 아마도 검색 엔진 '그래프 서치', 사진 공유 앱 '페이스북 포크'와 그 후속작 '슬링샷', 그리고 '페이스북 크레딧', '페이스북 딜스', '페이스북 오퍼스', 페이스북 암호 화폐 '리브라' 등도 기억에서 지우고 싶을 것이다.

아마존 역시 시장의 반응이 좋지 않아 포기해야 했던 프로젝트 목록이 길다. 자체 스마트폰인 '파이어폰', 사진 서비스 '스파크', 게임 '크루서블', '아마존 월렛', 패션과 유아용품을 판매하던 자회사들, 경매 사이트, 음식 배달, 티켓 판매, 여행사, 팝업 스토어에 대한 시도들이 그 예다.

구글은 새로운 영역에 진출하는 데 강점을 보이지만, 소셜 네트워크 분야만큼은 예외였다. 구글은 '오르컷', '구글 버즈', '구글 플러스'를 차례로 만들고 종료했다. 트위터를 흉내 낸 '자이쿠', 위치 기반 서비스 '닷지볼', 백과사전 프로젝트 '놀', 게임 플랫폼 '구글 라이블리', 최근에는 게임 스트리밍 서비스 '구글 스타디아', 협업 도구 '구글 웨이브', 미디어 플레이어 '넥서스', 디지털 할인 쿠폰 북 '구글 오퍼스' 역시 같은 운명을 맞았다. 한때 큰 기대를 모았던 구글 글래스는 이제 '무엇에 쓰는 물건인가' 코너에나 나올 법한 제품이 됐다.

애플은 스티브 잡스가 복귀하기 전 거의 파산 위기에 처했던 기업이지만, 잡스 체제 아래에서도 몇 가지 실수가 있었다. 예컨대 소셜 네트워크 '핑', 스테레오 스피커 '아이팟 하이파이', 스마트 스피커 '홈팟', 그리고 '파이어와이어' 같은 연결 규격이 그 예다. 파이어와이어는 USB보다 성능이 좋았지만 너무 비쌌다. 가장 부끄러운 사례는 아마도 '애플 지도' 앱일 것이다. 초기 비전은 버그가 많고 미완성이라 CEO 팀 쿡이 공식 사과를 해야 했고, 분노한 사용자들에게 경쟁사의 제품을 쓰라고 권장해야 할 정도였다.

이처럼 거대 기업들에서 수많은 실패 사례가 나오는 것은 이상한 일이 아닙니다. 실패는 새로운 방식으로 다시 시작하게 해 주며 그 과정에서 교훈을 얻는다. 성공적인 기업들은 어떤 것이 효과가 있는지 없는지를 이해하기 위해 끊임없이 수많은 실험을 한다.

그리고 이것이 핵심이다. 이런 기업들이 새로운 제품이나 서비스에 성공하는 이유는 규모가 크기 때문이 아니다. 오히려 그들이 조금이라도 완성도가 떨어지는 무언가를 내놓는 순간 마케팅에 수백만 달러를 쏟아붓더라도 세간의 조롱을 피할 수 없다. 반대로 이들이 거대해진 이유는 수많은 대안보다 더 뛰어난 제품과 서비스를 끊임없이 만들어 왔기 때문이다. 페이스북은 마이스페이스보다 더 빠르고 광고가 적으며, 사용자들이 사이트에서 원하는 것에 끊임없이 적응해 나갔기 때문에 성공할 수 있었다. 구글이 처음 등장했을 당시 가장 유명했던 검색 엔진 세 곳은 각자 자신의 이름조차 검색하지 못했다.

문제는 이런 기업들이 얼마나 더 오랫동안 혁신을 지속하며 경쟁력을 유지할 수 있느냐는 것이다. 나는 많은 사람이 예상하는 것보다 훨씬 더 빨리 이들이 흔들릴 수 있다고 생각한다. 왜냐하면 한때는 선두 자리를 차지했던 AOL, 디지털 이큅먼트 코퍼레이션, 알타비스타, 팜, 블랙베리, 노키아, 넷스케이프, 야후, 마이스페이스, 컴팩, 코닥 같은 기업들이 기술 패러다임이 한번 바뀌자 살아남지 못하는 모습을 직접 봤기 때문이다. 우리가 인지하기도 전에 또 다른 자랑스러운 대기업의 이름이 그 목록에 추가될 수 있다.

안타깝게도 이런 대기업의 시대가 끝나 가고 있음에도 우리가 그들의 지위를 더욱 공고히 해 주는 방식이 있다. 아이러니하게도 그것은 바로 우리가 그들을 통제하기 위해 만든 규제들이다. 복잡한 규제는 기존 대기업들에게는 전문 인력으로 구성된 부서가 처리할 수 있는 일일 뿐이다. 하지만 직원 수가 적고 자본이 부족한 스타트업에게는 그 규제가 직접적인 진입 장벽으로 작용한다. 미국 경제를 대상으로 한 연구에 따르면 시장 집중도가 가장 크게 증가한 분야는 규제가 가장 빠르게 증가한 분야였다.[31]

이런 맥락에서 우리는 페이스북이 최근 '통신품위법 230조'를 폐지하자는 입장을 보이는 이유를 이해할 수 있다. 이 조항은 미국 내 플랫폼들이 자사 사이트에 타인이 게시한 콘텐츠를 법적 책임 없이 자유롭게 조정(모더레이션)할 수 있게 한다는 규정이다. 만약 이 조항이 폐지되면 플랫폼들은 증오 발언이나 괴롭힘 같은 콘텐츠에 대해 조치를 취할 수 없게 된다. 극도로 엄격한 검열이 사전에 이뤄지지 않는다면, 문제적 게시물이 올라갔을 때 법적 책임을 져야 한다.

마크 저커버그가 해당 조항의 폐지를 공개적으로 논의하기 시작하자 일부에서는 그가 마침내 깨달음을 얻고 페이스북에 대한 감시가 더 강화돼야 함을 인정한 것이라고 해석했다. 그러나 실제로는 경쟁사의 비용을 높이기 위한 오래된 전략의 최신판일 뿐이다. 공개된 게시물들을 거의 실시간으로 읽고, 검토하고, 조정하는 것은 페이스북처럼 6만 명의 직원과 인프라를 갖춘 기업에게도 매우 비용이 많이 드는 일이다. 그러나 저커버그에게 더 중요한 사실은 이런 일을 작은 경쟁 업체들은 아예 감당조차 할 수 없다는 점이다. 만약 마이스페이스가 이 같은 규정을 이행할 수 있었다면 지금도 여전히 시장에서 주도권을 쥐고 있었을지도 모른다. 그리고 보노와 토니 블레어는 여전히 해변 파티에 참석하고 있었을지도 모른다.

내가 정말로 두려워하는 것은 정부와 대기업이 지나치게 밀착되는 상황이다. 정부가 기업의 지위를 더 점점 보호해 주고, 그 대가로 기업이 정치 권력자들이 선호하는 방식에 맞춰 사업 운영과 행동을 조정하는 식의 관계 말이다. 사회의 다양한 영역 사이에는 서로를 견제하고 균형을 이루는 건강한 긴장감이 존재해야 하며, 그를 통해서만 사회가 개방적이고 분권화된 시스템으로 작동할 수 있다. 그러나 정부와 대기업이 한편이 되는 순간 그 피해는 결국 작은 참여자들이 고스란히 떠안게 된다.

데이터는 모래다

대형 플랫폼이 무적이라고 생각하는 이유 중 하나는 데이터 자체가 가치 있는 자산이라고 오해하기 때문이다. 그러나 데이터는 '새로운 석유'가 아니라 '새로운 모래'다. 모래 자체는 그리 가치가 크지 않는다. 하지만 모래를 실리콘으로 가공하는 등 제대로 정제하면 데이터 칩같이 생산력이 매우 강력해질 수 있다. 데이터도 마찬가지다. 웹과 디지털화의 돌파구가 열린 이후, 우리는 거의 모든 곳에서 정보 과잉의 시대에 살고 있다. 그 자체로는 별다른 가치를 갖지 않는다. 하지만 이를 정제하고 분석하고 분류하면 사람들이 찾는 것을 효과적으로 찾아낼 수 있는 새로운 정보나 연결고리를 발견할 수 있다. 그리고 이는 수익을 창출하는 수단이 된다. 이것은 엄청난 노력, 막대한 투자, 끊임없는 혁신이 필요한 과정이다.[32]

따라서 단순히 많은 데이터를 보유하고 있다는 것만으로 누구도 절대적인 우위를 점할 수는 없다. 오히려 그 반대일 수도 있다. 이는 요아킴 베른베리가 디지털 패러독스에 대해 탐구한 흥미로운 연구를 통해 알 수 있다.[33] 물론 시장이 크면 규모의 경제를 실현할 수 있어 더 나은 서비스를 더 저렴한 가격에 제공할 수 있게 된다. 그런 경우에는 기업이 그만큼 성장하도록 허용하는 것이 소비자에게 이롭다. 우리는 이를 통해 혜택을 누릴 수 있다. 하지만 동시에 규모의 불경제도 존재하며, 이것이 기업이 확장하는 데 한계가 된다. 지능적이고 개인화된 매칭이 플랫폼의 가치를 만들어 내는 데 큰 부분을 차지하기 때문에 플랫폼이 너무 붐비고 시끄러워질 수 있다. 모두가 그곳에 몰리면 오히려 원하는 사람을 찾기가 더 어려워질 수 있다.

예를 들어, 젊은 세대가 부모와 같은 플랫폼을 사용하기 꺼려 하거나, 데이팅 앱이 지나치게 일반적이고 무미건조해지는 등의 의도치 않은 결과가 발생한다. 그럴 때는 자신의 개성과 일부 관심사를 더 잘 표현하고 생각이 비슷한 사람들과 더 정확하게 연결되는 좀 더 좁고 독특한 플랫폼에 대한 수요가 생긴다.

따라서 경쟁이 또 하나의 대형 플랫폼에서 나올 것이라고 기대해서는 안 된다. (페이스북이 두 개나 있어 봤자 사용자에게 어떤 이득이 있을지는 명확하지 않다.) 경쟁은 많은 소규모의 틈새 플랫폼에서 등장할 것이다. 또 다른 흥미로운 시사점도 있다. '혁신의 그림자'는 실제 존재한다. 대기업은 소소한 개선에 더 많이 투자할 수 있고 작은 경쟁사의 아이디어를 빠르게 모방할 수 있다. 이 때문에 벤처 자본가와 기업가가 대기업이 이미 활동하고 있는 분야에 투자할 유인이 줄어든다.

하지만 요아킴 베른베리는 이것이 역설적으로 좋은 일이라고 본다. 이는 우리가 이미 가진 것과 비슷한 영역에 자원이 낭비되지 않고, 기존 비즈니스 모델에 쉽게 통합될 수 없는 급진적이고 파괴적인 혁신에 자원이 집중된다는 뜻이기 때문이다. 이는 두 번째 페이스북이나 좀 더 색다른 이모티콘을 얻는 것보다 훨씬 더 우리 모두에게 유익한 일이다.

시장 선두 기업이 조금 더 오래 정상의 자리를 유지하는 한 가지 방법은 유튜브, 인스타그램, 오큘러스, 딥마인드처럼 작고 혁신적인 기업을 인수하는 것이다. 어떤 이는 이것을 마치 늙은 흡혈귀가 젊고 생기 있는 스타트업의 피로 수명을 연장하는 것처럼 거의 부정행위로 보기도 한다.

그러나 이는 중요한 '노동의 분업'이다. 기존 기업들은 기존의 사업 모델을 방어하는 데 집중하는 동안 근본적인 혁신을 하기 어렵다. 새로운 기업들은 시장에 대한 이해, 투자할 자본, 규제 시스템을 다룰 능력, 제품을 개발하고 마케팅하고 판매할 인프라가 부족한 경우가 많다. 화이자와 바이오엔테크가 백신 개발을 위해 협업했던 것처럼 이들이 힘을 합치면 진정한 혁신이 빠르게 현실화돼 실제 제품으로 이어질 수 있다.

핵심은 누가 했느냐, 왜 했느냐가 아니라 그것이 실제로 구현되어 소비자에게 이득이 되느냐다. 인수라는 기회가 존재함으로써 발명하고, 개발하고, 창업하려는 동기도 더욱 강화된다. 지뢰밭을 혼자서 전부 돌파할 필요는 없다. 지뢰밭 너머 어딘가에 있는 누군가에게 있다고 평가받을 가능성만 있어도 되는 것이다.

이 논의에는 마치 우리가 휴가지에서 겪는 인터넷 연결 문제처럼 지연되기도 하고, 종종 끊기기까지 한다. 많은 사람이 대형 플랫폼을 넘볼 수 없는 독점 기업으로 보기 시작할 무렵, 이들은 처음으로 실질적인 경쟁에 직면했다. 지난 5년간 온라인 광고, 클라우드 서비스, 앱 스토어, 비즈니스 소프트웨어, 차량 호출 서비스 등에서 선도 기업의 시장 점유율은 실제로 줄어들었다. 동영상 스트리밍과 음식 배달 시장에서는 선도 기업이 시장의 4분의 1 이상을 잃기도 했다.[34]

여기에는 비교적 새로운 기업들의 등장이 어느 정도 작용했다. 팬데믹 기간 동안 우리는 기존 기업들의 영상 서비스가 아닌 줌을 사용했다. 스냅챗과 틱톡은 기존의 소셜 미디어들이 노쇠해 보이게 만들었다. 아무리 새로운 진입자가 기존의 강고한 거물들을 흔들 수 없다고 말해도, 틱톡은 페이스북이 사용자 10억 명을 확보하는 데 걸린 시간의 절반인 단 4년 만에 그 숫자에 도달했다. 세일즈포스는 클라우드 서비스 분야에서 점점 더 공격적인 모습을 보이고 있으며, 캐나다의 쇼피파이는 5년 만에 미국 전자 상거래 시장에서 점유율을 70분의 1에서 10분의 1로 끌어올렸다. 페이팔은 온라인 결제 시장에서 점점 더 중요한 기업이 되고 있다.

이뿐만 아니라 오랫동안 오프라인에 머물렀던 기존 대기업들도 온라인에 본격적으로 진입하고 있다. 디즈니는 스트리밍 시장에 진입했고, 월마트와 타깃을 비롯한 각국의 유통 대기업들 또한 온라인 쇼핑에 막대한 투자를 하고 있다. 아마존은 이베이나 지역 경쟁자들과 끊임없이 경쟁 중이다.

GAFAM 기업이 느긋하게 앉아 돈만 세고 있다고 생각한다면 이들이 직면한 치열한 경쟁 압박을 제대로 이해하지 못한 것이다. 이 거대 기업들은 서로를 끊임없이 견제하고 감시해야만 한다. 마이크로소프트와 알파벳(구글의 모회사*)은 클라우드 서비스를 두고 아마존과 경쟁하며, 이는 가격 인하 압박으로 이어졌다. 아마존, 애플, 마이크로소프트는 온라인 광고 시장에서 구글과 페이스북에 맞서고 있다. 페이스북은 아마존에 맞서기 위해 '페이스북 숍스'를 시작했다. 애플TV와 아마존 프라임은 동시에 넷플릭스를 추격하고 있다.

〈이코노미스트〉의 계산에 따르면, GAFAM 기업들의 수익 중 경쟁사와 겹치는 비중은 2015년 22%에서 2022년에는 38%로 증가했다.[35] 보다 본질적인 수준에서는 애플이 자사 아이폰 사용자들에게 특정 기업의 온라인 추적을 피할 수 있는 옵션을 제공함으로써 광고에 의존하는 경쟁자들을 더욱 어렵게 만들고 있다.

게다가 빅테크의 눈부신 성장은 낮은 금리와 호황장이 맞물린 시기에 이뤄졌다. 이 기업들은 앞으로 훨씬 더 어려운 시기를 맞이할 것이다. 내가 이 장을 마무리하던 시점에 이처럼 무적이라 여겨졌던 기업들의 최신 실적이 발표됐다. 2022년 11월, 매출 성장 둔화와 주가 폭락 속에서 아마존은 약 1만 명의 직원 해고 계획을 발표했고, 구글 역시 같은 조치를 준비 중이라는 보도가 나왔다. 마이크로소프트는 그해 여름 이후 세 번째 정리 해고를 단행했고, 애플은 신규 채용을 동결했다. 페이스북의 모회사 메타 역시 전체 인력의 10%를 감축했다.

검색 서비스를 장악한 어떤 기업이 당신이 무엇을 보고, 생각하고, 구매하는지를 통제할까 봐 두렵다면, 그 기업에게는 또 다른 80억 명의 경쟁자가 있다는 점을 상기할 필요가 있다. 어떤 정보를 알아보거나, 타인의 의견을 듣거나, 무엇을 생각하고 해야 할지 혹은 무엇을 살지에 대해 추천을 구하는 가장 일반적인 방법은 사실 구글이나 페이스북에 묻는 것이 아니라 친구나 지인에게 물어보는 것이다. 빅테크가 이룬 가장 위대한 성과는 바로 이런 조언을 주고받는 형태를 그 어느 때보다 쉽게 만든 것이라는 점이다.

6장

정부 주도 vs. 시장 주도

혁신과 성장은 어디에서 시작되는가?

> 시장은 언제나 가장 효율적인 경제적 결과에 도달하겠지만
> 때때로 가장 효율적인 결과는 공동선과 국가 이익에 반할 수 있다.
>
> **공화당 상원 의원 마르코 루비오**[1]

성공적인 기업, 혁신, 성장은 매우 중요하다. 그렇다면 이처럼 중요한 것을 시장에만 맡겨도 괜찮은 걸까? 우리가 조금 도와줘야 하지 않을까?

이탈리아계 미국인 경제학자 마리아나 마추카토는 정치인과 정부 기관의 자문 위원회에 수없이 참여했다고 자신이 소개되자 "사실은 그런 위원회가 30개쯤 더 있어요"라고 답했다. 그녀가 이렇게 많은 곳에서 환영받는 것은 당연하다. 그녀가 주장하는 핵심 논지는 그녀의 고객인 정부와 공공 부문이 바로 발전의 주역이라는 것이다. 내가 생각하는 세계관에서는 기업이 혁신과 성장을 하고 그것이 공공 부문에도 가능하게 한다. 하지만 마추카토는 정반대의 입장이다. 그녀는 국가가 연구와 혁신에 자금을 지원하고 개발하며, 민간 기업은 그 성과

를 활용해 수익성 있는 제품을 만든다고 주장한다.

그녀가 만든 다이어그램 중 하나는 특히 유명하다. 정부가 아이폰을 구성하는 거의 모든 핵심 기술을 우리에게 제공했다고 주장하는 것이다. 그녀의 관점은 정부가 우주 비행사를 달에 보낼 수 있었다면, 카리스마 있는 정치인과 비전을 가진 관료들이 올바른 방향을 제시하고 필요한 기술과 솔루션에 자금을 지원하기만 하면 다른 대부분의 문제도 해결할 수 있다는 것이다. 그런 다음 지식이 상업화되고 새로운 혁신이 탄생한다고 말한다. 그래서 우리 사회의 다양한 문제들을 해결하기 위해 '문샷(moonshots, '달 탐사선 발사'를 뜻하는 단어지만, 동시에 담대하고 도전적인 프로젝트를 의미하기도 한다.*)'과 '미션 지향 혁신'이 필요하다고 주장한다. 그녀는 이렇게 설명한다.

"무엇보다도 하나의 미션은 대담하고 영감을 주는 것이어야 하며, 사회 전체에 광범위하게 관련돼야 한다. 인류의 삶을 직접 개선할 수 있는 야심 찬 해결책을 개발한다는 의도가 명확해야 하고 사람들의 상상력을 자극해야 한다."[2]

기업의 혁신과 성장이
정부에서 시작된다고 주장하는 사람

2008년 세계 금융 위기를 거치며 적극적인 산업 정책은 다시 인기를 얻었다. 각국 정부는 '승자'를 선별해 자금을 지원하고 특정 기업과 프로젝트를 밀어주는 방식으로 경제적 우위를 점하려고 했다. 팬데믹과 러시아의 우크라이나 침공을 계기로 각국이 자국 공급망을 걱정하게 되면서 이 같은 관점은 더 많은 지지를 받았다.

공익을 위해 자원을 동원할 수 있다고 믿는 기술 관료적인 정치인들과 더 나아가 국가보수주의자들도 이 흐름에 합류했다. 그들은 야심 찬 산업 정책이 양질의 제조업 일자리를 창출하는 데 그치지 않고, 미래 산업 분야에서 서방이 우위를 점하고 그들의 기술 시스템이 중국과의 지정학적 경쟁에서 살아남기 위한 필수 조건이라고 본다. 중국 공산당은 미래 기술을 전략적으로 설계하고, 이 기술이 '메이드 인 차이나'가 되도록 체계적으로 계획한다고 알려져 있다.

마추카토는 이 분야에서 체계적인 연구보다는 다양한 이야기를 동원해 정부의 개입과 성공 사례를 보여 주는 방식을 택한다는 이유로 다른 학자들의 비판을 받았다. 그녀가 나열한 사례들은 전체적인 효과에 대해 제대로 설명하지 못한다. 게다가 그녀는 많은 이야기를 왜곡한다.

학술 논문에서 크리스티안 산스트룀은 마추카토가 스마트폰의 모든 핵심 기술을 이야기하면서 트랜지스터, 집적 회로, 디지털 이미지 센서 등 상업적 이해관계에 의해 개발된 수많은 기술을 언급하지 않는 것은 매우 오해의 소지가 있다고 비판한다. 또한 그는 마추카토가 정부가 개발했다고 주장하는 마이크로프로세서, LCD 화면, 셀룰러 기술 등이 사실은 민간 기업에 의해 개발됐다고 지적한다.[3] 그녀가 제시하는 증거는 입증되지 않았으며, 그 또한 조작된 경우가 있다는 것이다.

하지만 마추카토의 아이디어에는 보다 근본적인 문제가 있다. 그것은 바로 혁신에 대한 지나치게 순진한 관점이다. 그녀가 달 착륙 이야기를 반복해서 꺼내는 것도 이상할 게 없다. 달 착륙은 그녀가 선호하는 '미션 지향' 방식에 딱 들어맞는 성취이기 때문이다. 즉 대통령이 목표를 설정하고, 나사(NASA)가 계획하고 조달하여 실행에 옮기고, 그 과정에서 기술 발전이 자극된 것이다. 매우 명확한 목표가 있었고, 특정 역량을 확보하는 데 초점이 맞춰져 있었으며, 정치적 의지가 강력했기 때문에 예산이 지속적으로 초과돼도 무시될 수 있었다. 하지만 혁신은 대부분 이런 방식으로 일어나지 않는다.

마추카토가 좋아하는 또 다른 사례는 역시나 인터넷이다. 이는 체계적이고 선견지명이 있는 권위 기관이 미래의 해법을 제시하고 실현할 수 있음을 보여 주는 강력한 예시로 자주 인용된다. 인터넷은 군사 연구 기관인 DARPA(이전에는 ARPA로 불렸다)에 의해 개발됐으며, 마추카토는 이 기관을 특히 좋아한다. 왜냐하면 DARPA는 '항상 공격적이고 미션 지향적'이었기 때문이다. 마추카토는 인터넷의 개발에 이런 접근이 필수적이었다고 주장한다. 오직 "국가만이 모든 역경을 무릅쓰고 불가능한 것에 대해 생각할 용기를 가졌다"라고 그녀는 말한다. 즉 핵전쟁에서도 살아남을 수 있는 통신 시스템을 만들겠다는 개념이다. 정부만이 인터넷이라는 가능성을 상상할 수 있었고, 정부만이 이를 끝까지 밀고 나갈 비전과 자원, 인내심을 갖추고 있었다는 것이다. ARPANET(Advanced Research Projects Agency Network), 즉 훗날 인터넷이 되는 이 프로젝트는 "국가의 대대적인 추진력이 필요했다"라고 그녀는 말한다.[4]

이야기는 그럴듯하지만, 실제로는 그렇지 않았다. 컴퓨터 간 네트워크에 대한 아이디어는 1960년대 여러 곳에서 동시에 떠오르기 시작했다. 왜냐하면 대학과 민간 기업들이 다양한 형태의 정보 기술을 개발하고 있었기 때문이다. 1963년 J.C.R. 리클라이더는 BBN이라는 회사에서 '은하 간 컴퓨터 네트워크'를 제안했는데, 이 아이디어는 훗날 인터넷의 기반이 되는 여러 기술적 해결책을 포함하고 있었다. 같은 시기, 민간 싱크탱크인 랜드 연구소의 폴 바란도 분산 통신 네트워크에 대한 제안을 내놓았다.

리클라이더가 이후 ARPA에서 일하게 됐을 때 주요 메인 프레임 컴퓨터들을 연결하는 네트워크를 만드는 데 관여했다. 이 프로젝트가 1969년에 ARPANET이 됐고 이는 훗날 인터넷의 선구자가 된다. 그러나 이 프로젝트는 군사적 필요와는 아무런 관련이 없었다.

프로젝트의 동기는 그의 상사였던 로버트 테일러가 컴퓨터 여러 대를 동시에 사용하기 위해 각기 다른 터미널 사이를 돌아다니고 다른 로그인 절차를 거쳐야 하는 것이 너무 번거롭고 시간이 많이 걸린다는 불만에서 비롯됐다. 이 문제는 시간을 많이 소모하게 했고, 다른 연구자들과 협업도 어렵게 만들고 있었다. 이 프로젝트의 시작은 마추카토가 주장하는 것처럼 나사식의 전략 위원회나 비전 있는 5개년 계획 같은 것과는 전혀 관계가 없었다. 테일러는 곧장 ARPA 국장에게 가서 컴퓨터를 연결하는 작업을 시작해도 되겠느냐고 물었다. 국가가 모든 역경을 뚫고 '불가능한 일'을 해내기 위해 대규모 계획을 세운 것과는 거리가 멀게도 테일러는(완전히 진실은 아니었지만) 이렇게 말했다.

"이미 어떻게 할지 알고 있습니다."

그러자 그의 상사는 '훌륭하네, 당장 시작하게'라고 말했고 그에게 자금을 쥐어 줬다. 그 미팅은 20분 만에 끝났다.[5]

테일러가 직접 밝힌 바에 따르면 "ARPANET은 전쟁을 염두에 두고 만들어진 것이 아니며 인터넷도 아니었다."[6] (이 창조 신화의 다른 많은 부분처럼 다양한 시점에서 수많은 사람이 여러 방식으로 활발히 관여했던 만큼) 이 주장 역시 논쟁의 여지가 있지만 테일러는 진정한 인터넷, 즉 네트워크들의 네트워크가 처음으로 만들어진 것은 1975년 제록스에서였다고 믿는다. 이때 그들의 이더넷이 ARPANET에 연결되면서 비로소 인터넷의 형태가 갖춰졌다는 것이다.

정부는 ARPA를 통해 물품 조달과 연구 자금을 제공하는 방식으로 여러 방면에서 관여했다. 하지만 그 결과는 공공 자금이 의도치 못한 운 좋은 부산물이지, 카리스마 넘치는 리더들이 대규모 프로젝트를 이끄는 미션 지향형 혁신의 전형과는 완전히 달랐다. 정부가 '불가능한 것을 상상했다'는 이야기는 사실이 아니다. 어느 대통령도 '우리는 디지털 글로벌 네트워크로 소통하기로 결정했다'는 연설을 한 적이 없고, 국방부가 '대규모 국가 프로젝트로 전 세계적인 컴퓨터 네트워크를 만들겠다'는 비전을 담은 계획서를 발표한 적도 없다. 그리고 그 누구도, 심지어 테일러 자신조차도 단지 여러 터미널을 오가기가 귀찮다는 이유로 시작한 일이 세계를 어떻게 바꿀지는 전혀 예상하지 못했다.

최근에 마추카토는 인터넷이 왜 발명됐는지에 대한 자신의 이야기를 수정했다. 최신 저서에서는 더 이상 인터넷이 핵전쟁에서 살아남기 위해 만들어졌다고 주장하지 않고, 대신 '위성이 통신할 수 있도록' 만들어졌다고 서술하고 있다.[7] 흥미로운 점은 그녀가 또 틀렸다는 사실 자체가 아니라 항상 같은 방식으로 틀린다는 것이다. 그녀는 늘 '중요한 계획'과 '대규모 국가 프로젝트'가 있었을 거라고 믿는다.

1989년의 한 인터뷰에서 인터넷의 선구자 로버트 테일러는 마추카토가 직접 그 아이디어를 공식화하기 훨씬 전부터 그런 생각을 정면으로 반박했다. 마추카토는 ARPA가 언제나 '공격적이고 미션 지향적이었다'고 주장하지만, 테일러는 자신이 ARPA를 떠난 이후 미국 정치인이 점점 더 미션 지향적 자금 지원에 집중했으며, 그 결과 연구의 질이 엄청나게 약화됐다고 말한다. 테일러는 혁신이란 본질적으로 실용적인 문제를 하나씩 해결해 가는 과정에서 지식이 점차 확장되고, 새로운 기회를 발견하고, 결국 완전히 새로운 세상을 우연히 창조하는 것이라고 믿었다. 그는 다음과 같이 말했다.

"만약 정치인이 특정한 방식으로 특정한 결과를 요구하는 식의 미션 지향적 정책을 당신이 그대로 따른다면, 당신은 진정한 진보를 이룰 수 있는 기회를 수도 없이 놓칠 것이다. 우리가 수년 동안 해 온 일의 상당 부분은 그렇게 우연히 발견했다. 우리는 그것을 계획해서 해낸 것이 아니었다."[8]

마추카토의 주장과는 달리 군이나 정치권이 승자를 선택한 것이 아니었다. 그들은 리클라이더, 테일러와 다른 사람들이 무엇을 하고 있는지 전혀 알지 못했다.

사실 미 국방부는 그보다 몇 년 앞서 이미 유사한 아이디어를 받아들일 기회가 있었다. 랜드 연구소의 폴 바란은 1963년에 이런 네트워크가 군사적 공격을 견딜 수 있다는 주장을 펼치며 자신의 아이디어를 미 공군에 제안했다. 따라서 그 아이디어를 꿈꾼 쪽은 정부가 아니다. 오히려 정부가 그 아이디어를 외면한 셈이었다. 바란과 만난 사람들은 그 개념을 높이 평가했지만, 국방부 내 권력 투쟁의 결과로 이 프로젝트는 국방통신청으로 넘어갔고, 그곳은 이 분야에 대한 기술 전문성이 전혀 없었기에 프로젝트는 더 이상 진행되지 않았다.

바란은 "그들은 디지털 기술이나 첨단 기술 개발에 이해도 없고, 열정도 부족했기 때문에 이 일을 망칠 것이 거의 확실하다고 느꼈다"라고 회상했다.[9] 그는 결국 신청을 철회하고 이후 몇 년간 이 아이디어를 공개적으로 퍼뜨리는 데 전념하며 영감의 중요한 원천이 됐다.

이런 상황에도 마추카토가 인터넷에 대한 공을 '비전 있는 정부'에

돌리려 한다. 이는 그녀의 주장이 단지 정부가 그 과정의 어디든지 관여했기 때문에 결국 성과도 정부 덕분이라는 식으로 축소된다는 것을 보여 준다. 하지만 정부가 그 과정을 이해하지도 못했고, 그런 결과를 원한 적도 없었다는 점에서 이는 아폴로 프로젝트 같은 미션 지향형 혁신과는 전혀 다른 이야기다.

마추카토는 인터넷의 탄생에 대해 여러 잘못되고 모순된 주장을 반복할 뿐만 아니라 인과 관계를 보여 주지 않고 단지 연관이 있었다는 이유로 찬사를 보낸다. 사실상 어떤 혁신적인 기술 기업의 창업자가 공립 대학 출신이라는 사실만으로도 그녀는 이를 근거 삼아 정부가 혁신의 주체이며 민간은 단지 기생할 뿐이라는 결론을 내린다.

그러나 혁신은 아이디어를 떠올리고 버튼을 누르면 발명품이 나오는 어린이 프로그램 같은 방식으로 이뤄지지 않는다. 기술사에 대한 매트 리들리의 야심 찬 저작 《혁신에 대한 모든 것(How Innovation Works)》은 위대한 돌파구는 정부의 계획이나 고립된 천재로부터 나오는 것이 아니라 다양한 분야와 활동 사이에서 끊임없이 교차하는 지적 생태계에서 비롯된다는 점을 설득력 있게 보여 준다. 혁신은 협력, 우연, 영감, 즉흥성으로 엮인 복잡한 거미줄 위에 놓여 있으며, 커다란 도약은 예상치 못한 조합과 우연에서 비롯되기도 한다. 다시 말해, 모든 혁신은 수많은 사람과 기관이 다양하게 관여한 결과다.[10]

마추카토식의 '연관성에 의한 찬사'를 적용한다면, 정말 많은 대상에게 찬사가 돌아가야 할 것이다. (리클라이더와 바란뿐만 아니라 수

많은 이가 어떤 형태로든 글로벌 디지털 네트워크에 대한 희망을 품고 있었다.) 더군다나 서구 국가에서 정부가 국내 총생산의 절반 가까이를 차지하는 상황이라면 정부가 어떤 형태로든 대부분의 일에 관여하지 않을 수가 없으며, 특히 교육과 조달 면에서는 더더욱 그렇다. 그러나 이는 단순히 '아이디어를 떠올리고 버튼을 누른다'는 것과는 다르며, 그저 버튼을 조금 더 자주 누르면 더 많은 혁신이 나온다는 식의 이야기도 아니다.

이런 논리를 마추카토식으로 적용한다면 정부 대신 포르노 산업을 주인공으로 한 책을 쓸 수도 있을 것이다. 생각해 보자. 포르노 산업이 여러 기술이 발전하는 데 결정적인 역할을 했다는 것은 이미 널리 알려진 사실이다. 인쇄기, 사진, 영화, 비디오 스트리밍, 온라인 결제 시스템, 채팅 기능, P2P 공유, 가상 현실 등은 많은 경우 성적 욕망을 충족시키기 위한 수단으로 개발되고 확산됐다.

과학 사학자 조너선 쿠퍼스미스는 다음과 같이 말한다.

"소재만 제외한다면, 포르노 산업은 새로운 기술을 성공적으로 빠르게 개발하고 채택하고 확산시킨 산업으로 공공의 찬사를 받을 수 있을 것이다."[11]

정부가 할 수 있는 일 중에 포르노 산업이 할 수 없는 일이 있는가? 그리고 이 산업은 국내 총생산의 절반을 손에 쥔 것도 아니고 기껏해야 몇 퍼센트도 안 되는 자원만을 갖고 있음에도 정보 기술의 거의 모든 혁신에 손을 댄 바 있다. 만약 내가 산업 정책을 옹호하는 신봉자 중 한 명이라면 이 사실을 근거로 포르노 산업에 세금을 쏟아부어 기술 혁신을 자극해야 한다고 주장할지도 모른다. 하지만 그것은 마추카토의 시각과 똑같은 방식으로 잘못된 주장이다. 왜냐하면 그런 혁신은 포르노 산업의 연례 위원회 회의에서 나오는 것이 아니라 다양한 혁신가와 산업 간의 경쟁, 그리고 변화하는 소비자의 수요 속에서 이뤄진다. 즉 혼란스럽고 끊임없이 변화하는 상호 작용의 결과다.

정부가 주도해 성공한 산업 정책 뒤에 가려진 것

1980년대 이후 경제학자들이 산업 정책을 회의적으로 바라보게 된 이유는 신자유주의 때문이 아니었다. 오히려 실망감 때문이었다. 산업 정책은 대규모로 시행됐지만, 그 결과는 처음 가졌던 기대와 전혀 달랐다.

1960년대와 1970년대 미국 연방 정부의 혁신 프로그램은 '성공 사례라고 보기 어렵다'고 경제학자 린다 코헨과 로저 놀, 그리고 처음에는 산업 정책에 대해 긍정적 태도를 보였던 다른 경제학자 세 명이 평가했다. 이들은 여섯 가지 야심 찬 연방 프로젝트에 대한 비용 편익 분석을 수행했는데, 그중 단 한 개 프로젝트만이 '시도할 가치가 있었다(나사의 통신 위성)'고 판단했다. 나머지 네 가지 프로젝트는 '거의 수준 미달의 실패'로 판정됐다.[12] 그들이 쓴 책 제목은 《The Technology Pork Barrel(기술 포크 배럴, 정치인들이 표를 얻기 위해 벌이는 선심성 예산 정책을 의미함*)》이었다. 이 제목은 많은 프로젝트가 성공적이어서가 아니라 정치인들이 지역구 유권자에게 보여 주기 위해 계속 유지됐다는 점을 상징한다.

스웨덴 기업에 대한 지원을 평가한 연구에서는 수혜 기업의 생산성, 매출, 고용 인원수, 고학력자나 연구원 비율 등의 지표에서 통계적으로 유의미한 효과가 나타나지 않았다. 연구자들이 발견한 유일한 긍정적 효과는 보조금을 받은 소규모 기업들이 그렇지 않은 기업들보다 첫해에는 매출이 더 높았다는 것이다. 산업 정책은 '문샷'이라기보다는 '혈당 스파이크'에 가까웠다. 연구자들은 다음과 같은 결론을 내렸다.

"긍정적인 효과가 없다는 점은 우려스럽다. 선택적인 기업 지원에는 직접적인 행정 비용, 기업 내 이익 추구 행태의 조장, 경쟁 왜곡 등의 비용이 수반되기 때문이다."[13]

정부가 창업과 혁신을 적극적으로 자극할 수 있는 방법에 관한 책을 집필하기 시작했던 경제학자 조쉬 러너는 그 과정이 너무 실망스러워서 책 제목을 《Boulevard of Broken Dreams》, '꿈이 부서진 거리'라고 지었다. 마추카토처럼 러너 역시 산업 정책이 성공적으로 작동한 사례들을 인정한다. 특히 이미 알려지고 검증된 기술을 따라잡기 위해 산업 정책을 활용하는 개발 도상국의 사례가 그렇다. 하지만 그는 그보다 더 중요한 관점을 지적했다.

"정부가 개입해 효과적이었던 사례 하나에는 아무런 성과 없이 막대한 공공 지출만 낭비된 수십 개, 심지어 수백 개의 실패 사례가 존재한다."[14]

달 착륙이 공공 주도의 혁신에 관한 논쟁에서 그토록 특별한 영예를 얻은 이유는 명확하다. 그것은 실제로 성공한 몇 안 되는 사례였기 때문이다. 1960년대 이후의 수많은 공공 혁신 시도들은 이와 달리 실패로 끝났다. 암, 고속 배양기, 석탄을 이용한 합성 연료 생산, 프랑스와 영국의 콩코드 여객기, 미니텔(프랑스에서 사용된 PC 통신 서비스*), 수많은 조선소와 제철소 프로젝트, 그리고 오늘날의 독일 에너지 전환 정책, 옥수수 기반 에탄올, 지방 정부들의 수소 정책, 셀룰로오스로 연료를 만드는 시도 등 닉슨 대통령의 온갖 전쟁은 그리 성공적이지 못했다.

아마 당신은 유럽이 구글의 지배를 끝내겠다며 야심차게 추진했던 검색 엔진 '콰에로'를 기억할지도 모른다.

"우리는 공격적으로 나아가 대대적인 노력을 기울여야 한다. 그렇지 않으면 '내일의 권력'을 잃을 것이다."

2005년 4월, 자크 시라크 프랑스 대통령은 독일 총리 게르하르트 슈뢰더와 함께 이 프로젝트를 발표하며 이렇게 선언했다.[15] 그러나 수많은 정치인, 기업, 연구 기관이 참여한 거대한 콰에로 컨소시엄은 정작 무엇을 검색할 것인지조차 합의하지 못했다. 결국 이 프로젝트는 다음 해에 붕괴됐다.

정치적 프로젝트는 상품과 서비스를 파는 것보다는 자신을 포장하고 홍보하는 데 더 능숙하다. 정치인들은 뒤처지지 않기 위해 남과 똑같은 산업 정책을 펼쳐야 한다고 믿기 때문에 정치권 바깥에서는 불안과 걱정 어린 시선으로 그들을 바라본다. 유럽이 콩코드를 개발하자 닉슨은 미국도 초음속 여객기를 가져야 한다고 주장했다. 공화당 정치인 뉴트 깅그리치는 미니텔이 프랑스를 '세기말까지 세계 최고의 정보 처리 사회'로 만들 수 있다고 믿었고, 미국 정부도 비슷한 일을 해야 한다고 주장했다.

검색 엔진 컨설턴트 브래드 팰런은 2006년 3월 〈이코노미스트〉와의 인터뷰에서 "콰에로가 구글보다 앞서 있다"라고 말했다. 이는 콰에로가 무엇을 만들지도 모르는 상황에서 나온 말이었다.[16] 그리고 오늘날 서구 정치인들은 중국의 중앙 집중식 혁신 전략에 뒤처지지 않기 위해 '승자 선정 전략'을 따라야 한다고 믿고 있다.

새로운 산업 정책은 종종 과거의 산업 정책과 대조돼 만들어진다. 이제는 낡고 시대에 뒤처진 산업 구조를 억지로 유지하는 것이 아니라 새롭고 혁신적인 기업들을 장려하겠다는 것이 그 핵심이다. 그러나 사실 이는 예전에도 똑같이 그렇게 홍보됐던 이야기다. 실패한 프로젝트들이 마치 애초부터 사양 산업을 지키기 위한 것처럼 보이는 것은 결과가 나온 후의 해석일 뿐이다. 대부분의 프로젝트는 당시 기준으로 최첨단 기술을 활용한 문샷이었으며, 장기적으로는 상업적 성공이 가능할 것이라는 희망 속에 진행됐다.

이제 우리는 그 프로젝트들이 어떻게 실패했는지 알고 있다. 따라서 적극적인 산업 정책에 관한 새로 나온 책들에서는 그런 실패 사례들을 찾아볼 수 없다. 저자들은 늘 이번에는 다를 것이라는 인상을 주고 싶기 때문이다. 다만 단 한 명 예외가 있다.

마리아나 마추카토는 실제로 독일의 에너지 전환을 언급한다. 이는 2010년부터 시작된 독일의 원자력 폐쇄와 재생 에너지 투자 프로젝트로, 초창기에는 그녀가 '통합 전략을 실행하는 모범 사례', 즉 현대판 달 착륙 프로젝트라고 높이 평가했던 것이다. 하지만 최근 들어 마추카토조차도 이 프로젝트에 심각한 문제가 있다는 점을 인정하며, 주로 좋은 의도를 칭찬하는 데 그치고 있다. (그녀는 이 프로젝트의 자문 역할을 맡았기 때문에 이 사안을 누구보다 잘 알고 있다.)[17]

의도를 기준으로 산업 정책의 성공 여부를 평가한다면 앞으로도 그 어떤 정책이든 항상 대성공일 것이다. 하지만 결과를 중시하는 사람들에게 새로운 산업 정책은 오히려 엄청난 실패에 가깝다. 2019년 독일 감사원은 지난 5년간 에너지 전환에 1,600억 유로가 투입됐으며 그 비용은 "성과에 비해 극단적으로 불균형적"이라고 지적했다.[18]

모든 것을 국가 주도로 상층부에서부터 바꾸려는 시도는 전력 시스템 전체에 불안정성과 불확실성을 초래했다. 특히 원자력 폐쇄는 오히려 석탄 발전의 비중을 증가하는 역설적 결과를 낳았다. 정부의 대대적인 개입 결과, 독일은 다른 유럽 국가들보다 이산화탄소 배출량을 더 적게 줄였고, 그마저도 막대한 세금과 유럽 연합 최고 수준의 전기 요금을 감수하면서 얻은 성과였다.

내가 에너지 전문가 디터 헬름에게 독일 에너지 전환 정책의 세 가지 목표 탄소 배출 감축, 경쟁력 강화, 에너지 안전성 확보에 대해 물었을 때, 그는 이렇게 짧게 답했다.

"하나가 실패하면 정치인들이 해명하면 되는 문제죠. 그런데 셋 다 실패했다면, 그건 꽤 대단한 성과입니다."[19]

스웨덴 왕실이 만든 바사호, 나랏돈을 버는 복지 기업가들

물론 모든 혁신 과정에는 실패가 따라온다. 민간 부문도 예외는 아니다. 오히려 실패가 전혀 없다면 그만큼 위험을 감수하지 않았다는 뜻이다. 그러나 공공의 지원이 개입하면 실패에서 성공으로 자원을 옮기는 데 필요한 핵심 메커니즘들이 대부분 사라진다. 민간 프로젝트는 언제나 손실을 원치 않는 소유주, 자금 제공자, 고객들로부터 냉혹하고 정직한 피드백을 받는다. 비용, 매출, 수익, 기업 가치 등의 수치가 끊임없이 흘러들어 오며 무엇이 효과적인지, 무엇이 아닌지를 명확히 보여 준다.

공공 프로젝트도 피드백을 받긴 하지만, 자신의 돈을 걸고 투자하는 금융인이나 선택의 자유가 있는 고객들로부터 받는 것이 아니다. 정치인과 관료들은 시장에서 경쟁하지 않는다. 이는 곧 그들이 기회와 위험을 다루는 경험이 부족하다는 것을 의미한다. 또한 자신의 자원을 투자하는 것이 아니기 때문에 장기적으로 창출해야 할 가치가 무엇인지를 굳이 찾아낼 이유도 없다. 정치인들은 특정 프로젝트에 이념적인 이해관계를 갖고 있으며 중요 유권자나 후원자와 관계를 유지하거나, 눈에 띄는 성과라고 과시하거나, 임기 중 사진 찍을 기회를 만들거나 일자리 창출 효과를 확보한다. 그리고 자신의 지역구에 최대한 많은 투자를 유치하기를 원한다. 그들은 경제적, 기술적 논리를 거스르더라도 역사에 이름을 남기고 싶어 한다.

관료들은 자주 정치적으로 수요가 있는 요소들로 체크 리스트를 작성해 이에 부합하는 지원 대상자를 찾는 역할을 맡는다. 그리고 결과보다는 재정 집행 그 자체가 성과의 기준이 된다. 스웨덴 에너지청의 한 전직 관계자는 '예산을 집행할 때마다 케이크를 잘라 축하했다'고 회상했다. 즉 성과보다 예산 소진이 중요했던 것이다. 한 해의 예산을 다 쓰지 않으면 다음 해 배정액이 줄어들고 인력 확충도 어려워진다. 이 관계자는 '신뢰할 만한 신청서가 들어오면 승인한다. 그런 신청서가 없다면 그나마 신뢰할 만한 걸 선택한다'는 것이 그들의 운영 원칙이었다고 설명했다.[20]

이런 분위기에서는 프로젝트 평가가 모호해지고, 예스맨들이 보상을 받으며, 문제는 덮이고, 비판자는 소외된다. 그렇기 때문에 정부 주도의 기술 개발 이야기는 종종 1628년 첫 항해에서 1킬로미터도 못 가고 침몰한 스웨덴 왕실의 전함 바사(VASA)호처럼 끝나 버린다. 왕의 성급한 지시와 구체적인 사양에 따라 만들어진 결과다. 달에 사람을 보낸 나사(NASA)와는 정반대의 결과다.

전반적으로 정부는 대부분 다른 누구도 주목하지 못했던 놀라운 기회를 발견하는 데 실패하고, 대신 최신 유행을 따라간다. 거기에는 온갖 유행어가 넘쳐나고, 최고급 음식이 제공되며, 내성적인 엔지니어보다는 멋진 스타트업 창업자들과 어울릴 수 있는 자리가 있다. 화려한 비즈니스 잡지처럼 정부도 IT 산업에서 생명 공학으로, 다시 게임 산업, 녹색 기술, 그리고 지금은 '진짜 남자들을 위한 진짜 제조업'으로 관심을 옮겨 간다.

조쉬 러너가 2009년에 책을 집필할 당시, 미국 49개 주가 바이오테크 회사를 유치하기 위한 클러스터 프로그램을 운영 중이었다. 지금쯤이면 나머지 한 주도 따라 했을 것이다. (그리고 만약 그중 하나가 성공한다면 마추카토는 다음 책에서 반드시 이 사례를 '정치인이 꿈꾸지 않았더라면 일어날 수 없었던 놀랍고 불가능한 프로젝트'로 소개할 것이다.)

정치인이 생산 체계의 실질적 결함을 발견하고 이를 해결하려 할 때도 있다. 예컨대 반도체 분야처럼 말이다. 하지만 그 결함은 공급망이 붕괴됐기 때문이 아니라 수요가 급증했기 때문이다. 실제로 현재 반도체 생산과 수출은 사상 최고 수준이다. 유럽 연합이나 백악관이 수십억 달러의 보조금을 투입하려는 것도 결국 순수한 상업적 동기로 이미 해결되고 있는 문제에 기업 복지를 얹어 주는 셈이다. 모든 확장 계획이 현실화됐을 때 과잉 공급은 더 커질 수밖에 없다.

독일의 반도체 제조사 인피니언은 이런 모순적인 상황을 의도치 않게 폭로했다. 2022년 11월 인피니언은 '사상 최대의 매출 기록'이라는 트윗을 올리며 드레스덴에 새로운 공장을 지을 계획이라고 밝혔다. 그런데 그 말끝에 희미한 위협이 붙어 있었다.

"적절한 공공 자금 지원이 있을 경우에만."[21]

모든 산업의 정책 보조금은 납세자의 돈으로 지급된다. 이는 결국 다른 기업들이 얻었을지도 모를 소비력을 빼앗는 셈이다. 더불어 노동력도 정치적으로 선호되는 프로젝트로 빨려 들어가 더 높은 수익을 낼 수 있었던 분야로의 유입이 차단된다.

보조금은 기업의 행동 방식도 바꿔 놓는다. 자유 시장에서는 기업이 언제 확장을 멈춰야 할지를 명확하게 알려 주는 강력한 신호가 존재한다. 마지막 생산 단위의 비용이 판매가보다 높아지면 이는 곧 순수한 자본 파괴를 뜻한다. 이 시점에서 사업을 바꾸거나 축소하거나 폐업하는 것이 정상적인 대응이다. 하지만 정부가 적극 개입하는 산업 정책에서는 보조금과 공동 자금 투입이 등장하며, 확장을 계속할

수록 더 많은 돈을 받을 수 있다. 이렇게 되면 자본을 파괴하는 행위조차도 합리적인 선택이 돼 버린다.

정부는 '승자'를 잘 고르지 못하지만, '패자'는 정부를 아주 잘 고른다. 여러 연구자가 이른바 '복지 기업가'라는 부류를 밝혀냈다. 이들은 사업을 조금이라도 더 오래 연명하기 위해 각종 정부 기관에 체계적으로 손을 내미는 사람들이다.[22] 이들은 소비자를 끌어당길 최고의 제품을 개발하는 데 집중하기보다는 정치인과 관료의 관심을 끌기 위한 최고의 기획서를 작성하는 데 몰두한다. 주문서를 채우는 대신 관료들에게 파블로프 조건 반사를 유도할 수 있는 유행어들로 서류를 작성하는 방법을 익힌다. 이렇게 하여 이들은 생산성이 낮고 혁신이 결여된 상태에서도 유능한 인력을 좋은 조건으로 고용한다. 그러나 이런 방식은 결국 경제 전반에서 더 효율적으로 쓰일 수 있었던 자원을 가로채는 행위다.

복지 기업가 정신은 사람들이 돈을 벌기 위해 얼마나 창의적으로 움직일 수 있는지를 보여 주는 놀라운 사례다. 그 배경에는 지방 자치 단체, 지역 당국, 국가, 유럽 연합 등 여러 수준에서 중복되고 조율되지 않는 보조금 배분 기관이 즐비하다는 현실이 있다.

1997년부터 2013년까지 총 38가지 보조금을 타낸 스웨덴 기업가는 그야말로 창의성의 정점이었다.[23] 이런 사람이 만약 보조금이 아니라 시장을 탐색할 유인을 갖고, 자본 파괴가 아닌 혁신에 대해 보상을 받는 구조 속에 있었다면 그가 국가 경제에 얼마나 기여했을지 상상해 보라.

이 모든 흐름은 결국 산업 정책을 '꿈이 부서진 거리'로 바꿔 놓는다. 더 안타까운 사실은 보다 나은 기업 환경을 조성할 수 있는 실질적이고 효과적인 방안들이 존재한다는 것이다. 예를 들면 안정적인 법, 효율적인 관료 시스템, 우수한 인프라, 건축의 자유, 양질의 교육 시스템, 자유로운 노동 이민 제도 등이다. 하지만 정치인들은 기반을 다지는 데 에너지를 쏟기보다 특정 비즈니스 모델을 직접 선정해 밀어주는 데 정치적 자본을 소비한다. 조쉬 러너가 지적했듯이, 이는 마치 식탁도 차리기 전에 메인 요리를 내오는 것과 같다. 물론 이 방식이 가장 흥미로운 활동에 집중할 수 있게는 해 준다. 그러나 이는 결국 그 '식사' 전체를 망쳐 버리는 꼴이다.

최후의 개척지

최근 출간된 《Questioning the Entrepreneurial State(기업가적 국가에 대한 의문)》이라는 책에서 혁신을 연구하는 학자 30명은 산업 정책에 상명 하달식 접근 방식의 역사는 매우 초라한 성과만을 남겼다고 지적한다. 그들은 이렇게 말한다.

"혁신 정책은 성장과 갱신을 가로막는 장벽을 제거하는 것이어야 한다. 기득권을 강화하는 데 그치기 쉬운 표적형 지원을 제공하는 것이 돼서는 안 된다."[24]

정부가 혁신에 기여할 수 있는 간접적인 방식은 존재한다. 예컨대 대학 등을 통해 지식의 개발과 확산을 위한 자금을 지원하는 것이 이에 해당한다. 정부가 이런 활동을 지나치게 지휘하려 들지 않는 한 정부나 특정 기관이 모든 것을 아는 것처럼 행동하거나, 중앙에서 미래를 설계해야 할 필요는 사라진다. 그저 똑똑한 사람들에게 자금을 지원하고 그들이 다소 엉뚱하고 예측 불가능한 방식으로 '스마트하게' 활동하도록 맡기면 된다. 이후 시장이라는 탈중앙화된 생태계가 이 통찰을 활용해 사회에 가치를 창출하는 혁신을 만들어 낼 기회를 제공하는 것만으로 충분하다.

그러나 이론 지식과 실제 응용은 동일하지 않으며, 발명은 곧 혁신이 아니다. 지식이 사회를 풍요롭게 만드는 공정과 제품으로 전환되기 위해서는 그 자체 외의 무언가가 더 필요하다. 정부가 특정 기술이나 비즈니스 모델을 촉진하려 하면 문제가 시작된다. 이 단계에서는 오히려 끊임없이 변화하는 투자자, 혁신가, 산업가, 소비자들의 생태계에서 탈중앙화된 실험이 필요하다. 이 시점에 정부가 개입하더라도 새로운 지식이 확장되지는 않는다. 오히려 정부가 하나의 경로만을 정하고 자본과 노동을 그쪽으로 끌어들이면 다양한 길을 탐색하면서 위험 지대를 우회할 기회를 차단하며, 결과적으로 지식과 가능성의 총량을 줄이는 셈이 된다.[25]

내가 여기서 직접 비판하지 않는 또 다른 형태의 혁신 정책은 바로

'상금'이다. 어떤 기술이나 연구가 중요하다고 생각한다면 그에 상응하는 인센티브를 제공하라는 것이다. 누군가가 새로운 중요 백신을 개발하거나 장거리 무선 전력 전송 기술을 구현한다면 그들은 수백만 달러를 벌 수 있다. 상금 제도는 누가 그 일을 해야 하는지, 또는 어떤 방식으로 해야 하는지를 정하지 않는다. 대신 자신이 그 과제를 해결할 수 있다고 생각하는 누구에게나 도전할 유인을 부여한다. 중요한 것은 목표를 올바르게 설정하는 일이지만, 이는 말처럼 간단하지 않다. (그리고 만약 그 목표가 정말 단순하다면 그 혁신은 어차피 매우 수익성이 높기 때문에 자연스럽게 개발됐을 가능성이 크다.)[26]

내가 지금까지 쓴 내용은 왜 연구 개발에 대한 국수주의적 태도가 어리석은지를 설명한다. 그런 태도는 특정 국가(혹은 우리와 유사한 국가들)가 특정 지식 영역이나 기술을 '소유해야 한다'는 생각에 기반한다. 그러나 우리가 정부를 통해 기초 연구나 기초 지식 축적을 지원하는 이유는 상업적 이해관계만으로는 이를 충분히 지원하기 어렵기 때문이다. 기초 연구의 성과는 경쟁자가 쉽게 접근할 수 있어 이를 독점하거나 배제하기 어렵다. 누군가가 질소를 고정하는 법, 광섬유로 빛을 전달하는 법, DNA를 자르고 붙이는 법을 알아냈다면 다른 이들이 그 지식을 사용하는 것을 막기는 매우 어렵다. 그런 발견을 시진핑의 측근이 했다고 해도 그 통찰은 금세 전 세계로 퍼져 나갈 것이다. 각국에 더 중요한 것은 그 통찰을 어떻게 활용하느냐다.

오랫동안 이런 유형의 연구에 자금을 대규모로 지원해 온 곳은 서구 세계였다. 그 결과 연구에 직접 참여하지도 않았고 비용을 부담하지도 않은 수많은 나라가 그 지식을 활용할 수 있게 됐다. 물론 요즘에는 몇몇 다른 국가들이 부상하면서 문제가 생기기도 한다. 예컨대 권위주의 국가들이 해당 연구의 성과를 군사 능력 개발이나 자국민 억압에 활용하는 경우다. 이런 경우에는 그들의 접근을 제한하기 위해 우리가 할 수 있는 일을 해야 한다. 허나 다른 나라들이 기초 연구에 참여하기 시작한다면 그들이 전 세계 지식 저장고를 채우는 데 기여하는 것이므로 우리는 오히려 기뻐해야 한다.

핵심은 우리에게 벤처 자본이 풍부하고, 에너지가 넘치는 기업가와 호기심 많은 소비자가 있다는 사실이다. 그들은 새로운 지식을 어떻게 활용할지 끊임없이 실험하면서 우리의 삶과 경제, 역량을 향상시킬 수 있는 신기술과 신제품을 개발해 낸다.

이런 일은 탈중앙화 시스템에서 가장 잘 이뤄진다. 기술 및 비즈니스 개발은 본질적으로 위험하고 예측 불가능한 과정이기 때문에 하나의 문샷이 아니라 수많은 실험의 총합이 성과를 낸다. 만약 초기 비용이 많이 들지만 장기적으로는 큰 수익을 낼 수 있는 기술이나 비즈니스 아이디어가 성공할지 의심된다면, 우리에게는 이미 그 미래 수익을 즉시 활용할 수 있는 일종의 타임머신이 있다. 바로 금융 시장이다. 은행 예금자, 주식 투자자, 벤처 캐피털리스트는 미래의 수익 일부를 얻기 위해 오늘의 소비를 기꺼이 포기한다.

특정 기술에 자금을 지원하는 정치인은 혁신 산업으로 가야 할 자원을 빼내 다른 방향으로 돌린다. 과연 그가 수많은 금융가, 기업, 연구자, 소비자보다 더 잘 알 리가 있을까? 매일 시장에서 활동하고 방대한 데이터를 보유한 사람조차 다음번에 어떤 것이 성공할지 예측하지 못한다. 페이스북, 아마존, 애플, 구글, 마이크로소프트의 수많은 실수를 보면 알 수 있다. 그렇다면 시장 바깥에서 그저 들여다보는 입장에 있는 사람이 성공을 예측할 가능성은 얼마나 될까?

어쩌면 내가 틀렸을 수도 있다. 정치인과 관료들이 우리 같은 보통 사람들보다 때때로 더 잘 알 수도 있다. 그러나 그런 경우라면 그들에게는 세금으로 조성한 자금을 투입하기 전에 자신의 돈을 먼저 투자하라고 요구해야 한다. 만약 그들이 유럽산 검색 엔진이나 셀룰로오스로 만든 에탄올이 미래라고 확신한다면 최소한 우리에게 강제로 돈을 내게 하기 전에 자신의 개인 자산부터 투입하라고 요청해야 마땅하다.

이 넓은 세상에서 다양한 호기심과 훌륭한 아이디어들이 자금을 찾아 헤매고 있다. 달 착륙 프로젝트가 발전 모델이 돼서는 안 되는 가장 중요한 이유는 사회 전체가 하나의 상위 목표에 종속돼서는 안 되기 때문이다. 어느 정치적 비전도 '무슨 수를 써서라도 해내야 한다'는 태도로 접근해서는 안 된다. 그렇게 되면 미래의 꿈과 가장 시급하다고 여기는 문제를 해결하려는 시도에 쓸 자원이 사라지기 때문이다.

달 착륙이 1969년에 이뤄진 것은 미국 정부의 프로젝트 덕분이라는 사실은 부정할 수 없다. 우주를 좋아하는 사람으로서 그 사실이 부럽게 느껴지기도 한다. 그러나 우리는 과연 무엇을 얻었는가? 우리는 달에 기지를 세우지도 않았고, 소행성 채굴도, 우주 태양광도, 우주 관광도, 화성으로의 여행도 이뤄 내지 못했다. 정치적 상징성이 중심이었던 탓에 달 착륙은 사실 잘 포장된 사진 촬영 기회에 지나지 않았고, 지속 가능한 우주 여행 인프라를 구축하려는 진지한 관심은 부족했다. 정치적 관심이 지나치게 집중된 나머지, 아폴로 프로그램의 비용은 걷잡을 수 없이 증가했다. 그 덕분에 그 프로젝트는 당시에는 가능했지만 조금만 시간이 지나도 도저히 유지될 수 없는 일이 돼 버렸다. 달 착륙이 산업 정책에 대한 새로운 희망의 상징으로 떠오른 것은 아이러니다. 우리는 실제 어떤 산업도 얻지 못했기 때문이다. 우리는 그저 달에 국기를 꽂고는 다시 돌아왔을 뿐이다. 아무도 해 본 적 없는 방식으로 그저 '담대히 집으로 돌아온' 것이다.

역설적으로 우주는 이제서야 정복되기 시작했다. 바로 민영화 덕분이다. 스페이스X, 블루 오리진, 버진 갤럭틱 같은 민간 기업들은 문샷을 노리지 않는다. 그들은 실험하고, 즉각 조정하고, 점진적인 개선을 통해 끊임없이 새로운 방법과 수익원을 찾아낸다. 이렇게 한 걸음 한 걸음 인류가 다행성 종족으로 진화하는 데 드는 비용을 줄이고 있다.

나사가 다시 달에 가기 위해 개발 중인 우주 발사 시스템은 발사 한 번에 약 20억 달러가 들 것으로 예상된다. 나사 국장이 2019년에 스페이스X의 기술을 사용하면 발사당 약 1,000만 달러로 훨씬 더 빠르고 저렴하게 달에 갈 수 있다고 말했다. 그는 미국 정치인들로부터 거센 비난을 받고 결국 발언을 철회해야 했다. 가장 강력한 비판자는 상원 세출 위원회 위원장인 리처드 셸비였다. 그는 앨라배마주 출신인데,

하필이면 그곳에 바로 우주 발사 시스템 개발을 주도하는 마셜 우주 비행 센터가 있다. 셸비는 나사에 이렇게 말한 적이 있다.

"난 나사가 하는 일에 보통 이상의 관심을 갖고 있습니다. 그리고 지역적인 이해도 약간 있죠. 여러분이 지금 하던 일을 계속하세요. 우리는 계속 자금을 댈 겁니다."[27]

결국 우주에서도 산업 정책은 효과를 발휘하지 못했다. 그렇다면 중국에서는 어떨까?

7장

중국 vs. 세계

패권 경쟁의 승자는 누가 될 것인가?

> 가끔 상상해 봅니다.
> '하루만이라도 우리가 중국이 될 수 있다면 어떨까?' 하고요.
> 경제에서 환경까지 모든 문제에 대해
> 실제로 올바른 해결책을 승인할 수 있는 나라 말입니다.
>
> 토머스 프리드먼, 2010년 5월 23일 〈미트 더 프레스〉에서

내 책《세계 자본주의를 옹호하며》는 중국어로도 번역 출간됐다. 나는 이것을 중국이 점차 개방되고 있다는 소박한 신호로 받아들였다. 하지만 나는 분명히 경계선이 존재한다는 것도 알고 있었다. 중국에서 책 홍보를 위한 투어를 다닐 때마다 나는 사복 경찰의 감시를 받았고, 그들은 내가 만나는 사람과 이동 경로를 모두 기록했다.

그 책을 쓴 이후로 내가 가장 크게 실망한 일이 있다면 그것은 바로 중국이다. 항상 긴장 상태였지만, 나는 지난 30여 년간 이룩한 중국의 경이로운 경제 발전이 언젠가 정치적 개방으로 이어지기를 바랐다. 더 부유하고 교육 수준이 높은 인구를 권위주의 체제와 함께 유지하는 것은 점점 더 어려워질 것이라고 봤다. 책에서 나는 중국 공산당의 노동 수용소, 정치범 문제, 신장 위구르족에 대한 탄압을 언급했

다. 하지만 그것은 마오쩌둥 시대의 유물로 점차 사라질 것으로 생각했다. 나는 중산층의 부상과 국제 사회의 여론이 그 체제를 점차 완화할 것이라 믿었다.

그러나 나는 완전히 틀렸다. 지난 10년 동안 중국은 정치적으로나 경제적으로나 권위주의로의 퇴행을 겪었다. 시진핑이 2012년 총서기가 된 이후 그는 권력을 자신에게 집중시키고 거의 마오쩌둥식의 정치 체제를 재현했다. 홍콩의 자유는 짓밟혔고, 신장 지역에는 강제 노동과 세뇌를 위한 거대한 수용소가 들어섰다. 중국은 남중국해에서 주변국들의 국경을 매일 시험하듯 넘나들며 대만에 군사 침공 위협 또한 끊임없이 가하고 있다.

과거에는 당의 통치 권한만 건드리지 않는다면 다양한 관점이 허용되던 시기가 있었다. 그러나 이제는 검열이 더 공격적이고 전방위적으로 이뤄지고 있다. 심지어 반체제 인사들이 해외에서 납치되기도 한다. 덩샤오핑이 강조했던 '사실로부터 진실을 찾자'는 정신은 더 이상 존재하지 않는다. 이제는 헌법에 '신시대 중국 특색 사회주의에 대한 시진핑 사상'을 공부해야 한다고 명시돼 있다.

이런 신중국식 모델이 세계에 어떤 의미이며 평화로운 공존이 가능할지에 대한 우려는 특히 미국에 중국에 대한 어두운 서사가 새롭게 자리 잡게 만들었다. 미국에서는 중국에 대한 반대가 거의 유일하게 초당적인 합의 사항이라는 말이 나올 정도다. 서사의 내용은 이렇다.

중국의 경제 기적은 공산당의 전략적 산업 정책과 서구의 순진함 덕분에 가능했다. 중국은 자국 기업을 단계적으로 육성해 세계 시장을 장악하게 만들었다. 서구가 중국의 WTO 가입을 허용했을 때 우리는 아무런 방어 수단도 없이 기술을 도둑맞고, 보조금으로 무장한 중국 제품이 우리 시장을 침범하는 상황을 맞았다. 그 결과 우리의 산업은 붕괴됐고, 중국은 그 수익으로 미래 산업과 군사력을 함께 구축할 수 있었다. 애초에 진정한 자유화나 민주화가 가능하다고 믿은 것이 순진한 발상이었다. 이제 우리는 수출을 차단하고 그들의 산업 정책을 모방함으로써 기술과 비즈니스 모델을 둘러싼 줄다리기에서 승리를 통해 피해를 최소화하는 수밖에 없다. 요컨대, 중국을 이기려면 우리가 중국이 돼야 한다.

나는 이런 논리에 담긴 실망감에 깊이 공감한다. 중국의 미래와 그 권위주의적 모델이 외부 세계에 미치는 영향을 진지하게 우려하고 있다. 하지만 이런 전반적인 실망은 거의 모든 점에서 사실과 다른 서사를 만들어 냈다. 만약 우리가 그 서사를 받아들인다면 그것은 중국뿐 아니라 서방 세계에서도 중대한 실수를 초래할 수 있다.

대륙에 벼룩처럼
퍼져 나간 사유화

우선 처음부터 짚고 넘어가자면, 중국이 부유해진 것이 공산당의 전략적 계획 덕분이라는 것은 신화에 불과하다. 반대로 노벨 경제학상 수상자인 로널드 코스와 왕 닝이 저술한 《How China Became

Capitalist(중국은 어떻게 자본주의가 됐는가)》에서 밝혔듯이 중국의 개혁은 일련의 민중 반란을 통해 시작됐고, 바로 이런 풀뿌리 자본주의가 개혁의 전 과정을 촉발했다.[1]

1970년대 후반, 굶주린 농민들은 집단 농장을 해체하고 토지를 사유화하기 시작했다. 이들은 몰래 문서를 작성해 토지를 가구별로 분배할 것을 명시하고, 만약 이 음모가 당에 발각돼 마을 사람들이 노동 수용소로 보내질 경우에 아이들을 대신 길러 주겠다는 약속까지 했다. 그러나 생산량이 급격히 증가하자 비밀을 유지하기란 어려웠다. 한 농민의 표현대로 사유 농업은 닭벼룩처럼 퍼져 나갔다. 한 마을이 시작하면 온 나라가 감염된다.[2]

급격히 증가한 농업 생산성 덕분에 농촌 주민들은 노동 시간의 일부를 비농업 활동에 사용할 수 있게 됐다. 그리고 이는 계획 경제 바깥에서 자율적으로 운영되는 소규모 기업의 탄생으로 이어졌다. 이들은 스스로 자재를 조달하고 소비자를 찾아 판매하는 방식으로 운영했으며, 경직된 국유 기업들을 능가하는 성과를 내며 소비자에게 단순하지만 다양한 제품을 시장 가격에 공급했다.

이 성공에 힘입어 1980년대 초, 도시의 실업 청년들도 비슷한 방식의 기업을 시작할 권리를 요구했다. 마오 시절, 약 2,000만 명의 젊은 이가 국유 기업에서 일자리를 구할 수 없어 농촌으로 보내졌다. 마오 사후에 이들은 도시로 돌아와 일자리를 요구하며 때로는 체제 전복적인 방식으로 저항했다. 몇몇 도시에서는 철도를 봉쇄하기도 했다. 이에 정부는 1983년부터 도시 내 소규모 기업의 설립을 허용할 수밖에 없었다. 이는 식당업, 소매업, 그리고 곧 제조업에 이르기까지 산업 전반에 걸쳐 혁신을 불러왔다.

공산당은 여기서 몇 가지 교훈을 얻었다. 그리고 계획 경제 체제에서 벗어나 외국의 기술 및 투자를 받아들이는 실험적 자유 무역 지대를 허용했다. 홍콩과 대만의 자본도 예외가 아니었다. 그러나 이는 철저히 통제된 실험이었으며, 대도시로부터 멀리 떨어진 곳에서만 시행됐다. 실패하더라도 계획 경제에 미치는 영향을 최소화하려는 의도였다. 부총리는 '자본주의의 나쁜 영향이 다른 성들에 미치는 것을 차단하기 위해 우리는 광둥성 경계에 울타리를 쳐야 했다'고 말했다.[3]

하지만 사유 농업이나 수두처럼 이런 혁신과 생산성 향상을 한 지역에만 가둬 두는 것은 불가능했다. 외진 지방에 불과했던 광둥은 곧 중국 최대의 경제권이 됐고, 3만 명 규모의 작은 어촌에 불과했던 선전은 인구 1,000만 명 이상의 세계적인 경제 중심지로 성장했다.

이런 기업가 정신의 폭발은 농촌과 도시, 그리고 특별 경제 구역에서 시작돼 국유 기업에 압박을 가했다. 국유 기업은 소비 시장을 잃었고, 자금 손실은 심화됐다. 결국 많은 고민 끝에 공산당은 강도 높은 구조 조정을 단행했고, 이는 국유 기업의 구조적 개혁, 민영화, 폐쇄로 이어졌다. 1996년부터 2002년 사이 국유 기업의 노동 인구는 40% 이상 줄어들었다.[4] 동시에 물가 통제 철폐와 대규모 세제 개편이 함께 이뤄지며 국가는 하나의 통합된 시장으로 재편됐다. 그동안 주변부에서만 허용됐던 시장의 힘은 사실상 계획 경제를 대체하게 됐고, 주변부가 중심을 점령한 셈이었다.

  그러나 국유 기업의 쇠퇴는 새로운 문제를 낳았다. 노동자들의 주택이 대부분 국유 기업의 직장에 귀속돼 있었던 것이다. 기업이 파산하면 그들은 어디에서 살 수 있을까? 이 문제의 해법은 주택의 사유화였다. 1998년부터 도시에 있는 부동산은 노동자 개인의 소유로 이전됐고 이들은 자신이 투자하고, 담보로 제공하며, 매매하거나 교환할 수 있는 자산을 갖게 됐다. 그 결과 주택 시장이 생겨났고, 부동산 붐과 건설 경기의 활황으로 이어졌다.

  이런 개혁 과정은 또 다른 불균형을 초래했다. 농업 생산성이 증가하면서 농촌 노동자들이 일자리를 잃었고, 동시에 도시의 역동적인 시장은 노동력을 필요로 했다. 농민공들은 도시로 이주하길 원했다. 비록 도시의 공장 일자리는 더럽고 위험했지만 농촌에서보다 5배나 높은 수입을 제공했다.

  이에 따라 공산당은 가장 근본적인 개혁에 착수한다. 바로 내부 국경을 철폐하는 것이었다. 마오 시절에는 누구도 고향 마을을 떠날 수 없었고, 어떻게든 도시로 들어왔다고 해도 음식조차 살 수 없었다. 그러나 이 체제는 점차 약화되기 시작했다. 2003년에는 경찰이 사람들을 고향으로 강제로 돌려보낼 수 있도록 했던 법률이 폐지됐다. 이로 인해 역사상 최대 규모의 이주 물결이 일어났다. 이는 기존에 열려 있던 기업 활동과 부동산 시장에 또 다른 활력을 불어넣었다. 몇 년 만에 2억 5,000만 명이 도시에 정착해 노동자, 소비자, 그리고 새로운 기업가로서 20세기 경제 성장의 동력이 됐다. 1980년부터 2010년 사이베이징의 인구는 900만 명에서 2,100만 명으로, 상하이는 1,100만 명에서 2,000만 명으로 증가했다.[5]

중국의 마지막 주요 개혁은 2001년 WTO 가입이었다. 눈에 띄는 결과는 중국 수출의 급격한 증가였지만, 개혁을 주도한 중국 내 인사들의 진정한 목적은 자국 기업을 국내와 국제 경쟁에 노출해 스스로를 더 강하게 만드는 데 있었다. 가장 중요한 성과는 중국 경제의 지속적인 개방이었다. 평균 관세율은 1992년 40%에서 2004년에는 10% 미만으로 떨어졌다.[6]

3장에서 설명했듯이 중국이 서방의 산업 기반을 황폐화했다는 주장은 완전히 잘못된 것이다. 이 무역은 우리와 중국 모두를 부유하게 만들었다. 많은 중국산 수출품은 사실 서구 기업들이 중국에서 제조한 제품이다. 불행히도 이런 협업은 종종 기술과 지식 재산권을 중국 측 파트너에게 이전하는 조건하에서만 허용됐다. 비록 그런 조건이 공식 계약서에 명시되지 않았더라도 실제로는 별반 다르지 않다. 스웨덴이나 영국의 기업이 중국에 공장을 설립한 직후 인근에 동일한 제품을 약간 더 저렴하게 생산하는 중국 공장이 등장하는 사례가 빈번하다.

지식과 기술의 도용은 대규모로 뻔뻔스럽게 이뤄졌다. 하지만 이는 결코 중국만의 문제가 아니다. 스웨덴과 영국 기업들도 경제 발전 초기에 동일한 행동을 했다. 미국은 심지어 발명품을 밀수하거나 유럽의 장인을 매수하여 기술 비밀을 알아내는 것을 공식 정책으로 삼은 적도 있었다.[7] 변화를 일으킨 요인은 외부 압력 때문이 아니라 미국인들이 점차 창의력을 발휘하면서 특허와 저작권의 가치를 인식하게 된 것이다.

지금 중국에서도 똑같은 변화가 일어나고 있다. 지난 10년 동안 미중 비즈니스 위원회는 미국 기업을 대상으로 매년 중국의 지식 재산권 보호가 어떻게 변화했는지를 조사했다. 그 결과, 매년 개선됐다고 응답한 기업 비율은 평균 47%였으며, 악화됐다고 응답한 비율은 단지 3%에 불과했다. 강제 기술 이전은 여전히 우려해야 하는 중요한 사항이지만, 미국 기업이 중국에서 겪는 27가지 주요 문제 중 24번째에 불과하다.[8]

이런 남용을 다루는 효과적인 방법 중 하나는 WTO의 규칙을 활용하는 것이다. WTO 협정에는 지식 재산권 보호와 정부 보조금 문제에 대한 조항이 포함돼 있다. WTO를 비판하는 이들은 이 조직이 무력하고, 분쟁 해결 메커니즘이 미국에 불공정하며(트럼프는 미국이 WTO의 거의 모든 소송에서 패소한다고 불평했다), 중국이 패소한 후에도 판결을 따르지 않는다고 주장한다.

그러나 미국은 중국을 상대로 제기한 WTO 제소 20건 전부 승소했다. 반면 중국은 미국을 상대로 제기한 제소 중 약 3분의 1건만이 승소했다. 그리고 미국이 스스로 소를 취하한 한 건을 제외하면 중국은 모든 판결에 따라 조치를 취했다. 이는 절차상의 문제점과 한계에도 중국이 미국보다 WTO 판결을 더 잘 따르고 있음을 의미한다. 미국은 때때로 WTO 판결을 완전히 무시하기도 한다.[9] 중국이 공정한 무역을 하도록 유도하는 방법은 다자간 무역 협력을 탈퇴하는 것이 아니라 오히려 이를 확대하고 심화시키는 것이다. 동시에 우리 스스로도 그 규칙을 따르는 태도가 필요하다.

중국 당국은
개혁을 생각한 적이 없다

왜 내가 중국의 개혁 물결에 대한 설명에 이렇게 시간을 들이고 있느냐고? 그 이유는 중국의 경제적 성공을 어떻게 해석하느냐가 중국이 어떤 모델을 선택할지, 그리고 서방이 이를 어떻게 인식해야 할지를 결정짓기 때문이다.

중국 공산당은 1970년대 말 이후의 경제 발전을 자신의 공으로 돌린다. 그리고 이 관점은 서방 내 중국에 대한 분노 어린 비판자들조차 공유하고 있다. 그 결과 당이 얼마나 전략적이고 현명한지, 중앙 집권과 산업 정책으로 무엇을 성취할 수 있는지를 과대평가하는 잘못된 이미지가 형성된다. 이로 인해 중국 공산당은 그런 방식을 더욱 강화하려 하며, 서방의 비판자들은 서구 경제를 회복시키기 위해서라도 중국의 '설명서'를 따라야 한다고 믿게 된다.

하지만 이는 중국 현대사를 근본적으로 잘못 읽은 해석이다. 개혁의 물결은 공산당에 의해 시작되지 않았고 공산당조차 이를 예견하지 못했다. 개혁의 시작은 흔히 1978년 12월 제11기 중앙위원회 제3차 전체 회의로, 덩샤오핑이 권력을 잡은 시점으로 간주된다. 그러나 덩샤오핑의 최측근 조언자였던 바오퉁은 훗날 이렇게 인정했다.

"사실, 회의에서는 개혁이 논의되지도 않았다. 개혁은 안건에 없었고 업무 보고서에도 언급되지 않았다."[10]

앞서 살펴봤듯이 많은 개혁은 용감한 농민들에 의해 비공식적으로 시작됐다. 예를 들면 토지 사유화나 소규모 민간 사업의 개방이다. 덩샤오핑이 '개혁 개방' 프로그램에서 한 가장 큰 업적은 이런 발전을 인정하고 개척자들을 처벌하지 않은 것이었다. 왜냐하면 그들이 계획 경제보다 훨씬 나은 결과를 만들어 냈기 때문이다. 다른 개혁들은 대중의 요구가 너무 커서 마지못해 시행된 것이었다. 예컨대 도시에서의 자유 기업 허용이 그러하다. 또 다른 개혁은 이전의 변화가 예상치 못한 결과를 낳아 당이 긴급하게 문제를 해결해야 할 필요성에 몰리면서 이뤄졌다. 국영 기업 개혁이나 내부 이주 개방이 그 예다.

덩샤오핑이 말했듯이 이것은 "돌을 더듬으며 강을 건너는" 방식이었다. 그리고 그 돌을 제대로 된 위치에 놓은 것은 바로 중국 국민이었다. 경제학자 장웨잉은 개혁 과정을 "자생적 힘을 잘 활용하고, 그것을 의식적인 정책으로 전환시키는 능력을 갖추는 것"이라고 설명한다. 이 과정은 계획되거나 통제된 것이 아니었고 예측된 것도 아니었다. 장웨잉은 아담 스미스를 직접적으로 언급하며 이 과정은 마치 '보이지 않는 손'에 의해 조종되는 것 같았다고 말한다.[11]

중국을 빈곤에서 벗어나게 만든 모든 일은 5개년 계획 바깥에서 벌어졌다. 1990년대 중반쯤에는 앞선 네 개의 5개년 계획이 모두 중도에 폐기됐고, 그 이후의 계획들은 통치와 명령보다는 추상적인 목표 설정에 가까운 것이었다.

중국 현대 경제 정책의 전문가인 배리 노튼은 저서에서 이렇게 묻는다.

"그 성공 중 얼마나 많은 부분을 산업 정책과 계획 덕분이라고 할 수 있을까?"

그의 대답은 단순명료하다.

"전혀 없다."[12]

그가 이처럼 단정적으로 말할 수 있는 이유는 21세기 초에 이미 계획 경제는 붕괴됐고, 중국에는 아직 본격적인 산업 정책조차 존재하지 않았기 때문이다.

1978년 당시 중국 도시 인구의 99% 이상이 국가에 고용돼 있었다. 하지만 2011년에는 그 비율이 18%로 급감했다. 1978년 이후 도시에서 새로 창출된 2억 5,000만 개의 일자리 대부분은 민간 부문에서 나온 것이다. 수출 부문에서 민간의 비중은 1995년 3분의 1에서 2012년에는 거의 90%에 달했다.[13] 빈곤은 인류 역사상 그 어느 때, 어느 곳에서도 경험하지 못한 규모로 급감했다. 세계은행에 따르면 1981년 중

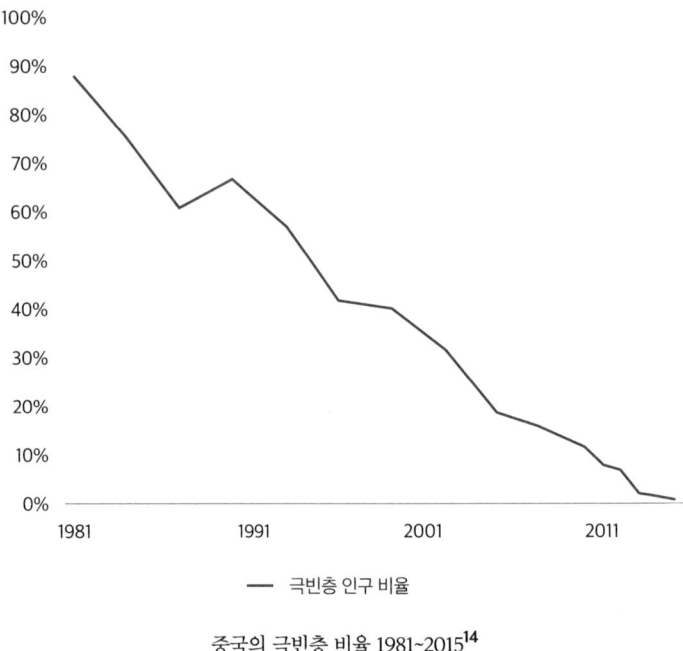

중국의 극빈층 비율 1981~2015[14]

국의 극빈층 비율은 88%였지만, 2015년에는 약 1%로 줄어들었다. 대중과 시장이 마오이즘을 물리친 것이다.

다시 고개를 든 마오이즘의 반격

하지만 새천년의 첫 번째 10년이 끝나갈 무렵, 모든 것이 잘못되기 시작했고 마오이즘이 다시 고개를 들었다. 물론 언제나 그런 위험은 존재했지만, 결코 운명에 의해 결정된 것이 아니었다. 실제로 한동안은 대부분의 공산당 문건들이 경제적, 정치적 개혁의 지속을 이야기하고 있었다.

1995년부터 2008년 사이에는 중국이 민주화를 눈앞에 두고 있다는 희망을 갖는 것도 가능했다. 내가 《세계 자본주의를 옹호하며》를 집필하던 시기에는 마을 단위에서 선거 실험이 진행 중이었고, 영향력 있는 지도자 쩡칭훙은 1990년대와 2000년대에 정치의 투명성을 높이고 시민 사회, 언론, 공적 토론을 점진적으로 자유화하려는 시도를 주도하고 있었다.

이는 공산당이 정치적 자유를 좋아해서가 아니라 굽히지 않으면 부러질 수 있다는 두려움에서 비롯됐다. 중국 당국이 소련 공산주의의 붕괴를 철저히 연구했다는 사실은 잘 알려져 있다. 그리고 고르바초프의 정치 개혁이 너무 급진적이었다고 평가했다는 것도 널리 알려져 있다. 하지만 또 하나의 중요한 결론은 소련의 개혁이 너무 늦게 시작됐다는 것이다. 그 무렵 이미 소련의 체제는 고착돼 있었고, 공산당은 대중의 신뢰를 잃은 상태였다.[15]

그러나 2008년 쩡칭훙이 공산당 정치국에서 은퇴하면서 매우 불행한 시기에 공백이 생겼다. 때마침 글로벌 금융 위기가 터졌고, 이는 세계 많은 사람에게 신자유주의 시대의 종말로 해석됐다. 미국은 이라크와 아프가니스탄에 대한 군사 개입으로 발이 묶여 있었고, 중국 공산당 내 보수 세력은 이를 서구의 타락으로 봤다. 동시에 그들은 2003년 조지아, 2005년 우크라이나, 2005년 키르기스스탄, 2009년 몰도바 구소련 공화국들에서 혁명이 일어나자 정치적 변화에 대한 두려움을 더욱 키웠다.

머지않아 아랍의 봄이 이런 우려를 더욱 현실적인 위협으로 만들었다. 중국 전문가 데이비드 샴보는 저서 《China's Leaders(중국의 지도자들)》에서 "개혁 노력에 위협을 느낀 네 집단, 당의 선전 기관, 국영 기업, 공안 기관, 군대가 이 기회를 틈타 약체였던 후진타오 총서기에게 정치적 자유화는 당의 권력을 약화시킬 위험이 있다고 설득했다"라고 설명한다. 쩡칭훙이 정계에 남아 있지 않았기 때문에 이를 제지할 사람도 없었다. 결국 주도권은 보수파에게 넘어갔으며, 이는 후에 후진타오의 후계자 시진핑 체제에서 공고화됐다.[16]

새로운 권력 중심은 정치적 개방을 철회했을 뿐 아니라 자유주의적 경제 모델도 해체하기 시작했다. 이들은 자생적 질서와 풀뿌리 자본주의에 아무런 애정도 없었고 본능적으로 명령과 통제를 선호했다. 이들은 '공산당의 무한한 지혜 덕분에 중국이 번영하게 됐다'는 당의 선전에 스스로 도취된 집단이었다. 이제 그들은 현실을 그 허구에 맞추려고 시도했다. 금융 위기 이후 발생한 대규모 투자 실패를 정리하기보다는 생산성과 혁신이 아니라 부채 증가와 정부 지출을 앞세운 대규모 경기 부양책을 단행했던 것이다.

이 보수 세력조차 중국 경제를 현대화할 필요성은 인정했다. 하지만 이전 세대의 지도자들이 자유화가 도미노처럼 연쇄 효과를 낳는다는 사실을 받아들였던 것과 달리 이들은 그 결과가 예상과 다를 경우 반복해서 개혁을 되돌렸다.[17] 2013년 중앙은행의 저금리를 이용해 투기하던 은행들을 규제하려는 시도가 있었지만, 단기 금리가 급등하자 곧 폐기됐다. 2014년에는 중국 기업이 해외에 투자할 수 있도록 허용됐으나, 거대한 자본 유출이 발생하자 다시 막혔다. 2015년에는 은행 금리가 자유화됐지만, 더 높은 이자를 제공하는 소형 은행들이 국영 기업으로부터 자금을 뺏을 수 있다는 우려가 생기자 어떤 은행도 금리 기준에서 크게 벗어나지 못하도록 하는 비공식적인 규제가 생겨났다. 2016년에는 투기성 대출에 대한 강력한 단속이 시작됐지만, 그 여파로 신규 건설과 인프라 투자가 줄어들자 곧 중단됐다. 이런 정책들은 고통스러운 시행과 철회의 반복으로 이어졌다. 기술 기업들 또한 처음에는 규제에서 자유로웠고 외국 경쟁자로부터 보호받았지만, 규모가 커지자 정책 방향이 돌변했고, 국가는 이들 기업을 파산 직전까지 몰아붙였다.

이 패턴은 시진핑 체제하에서 반복돼 이어지고 있다. 이같이 혼란스러운 전진과 후퇴의 반복은 일부 외국인이 생각하듯 경제를 정밀하게 조율하려는 고도의 전략이 아니다. 또한 자유화가 더 이상 필요 없다는 확신에서 비롯된 것도 아니다. 공산당은 필요하다고 판단한 개혁을 조심스럽게 추진했지만, 예상치 못한 결과가 나타날 때마다 당 지도부가 공황 상태에 빠져 자신들이 익숙한 저생산성의 명령경제 체제로 즉시 되돌아갔다.

시장 메커니즘의 자유화를 감행하지 못할 경우, 국가 주도형 혁신만이 남은 성장 수단이 된다. 현재 중국 경제를 지배하는 적극적 산업 정책, 즉 정부가 핵심 기술과 경제 분야를 정하고 기업을 그쪽으로 유도하는 계획 경제 전략은 2000년대 중반 문서에 처음 등장했고, 대규모로 실현된 것은 2010년 전후부터였다. 국영 기업들은 다시 중요한 역할을 부여받았고, 국제 무역을 확대하는 대신 여러 산업에서 자립을 추구하는 방향으로 돌아섰다. 이는 부분적으로 트럼프의 무역 전쟁, 그리고 이어진 바이든 정부의 정책에 대한 반응이기도 하다. 서방과의 경제적 연결을 줄이려는 이런 노력은 중국 정부로 하여금 인권 문제나 공격적인 외교 정책에 대해 외부의 시선을 더 이상 신경 쓸 필요가 없다는 확신을 강화했다.

현재 공산당과 그 비판자들 모두 정부 주도의 계획 정책이 오늘날 중국 경제를 정의한다고 보고 있으며, 그것을 중국의 성공 요인으로 여긴다. 그러나 이는 역사를 거꾸로 읽는 것이라고 중국 경제 정책 전문가 배리 노턴은 설명한다.

"중국이 경제적, 기술적 초강대국으로 부상한 주된 이유는 1978년부터 대략 2006년에서 2007년 21세기 첫 10년까지 중국이 따랐던 정책 패키지 덕분이다. 오늘날 중국이 시행하고 있는 정책들, 즉 2005년 이후에 조심스럽게 시작돼 2008년에서 2010년에 본격화된 정책들은 이와는 근본적으로 다르다. 그렇기 때문에 현재 중국의 성공을 오늘날의 정책들에 기인한 것으로 해석하는 것은 잘못이다. 이 정책들은 너무 최근에 도입돼 오늘의 성과에 결정적인 영향을 미쳤다고 보기 어렵기 때문이다."[18]

중국이 지금보다 가난했더라면 덜 위협적이었을까?

나는 지난 10년 동안 중국이 완전히 잘못된 방향으로 나아갔다고 가장 먼저 말하는 사람이다. 또한 자유 세계가 중국의 새로운 공격적 외교 정책과 인권 침해를 비판한 국가들에 가하는 경제적 보복에 맞서 단결하지 못한 점에서도 매우 미숙했다고 생각한다. 태평양 지역의 민주주의 국가들은 중국이 경제 전쟁이나 군사적 위협을 통해 각개 격파하는 것을 막기 위해 안보 협력을 더욱 강화해야 한다.

나는 또한 우리가 중국의 해외 투자에 대해 너무 순진하게 생각했다고 확신한다. 의자나 선글라스 같은 분야에서는 문제가 되지 않지만, 중요한 디지털 또는 물리적 인프라에 대한 투자에서는 우리를 취약하게 만들 수 있다. 2010년 이후 어떤 중국 기업도 완전히 민간 기업은 아니라는 사실을 우리는 인식해야 한다. 모든 기업은 공산당의 계획에 복종할 것이 요구된다.

하지만 중국을 세계와 연결하고 개방을 지원한 것이 '적을 부유하게 만들어 버린 잘못된 선택이었다'는 대중의 인식은 전혀 다른 이야기다. 물론 무역이 중국을 자유롭고 민주적인 국가로 변화시킬 것이라는 기대가 있었다면, 그것은 명백히 실패했다. 하지만 서방 세계의 목표는 천국을 만드는 것이 아니라 지옥을 피하는 것이었다. 닉슨이 1972년 중국을 방문한 이유는 그들을 온순한 자유주의자로 만들기 위해서가 아니라 서방과 생존을 건 갈등을 벌이던 공산주의 블록을 분열시키고 소련을 협상 테이블로 끌어내기 위해서였다.

당시에는 또 다른 현실적인 우려가 존재했다. 정교한 기술력을 갖췄지만 가난한 중국이 옷과 장난감을 팔 수 없게 된다면 자금을 조달하기 위해 다른 길을 모색할 것이었다. 1980년대에 중국은 핵폭탄 제조 지침서를 파키스탄에 제공한 것에 그치지 않고 우라늄과 탄도 미사일을 포함한 전체 키트를 판매했다. 중국이 대량 살상 무기의 대규모 수출국이 되어 세계 각지의 악명 높은 정권에 무기를 제공할 것이라는 우려가 컸다. 그러나 수십 년에 걸친 외교 협상과 관계 구축 끝에 오늘날 중국은 핵 확산 방지에 반대하는 주요 세력으로 자리 잡았다. 1980년대의 외교관들이 오늘날의 상황을 본다면 이는 세상을 훨씬 더 안전하게 만든 커다란 외교적 성과로 평가했을 것이다.[19]

중국이 계속해서 개방적인 방향으로 나아갈 것이라고 기대한 것이 처음부터 순진한 생각이었다는 주장은 중국이 통일된 장기 계획에 따라 움직여 온 단일체라는 전제에 기반을 둔다. 그러나 현실의 중국에는 언제나 개혁주의자와 시장 자유주의자 대 보수주의자와 신마오주의자 사이의 수단과 목표를 둘러싼 내부 투쟁이 존재했다. 흥미롭게도 경제 현대화를 지지한 쪽은 전자였고, 이를 반대한 쪽은 후자였다. 양쪽 모두가 그렇게까지 틀렸다고 볼 수 있을까?

서방 세계의 입장에서 이 문제는 오늘날의 중국이 국제적으로 더 가난하고 고립된 상태였다면 지금보다 덜 권위주의적이고 덜 파괴적인 국가가 됐을지를 묻는 것이다. 물론 그런 가능성을 완전히 배제할 수는 없다. 하지만 지금까지 이에 대해 설득력 있는 주장을 들어 본 적은 없다.

다른 독재국들을 보자. 이란과 북한처럼 독재자와 제재로 인해 고립되고 가난한 상태에 머무른 나라들이 있다. 이 국가들은 WTO 회원국도 아니다. 잘 알려진 바와 같이 이 국가들은 외교 정책에서 공격성을 완화하거나 민주주의 개혁을 시행한 적이 없다. 오히려 점점 더 독재적이고 위협적인 방향으로 나아갔으며, 국제 사회가 중국에 취할 수 있었던 것보다 훨씬 더 단합된 제재를 하는데도 여전히 핵무기 개발을 하고 있다. 게다가 이란과 북한은 중국처럼 1960년대부터 핵기술을 보유하고 있었던 것도 아니며, 세계 인구의 5분의 1을 차지하지도 않는다. 또한 자신들이 역사적으로 지배적인 강대국이었으며, 단지 서방 세계에 의해 일시적으로 억눌리고 굴욕을 당한 상태라는 역사 인식을 갖고 있지도 않다.

가정에 기반한 역사 해석은 언제나 어렵다. 하지만 내 생각에는 만약 우리가 1990년대에 중국산 상품에 대해 시장을 닫고 중국 학생들에게 대학의 문을 닫았다면, 지금보다 훨씬 더 많은 중국인이 심각한 빈곤 속에 머물러 있었을 것이다. 더 나아가 중국 국민 다수는 서방 세계를 지금처럼 개방적이고 평화로운 모델로 인식하기보다는 타협할 수 없는 적으로 받아들였을 가능성이 더 크다. 이런 인식 차이는 중국의 미래에 결정적인 역할을 할 수도 있다. 우리가 중국을 계속

해서 배제하는 역사의 가정에서는 중국과 미국 사이에 전쟁이 벌어질 가능성이 아니라 어쩌면 실제 전쟁이 이미 벌어졌을 수도 있다.

앞서 말했듯이 나는 해외에서의 중국 투자를 완전히 새로운 시각에서 바라봐야 한다는 데 동의한다. 하지만 중국의 공격성을 우려해 무역 장벽과 고립 정책을 펼치는 것이 오히려 자기 충족적 예언이 되어 중국 내에서 가장 반동적이고 민족주의적인 세력을 강화할 수 있다는 점이 우려된다. 중국 공산당이 러시아의 우크라이나 침공을 전면으로 지지하지 않는 이유는 평화나 인권을 소중히 여기기 때문이 아니라 서방 세계로부터의 2차 경제 제재를 두려워하기 때문이다. 만약 우리의 경제가 중국과 완전히 분리된다면 이런 억제력은 사라지고 중국은 본래 성향에 따라 행동할 수 있는 자유를 얻게 될 것이다. 그것은 훨씬 더 위험한 세계일 것이다.

과거로 회귀한 시진핑

중국 공산당이 오랜 기간 예상보다 좋은 성과를 거둘 수 있었던 이유 중 하나는 마오쩌둥의 독재로부터 중요한 교훈을 배웠기 때문이다. 마오의 통치는 역사상 최악의 기근과 끔찍한 문화 대혁명을 초래했다. 1인 지배 체제는 최고위층으로 전달되는 정보의 양을 제한하고, 아첨꾼과 편집증, 숙청을 낳는다. 충성심만으로 보상이 주어질 때는 중대한 실수가 발생할 수 있다. 이런 교훈을 바탕으로 당의 최고위층에는 이념적 유연성을 갖춘, 보다 집단적인 지도 체제가 자리 잡게 됐다. 내부 논쟁을 통해 다양한 계파가 자신들의 입장과 반대 의견을 개진할 수 있었다. 또한 합의 중심의 의사 결정은 누군가가 입장을 바꾸고 새로운 방향을 제시할 때 체면을 잃지 않도록 했다.

하지만 시진핑은 이 질서를 무너뜨렸다. 시진핑과 다른 보수주의자들은 당에 대한 불만이 점점 커지고 있다는 점을 우려했다. 일반 기업과 국유 기업, 각종 기관 내의 당 조직이 제대로 기능하지 않고 있었다. 당원 수는 늘어났지만, 당원이라는 지위는 더 이상 아무 의미도 없게 됐다. 어떤 사안에 대해 견해가 어떻든지 상관없었고, 무관심해도 아무 문제가 되지 않았다.

당 지도부가 민주적 실험을 통해 충성심을 만들어 내는 방식을 처음부터 거부했기 때문에 결국 선택한 해법은 마오식 통제로의 회귀였다. 다시 말해 권력 집중과 인물 숭배로의 회귀였다. 마오처럼 시진핑은 숙청을 통해 통치한다. 이는 끝없이 이어지는 반부패 캠페인의 형태로 나타나며 공포와 복종을 만들어 낸다. 관료들과 학생들은 휴대폰 앱을 통해 시진핑 사상을 학습한다. 그의 연설과 저작을 연구하기 위한 연구소가 무려 18곳이나 세워졌다.

바로 이런 방식이 새로운 시스템을 매우 취약하게 만든다. 의사 결정이 무오류 지도자의 의지로 제시되는 구조에서는 시행착오를 거치며 실용적으로 방향을 조정해 나가는 것이 불가능하다. 당 내부의 긴장이 고조되고, 문제나 불만에 점진적으로 대응하는 것이 훨씬 더 어려워진다. 이는 재앙적 의사 결정의 위험성을 높인다.

예를 들어, 사람들과 경제에 타격을 준 가혹한 '제로 코로나' 정책이 그랬고, 2022년 말에는 준비 없이 거의 공황 상태에 가까운 방식으로 정책을 돌연 폐기했다. 외국산 고효율 백신 도입조차 이뤄지지 않았다. 권력이 중앙에 집중돼 있을수록 실수를 인정하는 것이 더 어려워진다. 대신 실수는 각자 개인의 책임이 된다.[20]

중국이 정치적으로 안정돼 있다고 자주 이야기되지만, 이는 아직 경제 대공황이나 군사적 패배라는 시련을 겪지 않은 체제라는 점을 감안할 때 단정하기는 이르다. 현재의 체제는 도입된 지 10여 년 남짓밖에 되지 않았다. 당은 자신이 인민의 지지를 받고 있다고 주장한다. 하지만 지속적으로 검열을 강화하고 모든 반대 의견을 탄압해야 하는 현실은 자기 확신의 부족과 민중 내부에 잠재된 불만에 대한 공포를 반영한다.

사람들에게 선택권을 부여하고 스스로 삶을 설계할 수 있도록 하는 정치 체제는 언제나 강한 매력을 지니기 마련이다. 반면 중국처럼 기술 관료주의적 독재 체제는 스스로의 정당성을 성장과 임금 상승을 통해 증명해 보여야 한다. 그렇기 때문에 이 체제는 결코 안심할 수 없으며 끊임없이 자신을 증명해야 한다. 하지만 이는 지금의 경제 정책 하에서 결코 쉬운 일이 아닐 것이다.

공산당이 경제 권력을 더 많이 쥘수록 외부의 자발적인 시도와 지식은 사라진다. 대중이 갖고 있는 중국의 이미지와 실제 연구들이 보여 주는 현실 사이에는 엄청난 간극이 존재한다. 서방 정치인과 언론은 중국의 전략적 기획 능력을 과장되게 묘사한다. 허나 방대한 중국 경제 연구 문헌 가운데 특정 산업 정책이 실질적인 상업적 성공을 거뒀다고 주장하는 연구는 거의 찾아볼 수 없다.

현재 중국과의 경쟁을 위해 산업 정책이 필요하다고 주장하는 서방인들은 아이러니하게도 중국의 성공을 이끈 정책이 아니라 2010년 이후의 위험한 정책을 모방하고 있는 셈이다. 새로운 정책이 성과를 거뒀다 해도 그 성과는 대부분 부정적인 것이었다. 자본은 생산성이 낮은 국영 기업으로 이전됐다. 이들은 국내 총생산의 4분의 1 정도만 기여하는 반면, 은행 대출의 약 80%를 차지한다. 1990~2000년대에 연평균 10%에 달하던 1인당 성장률은 팬데믹 이전에는 5% 수준으로 떨어졌으며, 일부 전문가들은 이 수치조차 과장됐다고 본다. 현재의 경제 모델 아래에서는 중국이 경제 성장 동력을 짜내는 일이 점점 더 어려워지고 있다. 연간 두 자릿수 성장을 기록할 때는 실수를 많이 해도 감당할 수 있었지만, 속도가 느려진 경제는 더 이상 구조적 문제를 돈으로 덮을 수 없다.

중국의 놀라운 경제 성장은 오래전에 이뤄진 개혁에 기반하고 있었다. 변화는 차례차례로 이뤄졌고 그때마다 경제에 새로운 활력을 불어넣었다. 그러나 인구 이동의 자유화와 WTO 가입 이후에는 큰 틀의 개혁이 더 이상 이뤄지지 않았다. 금융 위기 이후 중국 경제는 대규모 정부 투자를 통해 유지됐지만, 이는 생산성과 혁신의 증가로 이어지지 않았다. 결국 동일한 성장률을 유지하기 위해 점점 더 많은 자금을 필요로 했다. 실제로 1982년부터 2010년까지 연평균 1.1% 증가했던 총요소 생산성(같은 양의 자원을 투입했을 때 얼마나 많은 성과를 낼 수 있느냐를 보여 주는 지표)은 2011년부터 2019년까지 오히려 연평균 0.6% 감소했다.[21]

여기에 더해, 생산 가능 인구는 이미 줄어들고 있으며 전체 인구도 감소세에 들어섰다. 더 이상 농촌 인구가 공장으로 이동하면서 경제를 지탱할 수도 없고 도시의 신규 아파트에 사람이 몰리면서 부동산 시장이 성장하는 방식도 유효하지 않다. 부동산은 이미 중국 경제의 성장 엔진이 아니라 부담이다. 내가 이 원고를 작성하는 시점을 기준으로 부동산 시장은 사실상 붕괴 직전 상태다. 2033년이 되면 전체 인구의 거의 3분의 1이 60세 이상이 될 전망이다. 중국 인구가 고령화될수록 과거에는 국영 기업을 유지하기 위해 정부가 활용하던 국민들의 저축을 이제는 노후 생활을 위해 써야 할 상황이 올 것이다.

이 모든 문제는 중국이 부유한 나라였다면 훨씬 더 수월하게 해결할 수 있었을 것이다. 하지만 중국이 세계에서 두 번째로 큰 경제 규모를 자랑하는 이유는 국민 소득 수준이 높아서가 아니라 인구가 많기 때문이다. 1인당 국내 총생산으로 측정하면 중국은 투르크메니스탄이나 도미니카공화국 정도의 수준으로, 영국의 번영 수준의 4분의 1에 불과하다.

다른 고성장 아시아 국가들은 이미 상대적으로 부유한 상태에서 성장이 둔화됐다. 일본은 1970년대에, 한국과 대만은 1990년대에 속도

조절에 들어갔다. 이 국가들이 현재 중국 수준의 소득을 기록했을 당시, 대만은 이후 10년 동안 연평균 7.5%, 한국은 6.3%의 성장을 이어갔다.[22] 현재의 중국 모델이 이 수준에 도달하는 유일한 방법은 수치를 조작하는 것뿐이다.

경제 시장으로 나갈 것인가, 경제 감옥에 갇힐 것인가?

중국이 지난 수십 년간 이처럼 빠르게 성장하기 위해 얼마나 많은 노력이 필요했는지를 과소평가해서는 안 된다. 그러나 그 성장의 첫 단계, 즉 '따라잡기' 단계는 결국 가장 쉬운 단계다. 생산성이 낮은 농민을 현대적인 공장으로 옮기고 이미 선진국에서 검증된 기술과 공정을 활용해 공장의 생산성을 높이는 방식이다. 다음 단계는 훨씬 더 어렵다. 더 이상 도시로 이주할 농민이 많지 않고, 기존의 기술을 모두 모방해 버린 상황에서는 이제 새로운 성장 동력을 만들기 위해 스스로 혁신을 이뤄야 한다. 새로운 방식, 제품, 비즈니스 모델을 창출해 자력으로 성장을 이뤄야 하는 것이다.

공산당이 직면한 문제는 바로 이런 혁신이 대체로 예기치 못한 곳에서, 즉 창의적이고 혼란스러워 보이는 과정 속에서 등장한다는 점이다. 그런데 권위주의적 통치자가 가장 싫어하는 것이 바로 '예측 불가능한 일'이다. 중국에 상품 시장만 있고 사상의 시장이 부재하는 한,

언제나 큰 불리함을 안고 갈 수밖에 없다.

그럼에도 중국이 일부 분야에서는 놀라울 만큼 혁신을 잘 이뤄 낸 것도 사실이다. 그 이유 중 하나는 역설적이게도 중국의 독재 정권이 특정 분야가 정치적으로 중요하다고 판단했을 경우, 그 분야의 기업들에게는 상당한 자유를 허용했기 때문이다. 실제로 기술 최전선에 있는 서구의 기업가들 가운데 서구보다 중국에서 규제로부터 더 큰 자유를 누린다고 말하는 이들도 적지 않다. (이는 우리에게 반성의 세기를 주기도 한다.) 반면 중국 기업들은 어떤 활동이 계획에 부합하지 않으면 곧바로 심각한 제약을 받는다. 중국이 점점 더 권위주의적 방향으로 나아감에 따라 그런 '계획'은 점점 더 포괄적이고 독단적이 되고 있다. 게다가 전체 통제를 지향하고 다양한 권력 기반을 용납하지 않는 집단에게 성공한 민간 기업가들은 항상 위협적인 존재가 된다.

중국 기술 산업에 대한 지속적인 공격은 이를 잘 보여 주는 사례다. 금융과 에너지 부문은 엄격히 통제돼 온 반면, 기술 기업은 오랜 시간 규제에서 비교적 자유로웠다. 이들은 단순한 모방자가 아니라 전자 상거래와 디지털 결제 분야에서 서구 모델을 능가하는 진정한 혁신 기업으로 성장했다.

하지만 이 기업들이 지나치게 성공하고 공개 석상에서 다소 대담한 태도를 보이자 공산당은 기술 산업 전반에 대한 공격으로 대응했다. 그중 가장 극적인 사례는 2020년 가을 사상 최대 규모의 기업 공개를 앞두고 있던 결제 대기업 앤트 그룹이다. 이 회사의 창립자 마윈이 중국의 은행 시스템을 비판하는 연설을 하자 상장은 전격 중단됐다. 회사는 무력화됐으며 중국에서 유명한 기업인들이 대중의 시야에서 퇴출당했다.

이는 부분적으로는 새로운 슈퍼스타 기업들에 뒤처졌던 규제 시스템이 이를 따라잡으려는 시도로도 볼 수 있지만, 태도의 급변과 결정의 독단성은 권위주의 체제가 가진 약점을 고스란히 드러낸다. 공산당이 이렇게 강경하게 행동함으로써 다른 기업가들에게 공포심을 심었고 자본은 중국을 떠나기 시작했다. 세계 시장을 장악할 잠재력을 지닌 중국의 다음 성공 신화가 될 수 있었던 기술 산업은 이제 위기 산업처럼 보이게 됐다. 이후 공격은 게임 산업과 교육 기업들로도 확산됐다. 이런 박해가 일단 시작되면 어디까지 갈지 아무도 예측할 수 없다. 중국 경제학자 장웨잉은 시진핑의 '공동 부유' 정책이 '공동 빈곤'으로 이어질 위험이 있다고 경고했으나, 그의 기사는 곧바로 인터넷에서 삭제됐다.

실험과 혁신은 항상 복잡해 보이며 어떤 결과가 나올지 알 수 없기 때문에 지나치게 질서를 중시하는 통치자들에게는 결코 환영받지 못한다. 많은 독재자가 농민을 공장 노동자로 이동시킴으로써 급속한 성장을 이뤄 낸 바 있다. 하지만 아직까지 어떤 권위주의 체제도 그다음 단계를 넘어 복잡한 혁신 주도형 성장 경제로 발전한 사례는 없다. 많은 외부 관측자들이 공산당이 실수로부터 배우고 다시 방향을 전환하길 바라지만, 새로운 인격 숭배 체제하에서 그것은 매우 어려운 일이다. 그러기 위해서는 시진핑에 대한 쿠데타가 전제돼야 할 것이다.

나는 중국의 권위주의 모델이 지속될 수 없다고 예측함으로써 다소 위험한 주장을 하고 있다는 것을 안다. 사실 나는 이전에 이 점을 오판한 바 있다. 하지만 그때 내가 틀렸던 이유는 공산당이 정확히 내가 지적했던 딜레마를 인식했기 때문이라고 생각한다. 즉 경제적 자유화를 계속하면 개방성과 다양성이 뒤따르고, 이는 결국 독재 정권을 약화시킨다는 점이다. 바로 그 때문에 공산당은 브레이크를 밟고 자유화를 되돌리기로 결정한 것이다. 그것은 자신감에서 나온 결정이 아니라 통제를 잃을지 모른다는 두려움 때문이다.

이렇다고 해서 내가 중국이 반드시 자유민주주의 국가가 될 것이라고 믿는 것은 아니다. 중국은 권력 내 분열이나 분리주의로 인해 와해될 수도 있고, 실패한 국가가 될 수도 있다. 또는 공산당이 권위주의 체제에서 감당할 수 있는 수준인 중간 규모의 반쯤 부유한 지역 강국으로 만족하기로 할 수도 있다. 하지만 내가 믿지 않는 것은 전체주의 국가가 미국과 유럽을 대신해 세계의 지도적 역할을 수행할 수 있으리라는 생각이다.

요약하자면, 서구에서는 중국이 이기고 있다고 믿는 사람이 많고, 이런 경제 및 기술 경쟁에서 살아남기 위해서는 서구도 중국처럼 돼야 한다고 주장하는 경우가 있다. 하지만 그들은 중국이 전례 없는 성공을 거뒀던 1978년부터 2010년까지의 개방기와 실제로는 중국의 미래를 위협하는 2010년 이후의 중앙 집중적 정책을 혼동하고 있다.

중국이 자본을 가장 유망한 아이디어로 흐르게 하지 않고, 기업가가 혁신과 예측 불가능한 결과를 추구하지 못하게 하며, 재화에 대한 시장은 허용하면서도 사상에 대한 시장은 허용하지 않는 한 중국은 결코 혁신적인 부국이 될 수 없다. 그리고 시진핑이 권력을 자신과 그 측근들에게 집중할수록 예측 불가능하지만 피할 수 없는 위기 상황에서 중국은 더욱 취약해질 것이다.

중국을 위험하게 만드는 독재 체제는 동시에 그 나라의 권력에 한계를 설정하는 요소이기도 하다. 중국을 이기기 위해 서구가 중국처럼 될 필요는 없다. 오히려 정반대다. 중국이 자유 세계를 이기고자 한다면 중국이 자유로워져야 한다.

8장

환경 vs. 성장

환경이 먼저인가,
성장이 먼저인가?

> 우리는 지금 대량 멸종의 초입에 있습니다.
> 그런데 당신들은 돈과 영원한 경제 성장의 동화 같은 이야기를 하고 있군요.
> 어떻게 그럴 수 있죠?
>
> **그레타 툰베리, 2019년 유엔 기후 행동 정상 회의 연설에서**

《세계 자본주의를 옹호하며》를 다시 읽으면서 나는 한 가지가 누락된 것을 발견했다. 책장을 앞뒤로 넘겨 봤지만 끝내 찾을 수 없었다. 기후 변화는 어디에 있는가? 나는 환경, 자원, 탄소 배출에 대해 이야기했지만, 오늘날 거의 모든 이가 지구의 가장 심각한 위협으로 여기는 문제에 대해서는 단 한마디도 언급하지 않았다. 이 점은 나중에 내 아이들에게 설명하기 어려운 실수다.

나는 온실가스의 위험을 과소평가했다. 그 이유 중 하나는 환경 운동의 경고가 그동안 과장되거나 완전히 잘못된 경우가 많았기 때문이다. 환경 운동가들에 따르면 우리는 인구 과잉으로 고통받고, 식량은 바닥나며, 물과 석유도 고갈될 것이었고, 봄철에 새소리도 들리지 않는 침묵의 계절이 올 것이며, 숲은 '화학 사막'으로 대체되고, 유전자 변형 작물은 프랑켄푸드(Frankenfood, 프랑켄슈타인과 음식의 합성어로 '유전자 조작을 통해 개발된 농산물'을 뜻한다*)가 될 것이었다. 내가 어릴 때 처음으로 걱정한 환경 문제는 곧 핵 발전 때문에 모두 죽게 될 것이라는 믿음이었다. 환경 운동은 너무 자주 '늑대가 왔다'고 외쳐서 진짜 늑대가 조용히 다가올 때 그걸 보지 못했다. 이는 단순한 역사적 유추로 어떻게 스스로를 속일 수 있는지를 보여 주는 사례다.

하지만 기후 위기가 얼마나 심각해졌고 우리가 이에 대해 얼마나 많은 것을 알게 됐는지도 보여 준다. 내가 《세계 자본주의를 옹호하며》를 쓸 당시, 유엔 산하 기후 변화에 관한 정부 간 협의체(IPCC)의 최신 보고서는 지난 100년간 0.3도에서 0.6도 사이의 온난화를 언급하면서 "이는 '전적으로' 자연적인 기원에서 비롯된 변화는 "아닐 가능성이 크다""라고 적시했다. IPCC는 또한 당시에는 온난화가 폭풍이나 사이클론 같은 극한 기상 현상의 증가를 유발했는지 여부에 대해 명확한 지식이 부족하다고 결론지었다.[1]

성장을 멈추면
환경 문제도 해결될까?

───

지난 20년 동안 모든 것이 나아진 것은 아니다. 우리가 배출하는 온실가스 양은 빠르게 증가했고 그로 인해 지구 온난화가 심각하게 가속화됐다는 데에는 이제 의심의 여지가 없다. IPCC의 최신 평가에 따르면, 인간은 지구의 평균 온도를 약 1도 상승시켰으며 그 상승 속도는 현재도 10년마다 0.2도씩 증가하고 있다.

우리는 이 온난화의 결과를 점점 더 자주 체감하고 있다. 사상 최고 기온 갱신, 극심한 기상 이변, 가뭄과 홍수의 증가가 그 사례다. 기후는 극도로 복잡하며 각 현상에는 다양한 원인이 작용하기 때문에 특정 기상 현상이 인간의 활동에 의해 어느 정도 영향을 받았는지를 정확히 분리해 내는 것은 거의 불가능하다. 기후 변화는 지역적으로 불규칙하게 나타나며 때로는 긍정적인 방식으로도 나타난다. 하지만 우리가 알고 있는 사실은 전 세계에 매우 빠른 속도로 변화가 일어나고 있으며, 그 속도는 기존 예측을 초과하고 있다는 점이다. 여기에 티핑 포인트(tipping point, 어떤 현상이 서서히 진행되다가 작은 요인으로 한순간 폭발하는 지점*)의 위험도 존재한다. 이는 급격하고 돌이킬 수 없는 변화로 지구 생명체의 존속 조건 자체를 바꿔 버릴 수 있는 요소다. 그 가능성이 아무리 작아도 그에 따른 결과가 엄청나기 때문에 우리는 이런 사태를 막기 위해 상당한 투자를 감수할 필요가 있다.

지구 온난화와 그로 인한 결과를 줄이기 위해서는 대대적인 변화가 필요하다. 하지만 어떤 변화여야 할까? 흔히 제기되는 주장은 끊임없이 성장하는 경제, 그리고 대륙을 가로질러 사람과 물자를 실어 나르는 수많은 비행기와 트럭이 문제라는 것이다. 나오미 클레인 같은 좌파 지식인들은 이것이 세계 자본주의와 끊임없는 생산 확대의 필연적 결과라고 주장한다. 심지어 기후 운동가인 그레타 툰베리조차도 세계 지도자들이 돈과 '몇 가지 기술적 해결책'만 이야기한다고 비판한다.[2]

이는 문제를 만들어 낸 성장과 기술로 문제를 해결할 수 없다는 인식이 널리 퍼져 있음을 시사한다. 많은 환경 운동가는 '탈성장'을 원하며, 우리가 더 적게 소비하고, 더 적게 이동하고, 더 적은 것에 만족해야 지구를 살릴 수 있다고 주장한다.

그러나 나는 이것이 세계와 기후에 해 줄 수 있는 가장 나쁜 선택이라고 확신한다. 내가 이를 반대하는 첫 번째 이유는 우리가 이미 이 방식을 시험해 본 적이 있다는 점이다. 2020년의 팬데믹은 예기치 않은, 그리고 바람직하지 않은 탈성장 실험이었다. 거의 하룻밤 사이에 공장이 멈췄고 국경은 폐쇄됐다. 비행기는 이륙하지 못했고, 화물선은 항구 밖에 정박했으며, 전 세계 인구의 절반은 집 밖으로 나서는 것이 금지됐다. 그 결과는 재앙이었다. 사람들은 일자리와 생계를 잃었다. 세계은행에 따르면 팬데믹으로 인해 약 7,000만 명이 극심한 빈곤 상태로 되돌아갔다. 기아는 급속도로 증가했다. 유엔 식량 농업 기구는 500만 명에서 700만 명의 아동이 팬데믹으로 인한 영양실조 때문에 신체 발달에 지장을 받을 수 있다고 추정한다.[3]

그렇다면 이처럼 전 세계가 멈춘 2020년에 탄소 배출량은 얼마나 줄었을까? 약 6% 감소했다. 이는 역사상 가장 큰 감소폭이지만, 목표와는 여전히 거리가 멀다. 만약 우리가 파리기후협정이 정한 2030년 목표를 단순히 소비와 이동을 줄이는 방식만으로 달성하고자 한다면, 앞으로 10년간 매년 팬데믹과 같은 상황을 반복해야 한다. 회복의 여지도 없이 말이다. 물론 이는 사회의 전면적인 붕괴를 초래할 것이다.

전 지구의 비상사태하에서도 이산화탄소의 94%는 계속 배출됐다.

이는 우리가 비행기를 멈추고 소비를 줄인다고 해서 해결될 문제가 아님을 보여 준다. 대규모 탄소 배출은 우리의 사회 인프라와 에너지 시스템에 구조적으로 내재한다. 물론 우리는 화석 연료가 아닌 에너지원으로 전환해 이 문제를 해결할 수 있다. 하지만 그것은 수십조 달러의 막대한 비용을 요구한다. 그리고 생계를 위해 싸우고 있는 사람들에게 가장 받아들이기 힘든 것이 바로 이런 막대한 지출이다. 이 때문에 경기 침체기에는 언제나 환경 문제가 우선순위에서 밀려난다.

만약 우리가 마이너스 성장을 통해 탄소 중립을 이루고자 한다면 2050년까지 전 세계 에너지 공급의 약 85%를 단계적으로 폐지해야 할 것이다. 이것은 인류가 맞이한 최악의 재앙이 될 수도 있다. 식량 생산의 절반가량이 위협받을 것이다. 왜냐하면 이는 석탄과 가스를 원료로 하는 비료에 의존하기 때문이다. 농업 기계나 냉장 저장도 포기해야 할 것이다. 그 결과는 대규모 기아 사태로 이어질 수 있다. 병원과 보건소에 조명을 잃고 의료 기술과 백신, 의약품 냉장 설비를 상실하면 더 많은 생명이 위험에 처할 것이다.

몇 년 전 나는 모로코 아틀라스 산맥의 한 작고 가난한 마을을 방문한 적이 있다. 그곳에서 나는 서로 가까이 지내며 자연과 함께 살아가는 한 친절한 가족과 시간을 보냈다. 겉보기에는 현대 사회의 스트레스와 압박에서 벗어난 단순하지만 평온한 삶처럼 보였다.

하지만 내가 그 가족 중 아버지에게 그들의 삶에 대해 묻자 그는 자신들이 간절히 원하지만 갖지 못한 것들을 긴 목록으로 내놓았다. 사막의 모래를 씻어 내고 작물에 물을 줄 수 있는 양수기, 음식을 저장할 수 있는 냉장고, 아이들이 저녁에도 책을 읽을 수 있게 하는 조명 등이 그것이었다. 그는 또한 외부 세계, 특히 도시로 대학을 간 큰아들과 연락을 주고받을 수 있도록 전화를 충전하고 싶어 했다.

이 모든 필요는 단 한 가지 바람으로 요약할 수 있었다. 전기선이 그들 마을까지 닿기를 바란다는 것이다. 무엇보다 가장 심각한 문제는 전기와 가스가 없어 이 가족은 세계의 다른 30억 명과 마찬가지로 고체 연료를 실내에서 태워 요리하고 난방을 한다는 점이었다. 이 오염된 일상은 호흡기 질환과 폐 질환을 유발하며, 매년 약 200만 명의 생명을 앗아 가는 전 세계에서 가장 치명적인 환경 문제로 남아 있다.

인도의 한 연구에 따르면 아동 100만 명이 태어날 때마다 전기가 없어 약 8,000명이 사망한다. 방글라데시의 보고서에 의하면 전기가 없는 마을에서는 유아 사망률이 그렇지 않은 마을보다 3분의 1 이상 높다. 만약 에너지를 사용할 수 없는 빈곤층이 전기를 사용하는 지역에서 생산된 기술과 제품을 전혀 이용할 수 없다면 이런 수치는 훨씬 더 악화됐을 것이다. 에너지 부족이 전 세계를 덮친다면 전체 생산, 무역, 운송 시스템이 무너질 수밖에 없다.[4]

이게 전부가 아니다. 역설적으로 탈성장은 기후를 인간에게 더 위험하게 바꿀 수 있다. 기후 변화에 적응하기 위해 우리는 번영과 기술이 필요하기 때문이다. 부유한 국가는 가난한 국가보다 자연재해의 발생 빈도가 적지는 않지만, 인명과 건강에 미치는 피해를 훨씬 효과적으로 줄인다. 국제재난데이터베이스에 따르면 가뭄, 홍수, 폭풍, 산불, 폭염 등 기후 관련 재해로 사망할 확률은 1950년대 이후 90% 이상 감소했다.[5] 이는 자연재해의 빈도가 줄었기 때문이 아니라 물질적 풍요, 기술, 건축, 보건 의료가 발전했기 때문이다. 만약 우리가 1950년대 이후 성장률을 0%로 유지했다면 대기 중 이산화탄소는 덜 늘었겠지만, 매년 약 50만 명이 기후 재해로 목숨을 더 잃었을 것이다.

성장을 줄이는 것은 이산화탄소 배출을 줄이는 방법 중 가장 비용이 많이 들고, 동시에 가장 많은 인명을 희생시키는 방법이기도 하다. 한 추정에 따르면 2020년에 마이너스 성장으로 인해 감축된 이산화탄소는 1톤당 약 1,750달러(감소한 국내 총생산 기준)의 비용이 들었다. 이는 오늘날 이용 가능한 대부분의 이산화탄소 감축 기술보다 훨씬 비싼 수치다.[6] 가난은 지구를 구하는 데 가장 비싼 방식이며 가난한 사람들에게는 그 자체로도 가장 큰 재앙이다.

우리는 가난해져서 기후를 구할 수 없다. 더 똑똑하게 부유해져야만 기후를 구할 수 있다. 그리고 그것이 어떻게 가능한지를 알고 싶다면 우리는 과거에 환경을 개선한 과정에서 배워야 한다.

지구에 인간의 발자국을 줄이는
예상 밖의 방법

많은 환경 문제는 놀라울 정도로 잘 해결돼 왔다. 우리는 천연자원이 고갈되는 사태를 맞지 않았다. 지난 100년간 서구 세계에서는 동일한 경제 성장을 달성하는 데 필요한 자원의 양이 약 3분의 1 수준으로 줄어들었다. 물론 같은 시기에 인구가 급격히 증가하고, 각국의 재화와 서비스 생산량이 크게 늘어난 것을 감안하면 그것만으로는 충분하지 않았다. 자원 사용량은 절대 수치로 보면 여전히 증가했다. 그러나 이제는 상황이 바뀌었다. 현재 부유한 국가들은 매년 알루미늄, 니켈, 구리, 철강, 석재, 시멘트, 모래, 목재, 종이, 가축 분뇨, 물, 화석 연료의 사용량을 줄이고 있다. 미국 지질 조사국에서 추적하는 72개 주요 자원 중 66개는 지난 수십 년 동안 사용량이 감소했다.[7]

문제는 자원 고갈보다는 오히려 그 부산물이 잘못된 장소에 쌓인다는 점에 있다. 그러나 이 부분 역시 청소가 시작됐다. 프레온 가스는 단계적으로 퇴출됐고, 그 결과 오존층이 회복되기 시작했다. 미국과 유럽에서는 주요 대기 오염 물질의 농도가 극적으로 감소했다. 그중에서도 황산화물 배출량은 특히 눈에 띄는 성공 사례다. 황산화물은 인체의 폐를 괴롭히고 토양과 수자원을 산성화했지만, 1990년부터 2013년 사이 유럽 연합에서는 황산화물 배출량이 92% 감소했다. 두려움의 대상이었던 산림 황폐화는 현실화되지 않았다.[8]

이런 환경 개선은 조심스럽지만 점차 전 세계로 확산되고 있다. 특히 국경을 넘는 무역과 투자가 새로운 기술을 더 많은 사람에게 접근 가능하게 만들고 있다. WHO는 조기 사망과 장애를 모두 반영하는 장애 보정 생존 연수(DALY, Disability adjusted life years)를 활용하는데, 1990년부터 2017년까지 전 세계적으로 대기 오염으로 인해 장애 보정 생존 연수는 49% 감소했고, 수질 오염으로 인해 65% 감소했다.[9]

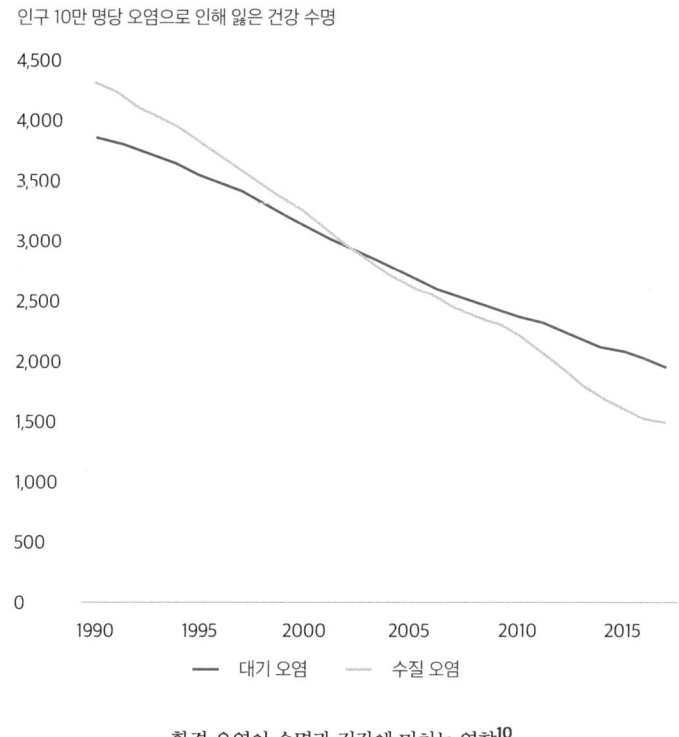

환경 오염이 수명과 건강에 미치는 영향[10]

물론 한 가지 중요한 예외는 있다. 바로 이산화탄소 배출이다. 전 세계적으로 전기 보급이 확산되면서 이산화탄소 배출도 계속 증가했다. 그러나 이런 전기화는 생물성 연료를 사용하는 요리 방식을 줄이는 데 매우 중요한 역할을 했다. 1990년부터 2019년까지 실내 대기 오염으로 인한 사망자는 200만 명 이상 감소했으며, 사망률은 3분의 1 수준으로 줄어들었다. 이는 최근 수십 년간 가장 큰 공중 보건상의 성과다.[11]

그럼에도 생물 다양성은 인간이 야생 지역으로 점점 더 침범하면서

갈수록 더 큰 위협에 처하고 있다. 대부분이 농경지로 전환돼 벌어진 일이다. 우리는 종종 지금이 여섯 번째 대멸종의 한가운데라고 말하는데, 이번에는 인간이 그 원인이라는 것이다.

하루에 150종이 멸종한다는 식의 수치는 흔히 인용되지만, 이는 공간과 종의 상관관계에 기반한 '비관적인 추정치'에 불과하며, 세계 자연 기금 전 사무총장 클로드 마르탱에 따르면 실제로는 틀린 것으로 드러났다. 국제 자연 보전 연맹이 공식 문서화한 지난 500년간 멸종된 종은 1,000종이 채 되지 않으며 대부분 무척추동물이다. 이는 현재까지 기술된 모든 종의 약 0.05%에 불과하다.[12] 이 숫자조차도 분명 비극이지만, 실제보다 과소평가된 것이 확실하다. 연맹은 현재 3만 7,000여 종이 멸종 위기에 처해 있다고 추산한다.

많은 국가가 생물 다양성 문제에 대응하기 위해 더 넓은 자연 보호 구역을 조성하고 있다. 오늘날 지구 표면의 13.5%는 개발로부터 보호되고 있으며, 이는 1990년 대비 2배 이상 증가한 수치다. 해안 지역과 각국이 관리하는 해양 지역에 대한 보호 조치는 더욱 빠르게 확대됐다. 현재 보호되고 있는 해양 지역의 비율은 1990년에 비해 15배나 증가했다.[13] 그러나 세금 보조를 받는 거대한 저인망 어선에 의해 나머지 해역이 남획되는 상황에서는 그 효과가 제한적이다.

생물 다양성에 대한 큰 위협 중 하나는 원시림의 지속적인 감소다. 매년 헝가리 면적에 해당하는 숲이 사라지고 있다. 하지만 유엔 식량농업 기구에 따르면 1990년대 이후 벌채 속도는 40% 감소했다. 선진국에서는 벌채가 사실상 중단됐으며, 미국과 유럽에서는 삼림 면적이 오히려 증가하고 있다. 중국과 인도에서도 숲이 다시 늘어나고 있는데, 이는 인구 증가와 경제 성장이 반드시 자원의 과잉 개발로 이어지지는 않음을 보여 준다.[14] 브라질, 파라과이, 앙골라, 콩고, 탄자니아, 인도네시아, 미얀마 등 7개국에서의 벌채가 아니었다면, 2010년대 전 세계 산림 면적은 순증했을 것이다. 물론 이런 통계가 독특한 자연 가치를 지닌 숲이 파괴된 사실을 위로해 주지는 못한다. 그러나 우리가 끊임없는 전 지구적 벌채 현상에 직면해 있다는 통념은 사실이 아님을 보여 준다.

생물 다양성을 지키기 위해서는 지구상 인간의 발자국을 줄여야 하는데 이는 도시화와 더 생산적인 농업으로만 가능하다. 현재 지구의 얼음과 사막을 제외한 육지의 절반이 농업에 사용되고 있기 때문에 토양에서 더 많은 수확을 올릴 수 있는 모든 수단이 중요하다. 이 분야에서도 녹색 혁명이 가져온 생산성 향상 덕분에 엄청나게 진전했다. 예컨대 인도 농민들이 1960년대 초반과 같은 방식으로 밀을 재배했다면, 2010년에 수확량을 얻기 위해 경작지가 6,500만 헥타르 더 필요했을 것이다. 중국 농민들도 옥수수 생산을 위해 1억 2,000만 헥타르를 더 경작해야 했을 것이다. 전반적으로 볼 때 농업 생산성 향상 덕분에 1961년 이후 약 30억 헥타르의 산림과 초지가 경작지로 바뀌는 것을 막을 수 있었다. 이는 남아메리카 대륙 두 개에 해당하는 면적이다.[15]

이런 발전은 최근 수십 년간 피크 농지 현상으로 이어졌고, 역사상 처음으로 초지를 다시 자연 상태로 회복시키는 일이 가능해졌다.[16] 도시화와 농업 생산성 향상이 지속된다면 유전자 변형 작물(GMO)의

도움을 받는 경우처럼 우리는 다양한 동식물이 복원된 자연이 다시 인간의 손에서 벗어나 자생하는 재야생화의 역사적 기회를 맞이할 것이다.

경제학자 요나스 그라프스트룀과 크리스티안 산드스트룀은 스웨덴에서 환경 측면의 놀라운 발전을 입증하는 방대한 통계 자료를 정리했다. 1990년 이후 스웨덴에서는 인구가 160만 명 증가하고 경제 규모가 거의 2배가 됐음에도 각종 배출량과 자원 사용은 감소했다. 현재 스웨덴에서는 물과 농약 사용량이 줄었고, 휘발유 소비량은 절반 수준으로 감소했다. 해양 부영양화의 주요 원인인 질소와 인은 배출이 40% 줄었다. 정수 처리장에서 방출되는 크롬, 카드뮴, 수은 같은 금속의 배출량은 80% 이상 감소했다. 폐기물 발생량은 약 25% 증가했지만 폐기물 처리 과정에서 배출이 40% 가까이 줄었으며 폐기물로 인한 이산화탄소 배출은 67% 감소했다. 스웨덴 대기 중에 방출되는 26가지 유해 물질 중 24개가 1990년 이후 감소했고, 그중 19개는 절반 이상 줄었다. 미세 먼지는 절반으로 줄었고, 질소 산화물은 54%, 휘발성 유기 화합물은 63%, 일산화 탄소는 69%, 납은 97% 감소했다.[17]

이제 이 문제는 단순히 '상대적 탈동조화'에 관한 것이 아니다. 즉 1인당 혹은 국내 총생산 단위당 자원 사용량을 줄이는 수준을 넘어서고 있다. 우리는 '절대적 탈동조화', 즉 인구와 경제가 성장함에도 자원 투입량 자체를 줄이면서 더 많은 성과를 내는 단계에 이르고 있다.

경제학자 폴 로머는 성장이라는 것이 더 많은 재료를 사용하는 데서 비롯될 필요는 없다고 말했다. 그는 더 나은 '레시피'를 고안하고 최고의 레시피 중 다수를 더 적은 재료로 만들어 내는 것이 성장의 핵심이라고 강조한다. 만약 성장이 단지 더 많은 것을 냄비에 쏟아붓는 방식으로만 이뤄진다면 당연히 우리는 성장의 한계에 직면할 수밖에 없을 것이다. 그러나 어떤 레시피를 고안할 수 있을지는 오직 우리의 상상력과 자유에 의해 결정된다. 다시 말해 우리의 창의력과 자유가 허락하는 한 성장에 한계는 존재하지 않는다.

어떤 자원이 고갈될지
걱정할 필요가 없는 이유

무슨 일이 있었던 걸까? 자본주의는 지구를 파괴할 운명이 아니었던가? 나오미 클레인이나 요란 그레이더 같은 좌파 사상가들은 여전히 환경을 구하기 위해 계획 경제가 필요하다고 주장한다. 그러나 실제로 존재했던 공산주의 국가들, 즉 동유럽의 계획 경제 국가들을 살펴보면 어떤 방식이 효과가 있었고 어떤 방식이 실패했는지를 가늠할 수 있다.

공산주의 국가들은 환경을 철저히 파괴했다. 그 이유는 여러 가지가 있지만, 그중 하나는 자원의 사용 방식과 관련이 있다. 1980년대에 소련 경제학자들은 자국의 공장이 동일한 생산량을 내기 위해 미국 공장보다 50% 더 많은 자재와 2배 이상의 에너지를 필요로 한다는 점을 계산해 냈다. 소련은 거의 2배에 달하는 철강과 시멘트를 사용하면서도 얻는 생산량은 절반밖에 안 됐다. 그들의 기계와 장비는 외국산 모델보다 15~25% 더 무거웠다.[18] 물론 이는 기계와 생산 방식이 낙후됐기 때문이다.

그렇다면 왜 그랬을까? 계획 경제 체제에서는 생산 계획자가 특정한 생산 방식을 우선시한다고 판단하면 해당 공장은 필요한 자재와 에너지를 공급받았다. 사회주의 체제에서는 자재와 에너지를 더 잘 관리하는 경쟁자와 경쟁해야 할 압박이 없었기 때문에 공장들은 생산 방식을 지속적으로 개선할 필요가 없었다.

하지만 경쟁, 이윤 동기, 자유로운 가격 책정이 존재하는 자본주의 경제는 전혀 다르다. 음료 캔의 두께를 0.1밀리미터 줄이는 방법을 고안한 기업은 자재 비용만으로도 수백만 달러의 이익을 얻을 수 있다. (이처럼 음료 캔의 무게는 한 세기 만에 85그램에서 13그램으로 줄어들었다.) 이런 경제적 유인은 생산 과정을 끊임없이 혁신하게 만든다. 환경에 더 친화적인 기술을 개발한 사람은 차세대 '그린 테크' 억만장자가 될 수도 있다.

우리가 인간의 창의력을 무시하고 자원이 지금처럼 같은 방식, 같은 비율로 계속 소비될 것이라고 가정한다면 언제나 자원은 곧 고갈될 것처럼 보인다. 19세기 경제학자 윌리엄 스탠리 제번스는 석탄이 곧 고갈될 것이라고 예측했던 인물로 유명한데, 그는 종이 부족을 우려해 필기 용지와 포장지를 엄청나게 모아 두기까지 했다. 곧 나무가 모두 사라질 것이라고 믿었던 것이다.[19] 그러나 자원이 민간 소유이며, 시장 가격이 형성돼 있는 한 수많은 혁신가와 기업가는 자원을 더 효율적으로 활용하고, 대체재를 찾고, 재활용하는 새로운 방법, 즉 새로운 레시피를 끊임없이 고안해 낸다.

자본주의의 비판자 중 핵심 인물이었던 칼 마르크스조차 자본주의 경제가 폐기물을 부로 전환하는 데 얼마나 능숙한지를 인정했다. 그는 육류 산업이 찌꺼기를 그냥 버리는 대신 단추, 손잡이, 접착제, 비누, 지방 등의 제품으로 활용하는 방식을 관찰했다. 경쟁에 노출돼 있고 쓰레기를 무단으로 버릴 수 있는 공유지가 없는 상황에서는 기업들이 폐기물을 수익성 있게 재활용할 방법을 찾아야 했다.[20] 이제는 숲, 수질, 하수 등 다양한 형태의 공유지가 존재하고, 산업화가 진행됨에 따라 배출 행위와 그 피해 사이의 연관성은 점점 더 복잡해지고 있다.

하지만 피해가 다른 곳에서 발생했다고 해서 결코 그 피해가 덜한 것은 아니었다. 우리는 굴뚝을 더 높이 지어 황산화물이 멀리 날아가게 했지만, 그것은 결국 또 다른 호수에 떨어져 생명을 앗아 갔다. 엔진을 원활히 작동시키기 위해 사용된 납은 결국 아이들의 신경계에 침투했다.

이런 환경 파괴는 자본주의의 핵심 원칙, 즉 '자신의 행동에 대한 비용은 스스로 부담해야 한다'는 원칙에 반하는 행위다. 오염을 유발하는 이들은 이윤(예컨대, 생산이나 운송을 통한 수익)은 사유화하지만, 비용(예컨대, 어업 자원을 해치거나 우리가 모두 의존하는 기후를 손상하는 배출물로 인한 피해)은 사회화한다.

기업이 타인의 자원을 자유롭게 사용할 수 있고 자신의 폐기물을 아무런 제약 없이 배출할 수 있다면, 그들은 그렇게 할 것이다. 그러나 피해를 입는 사람들과 가격을 협상하거나, 정부가 환경에 가격을 부여하는 방식으로 그 비용을 직접 부담해야 한다면 기업들은 더 적은 자원으로 생산하거나, 친환경 기술을 개발하거나, 오염을 정화하거나, 폐기물을 새로운 방식으로 활용하려 할 것이다. 마르크스가 관찰했던 그대로다.

자유 시장 원칙에 따르면 다른 사람에게 피해를 떠넘기며 이익을 얻는 일은 허용돼서는 안 된다. 배출이 정당화될 수 있는 유일한 이유는 그 생산 과정에서 심지어 피해를 입은 사람들조차도 납득할 수 있을 만큼 큰 가치를 창출하는 경우다. 과거에는, 그리고 때로는, 지금도 오염자에게 그들의 행위로 인한 결과에 엄격한 책임을 묻고 피해자에게 금전적 보상을 하도록 하는 법적 절차가 존재했다. 하지만 세상이 점점 더 복잡해지고 상호 작용이 희미해지면서 이런 방식은 항상 적용 가능하지 않다. 수십억 명이 수백만 명의 이산화탄소 배출자를 상대로 집단 소송을 제기할 수 있을까? 산불 위험이 증가한 것에 어떻게 보상할 수 있을까? 특정 자동차, 항공편, 혹은 소 한 마리의 활동이 초래한 정확한 피해를 어떻게 추적할 수 있을까?

따라서 경제학자들이 말하듯 '외부 효과를 내부화'하는, 즉 일상적인 표현으로는 환경에 가격을 매기는 일을 수행하는 것이 중요한 정치적 과제다. 이를 위해서는 재산권, 책임, 협상에 기반하여 환경 시장이 했을 법한 일들을 따라 해야 한다. 일부 배출물은 대체재가 존재하고 해악이 크기 때문에 전면 금지할 수 있다. 냉장고에 쓰이는 프레온 가스나 휘발유에 들어가는 납이 그 예다. 반면 일부 배출물, 예컨대 온실가스는 아직까지 인간의 삶에 너무나 중심적인 요소이므로 금지하기보다는 가격을 매겨 점진적으로 줄이고 대체재를 찾도록 유도하는 편이 낫다. 이것은 선을 어디에 그을지 매우 어려운 문제이므로 여기에 대해 내가 명확한 해답을 줄 수는 없다. 하지만 이 원칙 자체는 매우 중요하다. 정확히 틀리는 것보다는 대략이라도 맞는 쪽이 언제나 낫다.[21]

스웨덴이 환경 분야에서 성공할 수 있었던 이유 중 하나는, 1990년대 초부터 이산화 질소세나 황세같이 배출물에 가격을 부과하는 조치를 했기 때문이다. 이로 인해 시장에 창의성이 동원됐고, 모든 생산자가 더 나은 기술과 더 적은 배출을 추구할 유인을 갖게 됐다. 이 접근법의 장점은 어떤 기술이 성공할지를 예측하는 정치인들에게 의존하지 않는다는 데 있다. 그 대신 혁신가들과 기업가들이 돈을 벌고 싶어 한다는 사실 하나만 믿으면 된다.

부유해질수록
환경을 지킬 수 있다

자유 시장은 우리를 더 부유하게 만들며, 이는 매우 중요하다. 인도의 총리 인디라 간디는 1972년 한 연설에서 이렇게 말했다.

"가난과 결핍이야말로 가장 큰 오염원이 아닌가요? … 빈민가에 사는 사람들에게 바다와 강, 공기를 깨끗이 하라고 어떻게 말할 수 있겠습니까? 그들의 삶 자체가 근원부터 오염돼 있는데요. 빈곤 속에서는 환경을 개선할 수 없습니다."[22]

이는 완전히 맞는 말은 아니다. 심지어 극심한 빈곤 상태에 있는 국가에서도 환경을 개선하는 것은 가능하다. 그러나 식탁에 음식조차 없는 상황에서 고비용의 환경 정책에 대해 폭넓은 지지를 얻기란 훨씬 더 어렵다. 우리는 환경 문제의 중요성을 인식하게 해 준 녹색 운동에 감사해야 한다. 하지만 그 운동이 1970년대에 비로소 대중적으로 확산됐다는 사실 자체가 번영이 얼마나 중요한지를 보여 준다. 그 전까지는 서구 세계조차도 아이들에게 양질의 교육을 제공하고 노인들에게 돌봄과 연금을 마련해 주는 데 애쓰고 있었다. 그 시기에는 몇 달러 더 벌기 위해 자연을 희생하는 일도 서슴지 않았다.

1960년대 미국의 한 시장은 이렇게 말했다.

"이 마을이 성장하려면 악취가 나야 합니다."

스웨덴 재무 장관의 사회민주당 비서실장도 1970년 대기업들이 아름다운 서해안에 공장을 세우고자 할 때 이렇게 설명했다.

"경제적 효율성과 성장의 관점에서 본다면 서해안을 희생하는 것이 명백히 옳은 일입니다. 더 나은 수익을 주는 다른 대안을 찾을 수 없습니다. … 지중해와 다른 바다에도 수백 마일의 해안선이 있습니다."[23]

돈이 있으면 돈 이외의 것을 생각할 수 있다. 번영은 우리의 선호를 바꾼다. 개인으로서 우리는 자신의 행동이 지역 환경에 어떤 영향을 미치는지를 생각하게 되고, 소비자로서 우리는 상품이 어떻게 생산됐는지를 고민하게 되며, 유권자로서 우리는 서해안을 보호할 정치인을 선택한다. 이뿐만 아니라 부유한 경제는 더 많은 자원을 연구, 개발, 그리고 친환경 기술의 소비에 쓸 수 있다.

우리가 물건을 더 나은 방식으로 생산하고, 운송하며, 폐기물과 오염수를 처리할 수 있도록 해 주는 새로운 공정과 기술은 대부분 부유한 나라들에서 개발됐다. 촉매 변환기, 사이클론 분리기, 집진기, 흡착제같이 배출 가스를 정화하고 유해 화학 물질을 처리하는 기술의 급속한 발전도 이런 나라들에서 이뤄졌다. 무연 휘발유, 저유황 연료, 전기 차, 연료 효율성이 높은 항공기, 1990년대보다 에너지를 절반만 쓰는 가전제품, 에너지 소비가 5분의 1로 줄어든 조명 기술도 마찬가지다. 또한 이 국가들이 바로 물리적 제품을 디지털화하여 0과 1로 대체하는 혁신을 주도하고 있다. 라디오, 카메라, 계산기, 자명종, 전화번호부, 달력, 지도, 나침반이 이제는 스마트폰 하나에 들어간다.

번영은 우리가 폐기물을 처리하고 관리할 수 있는 자원을 제공한다. 최근 몇 년간 우리는 플라스틱 소비를 둘러싼 많은 논의를 봤다. 야생 동물이 플라스틱에 걸리거나 그것을 먹는 가슴 아픈 장면이 담긴 다큐멘터리를 접했다. 그러나 우리는 플라스틱 없이 살아갈 수 없다. 플라스틱 1톤이 목재나 유리 같은 대체재 1톤보다 환경에 약간 더 나쁜 영향을 미칠 수는 있다. 하지만 문제는 그 어떤 대체재도 플라스틱처럼 가볍고 튼튼하며 유연하지 않기 때문에 훨씬 더 많은 양을 써야 한다는 점이다. 그렇다면 그것이 반드시 지구에 더 좋은 선택도 아니다. 플라스틱은 음식물 쓰레기를 줄이는 데 기여한다. 플라스틱 포장은 습기, 오염, 곤충으로부터 식품을 보호하고, 상품을 매우 효율적으로 포장할 수 있어서 두세 대의 트럭 대신 한 대의 트럭만으로도 운송이 가능하다.

그러므로 더 중요한 질문은 플라스틱을 사용한 뒤 그것이 어디로 가느냐다. 부유한 국가에서는 플라스틱이 자연이나 바다로 흘러 들어가는 경우가 극히 드물다. 플라스틱은 수거돼 재활용되거나 소각돼 전기와 열로 전환된다. 유럽이나 미국의 모든 시민이 비닐봉지, 빨대, 병원용 멸균 일회용 봉투, 자동차에 들어가는(연료 효율을 높이는) 플라스틱, 그 외 모든 플라스틱 사용을 중단하더라도 해양에 유입되는 플라스틱 배출량은 1%조차 줄지 않을 것이다.[24]

가난한 나라에서는 플라스틱이 종종 누수되는 매립지에 버려진다. 이런 매립지가 강가에 가까운 경우 플라스틱은 결국 바다로 흘러간다. 필리핀 한 나라에서만 발생하는 해양 플라스틱은 유럽과 북미 전체를 합친 양보다 7배나 많다. 아시아와 아프리카 국가들은 1인당 플라스틱 소비량이 매우 적지만, 해양에 유입되는 전체 플라스틱의 거의 90%를 차지한다.

이 모든 사실의 결론은 명확하다. 돈 이야기를 하는 것이 문제가 아니라 오히려 그것이 해결책이라는 점이다. 환경 성과 지수(EPI, Environmental Performance Index)는 예일대학교가 다른 기관들과 협력하여 전 세계 180개국의 생태적 지속 가능성을 32가지 환경 지표(생물 다양성부터 기후 배출까지)를 기준으로 정기적으로 평가하고 순위를 매기는 야심 찬 프로젝트다. 실제로 전 세계 각 지역은 그 지역의 번영 수준에 따라 순위가 나뉘며, 각 지역 내부에서도 마찬가지의 양상이 나타난다. 상위 37개 국가는 모두 부유한 서구 민주국가들이며, 순위 하단에는 주로 아프리카 국가들과 가난한 아시아 국가들이 위치해 있다. EPI는 '환경 성과는 국가의 부와 강한 상관관계를 가진다'고 결론짓는다. 물론 같은 번영 수준 내에서도 더 잘하거나 못하는 나라들이 존재한다.[25]

학계에서는 환경 분야에서도 일종의 쿠즈네츠 곡선이 존재할 수 있다는 논의가 있다. 많은 유형의 환경 파괴는 U자를 거꾸로 뒤집은 형태의 경로를 따르며, 이는 경제학자 사이먼 쿠즈네츠가 원래 성장과 불평등의 관계를 설명할 때 사용했던 형태이기도 하다. 국가가 도시화와 산업화를 시작할 때는 자연과 건강에 대한 피해가 급격히 증가하지만, 일정 수준의 소득을 넘어서면 오히려 환경이 개선된다는 것이다.

이 가설은 논란의 여지가 있으며 자동으로 적용되는 관계가 아니라는 반론도 많고, 모든 환경 피해 유형에 해당되지 않는다는 지적도 있다. 그러나 1992년부터 2009년까지 발표된 100건 이상의 실증 연구들

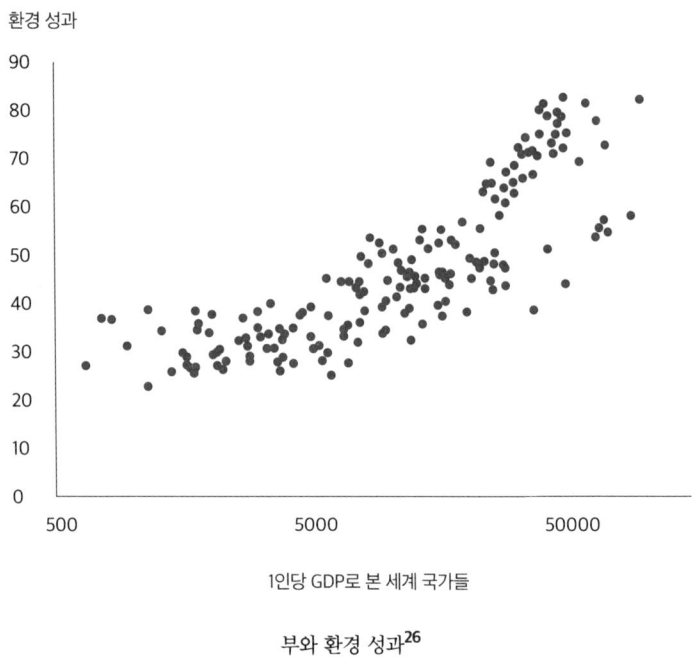

부와 환경 성과[26]

을 종합한 리뷰에 따르면, 우리가 직면한 가장 심각한 환경 문제 가운데 상당수에서는 이런 관계가 실제로 존재한다고 나타난다.[27]

이런 관계는 심지어 생물 다양성에도 적용될 수 있다. 세계 자연 기금이 발표하는 '생명 지수'에 따르면 고소득 국가에서는 1990년 이후 (이 지수가 대상으로 하는 척추동물에 한하여) 개선된 양상이 나타난다. OECD의 생물 다양성 관련 검토에서도 대부분 지역에서 생물 다양성이 감소하고 있음에도 지난 반세기 동안 서유럽에서는 오히려 증가한 것으로 나타났다. 네덜란드를 심층 분석한 연구에서는 생물 다양성이 1970년까지 급격히 감소하다가 이후 빠르게 증가한 것으로 드

러났으며, '이는 전반적으로 쿠즈네츠 곡선의 역U 자 형태와 일치하는 양상'이라고 결론지었다.[28]

자국 내 생산과 관세 부가가 이롭지 않은 이유

세계가 직면한 과제는 매우 거대하며, 상황이 나아지기 전까지 우리가 얼마나 더 많은 피해를 초래할지는 여전히 미지수다. 그러나 우리가 확실히 알게 된 사실은 환경 문제의 해답이 탈성장이 아니라는 점이다. 문제는 어떻게 하면 중국인과 인도인을 빈곤에 가둬 둘 것인가가 아니다. 어떻게 하면 그들을 쿠즈네츠 곡선의 '오른쪽', 즉 환경이 개선되는 단계로 이끌 수 있는가다.

하나의 방법은 세계 경제를 개방된 상태로 유지하는 것이다. 장거리 무역은 흔히 오염 배출을 증가시키는 주범으로 지목되며, 우리는 지역에서 생산된 제품을 구매하라는 권유를 받는다. 그러나 '아워 월드 인 데이터(Our World in Data)'의 해나 리치는 관련 연구를 검토한 뒤 이렇게 썼다.

"운송이 오염 배출로 이어진다는 점에서 직관적으로는 타당해 보일 수 있지만, 이것은 잘못된 조언 중 하나입니다."[29]

그런 말이 직관적으로 들리는 이유는 우리가 운송이 환경에 미치는 영향을 과대평가하기 때문이다. 유럽 평균 식단을 대상으로 한 연구에 따르면 운송은 평균 식료품 소비에서 발생하는 기후 영향의 6%를 넘지 않으며, 이 중 대부분은 매장에서 가정으로 가져오는 '마지막 1마일'에서 발생한다. 나머지 오염 배출은 토지 사용, 생산, 저장 과정에서 비롯된다. 신발, 맥주, 아이패드처럼 다양한 물품을 대상으로 한 조사에서도 유사한 결과가 나타났다. 오염 배출의 90%는 무역이 아닌 다른 요인에서 발생한다.[30]

이는 역설적이게도 환경에 더 나은 선택이 지구 반대편에서 생산된 제품을 구매하는 것일 수 있음을 의미한다. 그것이 지역보다 조금이라도 더 친환경적으로 생산될 수 있다면 말이다. 예컨대 뉴질랜드산 양파나 케냐산 장미는 네덜란드산 장미보다 오염 배출량이 훨씬 더 낮다. 네덜란드에서 재배된 장미는 케냐산 장미보다 5배 이상 오염 배출을 일으킨다.[31]

무역의 진정한 영향은 기술 발전을 세계적으로 자극한다는 데 있다. 이는 친환경적인 방식과 제품의 가격을 낮춰 지역 기업이 이를 더 널리 활용할 수 있도록 한다. 이는 심각한 환경 문제를 겪고 있는 가난한 나라들이 우리가 앞서 경험한 실수와 진보에서 배울 수 있도록 한다. 그들은 우리가 수세대에 걸쳐 수십억 달러를 들여 개발한 기술을 바로 활용할 수 있다. (그런 관점에서 보면 녹색 기술에 대한 관세는 일반적인 관세보다도 훨씬 더 어리석다.)

우리가 휘발유에서 납을 제거하기 위해서는 고도의 정제 시설에 투자해야 했다. 이 시설 덕분에 납을 첨가하지 않아도 높은 옥탄가를 얻을 수 있었고, 엔진 윤활 역할을 하던 납을 대체할 수 있는 나트륨 계열 첨가물도 연구됐다. 스웨덴에서 휘발유 내 납이 금지된 것은 1995년이었다. 중국과 인도는 스웨덴보다 1인당 국민 소득이 10분의 1 수준에 불과했음에도 5년 뒤 같은 조치를 취할 수 있었다. 이라크와 예멘이 납 함유 휘발유를 금지한 이후 유엔 환경 계획은 알제리만이 마지막 남은 국가라고 발표했다. 그런데 지금 이 글을 쓰고 있는 시점에서 알제리 또한 이를 금지했다는 소식이 전해졌다. 내가 자라던 시절만 해도 시장을 지배하던 납 함유 휘발유는 이제 전 세계 그 어떤 주유소에서도 찾아볼 수 없게 됐다.

이처럼 친환경 기술이 확산되면서 오염이 심각했던 국가들에 대해서도 조심스럽게 낙관할 수 있게 됐다. 경제가 성장함에 따라 중국은 거의 모든 항목에서 세계 최대 오염국이 됐다. 하지만 1990년에서 2019년 사이 중국인이 대기 오염으로 사망할 확률은 거의 3분의 1 수준으로 감소했다.[32]

자유 시장과 건강한 지구가 양립할 수 있다는 점에 아직도 회의적인 사람이 있다면, 환경 성과 지수의 최신판을 살펴보는 것도 흥미로울 것이다. 이 지수에서는 두 가지 경제 자유 지수를 환경 지표들과 비교해 분석한다. 놀랍게도 분석 결과는 우리가 경제와 환경 사이에서 어느 하나만 선택해야 한다는 생각에 의문을 제기한다. 연구자들은 다음과 같이 결론짓는다.

"우리는 경제적 자유주의가 환경 성과와 긍정적으로 연관돼 있음을 발견했습니다. 물론 이 결과가 환경을 고려하지 않은 채 국가가 방임적 경제 전략을 마음껏 추구해도 된다는 면허증을 주는 것은 아닙니다. 그러나 경제 발전과 환경 보호의 암묵적 긴장 관계에 의문을 던지는 데에는 충분합니다."[33]

그렇다면 지금까지의 논의는 우리가 기후 변화에 대응할 수 있는 능력에 대해 무엇을 말해 주는가? 안타깝게도 이 모든 내용은 왜 우리가 지금껏 실질적인 조치를 취하기 어려웠는지를 다시금 보여 준다. 대기에는 소유권이 없으며, 오염을 유발한 사람들이 타인에게 끼친 환경적 비용에 대해 대가를 지불할 필요도 없다. 오염의 영향은 예측하기 어렵고, 시간이 지나면서 확산되며, 대개 한 국가 안에서 정치적 합의로 규제할 수 있는 문제에 국한되지 않기 때문에 그 원인과 결과를 파악하기조차 쉽지 않다.

그러나 그렇다고 해서 아무런 진전이 없었다는 의미는 아니다. 전 세계를 볼 때 국내 총생산 1단위를 생산하는 데 필요한 에너지의 양은 1990년부터 2018년까지 36% 감소했다. 저소득 및 중소득 국가는 낡고 더러운 기술에서 최신 기술로 빠르게 전환할 수 있었기 때문에 훨씬 더 빠르게 개선됐다. 같은 기간 중국의 에너지 집약도는 무려 70% 감소했다.[34] 게다가 생산된 에너지 중 화석 연료에 의존하는 비중도 점차 줄어들고 있다. 재생 에너지의 가격이 점점 더 저렴해지기 때문이다. 예를 들어, 2009년부터 2019년 사이에 보조금 없이 운영되

는 태양광 발전소의 전기 가격은 놀랍게도 89%나 하락했다.[35]

좀 더 장기적인 시각에서 보면 놀라운 발전을 확인할 수 있다. 영국 같은 19세기에 산업화를 이룬 나라들은 전성기 당시 (오늘날의 화폐 가치 기준으로) 국내 총생산 1달러를 생산할 때마다 약 1킬로그램의 이산화탄소를 배출해야 했다. 한 세기 후, 중국과 다른 신흥 경제국들이 같은 길을 걸을 때는 오염이 가장 심했던 시점에도 1달러당 500그램만을 배출했다. 현재 빠르게 성장하고 있는 아프리카와 남아시아 국가들은 이미 1달러당 300그램의 배출량으로 정점을 찍었으며, 이제는 더 친환경적인 에너지 전환을 향해 나아가고 있다.[36]

하지만 1인당, 혹은 생산된 부(富) 단위당 이산화탄소 배출량이 줄어들었다는 사실만으로는 충분하지 않다. 왜냐하면 단순히 생각해 봐도 앞으로 이 지구에 사는 인구는 더 늘어날 것이고, 더 많은 부가 생산될 것이기 때문이다. 같은 기간 동안 에너지 사용량은 59% 증가했고, 이산화탄소 배출량은 약 38% 증가했다. 그러나 이는 근본적인 방향이 올바르다는 것을 의미한다.

우리에게 지금 필요한 것은 뒷걸음질이 아니라 속도를 높이는 일이다. 성장을 멈추자는 주장에 매력을 느끼는 이들은 지난 10년간 경제위기를 겪었던 나라들, 예컨대 그리스와 포르투갈의 사례를 살펴봐야 한다. 물론 단기적으로는 생산이 위축됐기에 이산화탄소 배출이 줄어들었다. 하지만 장기적으로 보면 이 국가들은 투자에 투입할 자원이 줄어들었고, 결과는 성장 1단위를 만들어 내기 위해 더 많은 온실가스를 배출하게 됐다. 2010년 이후 이 국가들은 지구 전체와는 달리 오

히려 단위당 온실가스 배출량이 증가했다.[37]

지난 10년간 약 50개국이 이산화탄소 배출량을 절대적인 수치로도 줄이는 데 성공했으며, 대부분은 북미나 서유럽 같은 부유한 국가들이다. 이는 그들이 더러운 공장을 가난한 나라로 이전했기 때문이 아니다. 2006년 이후 OECD 국가들의 해외 수입으로 발생한 탄소 배출량은 3분의 1 이상 감소했다.[38] 이산화탄소 배출에도 쿠즈네츠 곡선이 존재하는 것으로 보인다. 다만 다른 오염 물질보다 훨씬 더 높은 수준에서 정점을 찍고 감소하기 시작하는 점이 특징이다.

탄소세와 탄소 국경세
그리고 탄소 가격제와 세금 논란

그렇다면 어떻게 더 많은 국가가 쿠즈네츠 곡선의 오른쪽, 즉 배출량이 감소하는 구간으로 진입하게 하고, 이미 그 구간에 진입한 50개국은 어떻게 하면 그 속도를 높일 수 있을까? 이에 대한 명확한 답은 없다. 나도 모르고, 독자도 알지 못하며, 우리의 정치 지도자들 역시 마찬가지다.

해결책은 전기 차일 수도 있고, 연료 효율이 극도로 높은 내연 기관일 수도 있으며, 더 나은 바이오 연료나 완전히 새로운 교통수단일 수도 있다. 에너지원으로는 태양이나 바람, 혹은 저렴하고 안전한 차세대 원자력 발전이 될 수도 있다. 만약 태양에 의존한다면 거대한 산업용 태양광 발전소를 지어야 할까, 모든 곳에 태양광 패널을 설치할까? 아니면 패널을 태양이 항상 비치는 우주에 설치해야 할까?

우리가 채식주의자가 되거나, 실험실에서 배양한 고기를 먹거나, 가축이 방목지에 덜 의존하고 메탄을 덜 배출할 수 있도록 식단과 사료 첨가제를 개발해야 할 수도 있다. 또는 일부 화석 연료를 계속 사용하면서 배출된 이산화탄소를 포집해 저장하는 방법을 택할 수도 있다. 그렇게 할 경우, 더 많은 나무를 심는 방식으로 해야 할까? 이 방법은 대규모 단일 수종 조림과 막대한 물 사용을 수반한다.

아니면 현재 클라임웍스, 카본 엔지니어링, 글로벌 서모스탯 같은 기업들이 실험 중인 산업 공정을 통해 포집해야 할까? 이 기업들은 이산화탄소 1톤을 포집하는 데 드는 비용을 100달러 이하로 낮추는 것을 목표로 하고 있다. (이 같은 기술은 팬데믹 당시 마이너스 성장을 통해 동일한 양의 이산화탄소를 줄이는 데 약 1,750달러가 소요됐던 점을 상기한다.)

어떤 기술이 궁극적으로 가장 잘 작동할지, 어떤 혁신이 그 기술의 가격을 낮출지, 어떤 과학적 돌파구가 완전히 예상치 못한 해결책으로 이어질지는 아무도 알 수 없다. 그렇기 때문에 우리는 가능한 한 많은 사람이 각자의 지역적 지식, 신념, 기술을 바탕으로 다양한 실험을 할 수 있도록 동기를 부여해야 한다. 목표는 에너지 효율성과 비화석 에너지로의 전환 추세를 가속화하는 것이며, 이를 통해 국제적인 합의가 없어도 경제적 이익 때문에 녹색 기술을 사용하는 세상을 만드는 것이다.

내 친구 마티아스 스벤손은 아프가니스탄의 불법 양귀비 밭에 태양광 발전 펌프로 물을 댄다는 사실을 알려 줬고, 나는 이에 놀랐다. 양귀비 재배자들이 정부의 지시나 환경에 특별한 관심이 있어서 그런 것이 아니라 단지 그것이 가장 저렴한 방식이기 때문이다. 우리 모두가 아프간의 아편 생산자들과 같은 경제적 유인을 갖게 되는 순간 (적어도 에너지 소비 측면에서는) 문제가 해결된다.

어디에서든 이런 발전을 촉진하는 가장 좋은 방법은 사람들이 자신의 행동에 따른 결과에 비용을 지불하도록 하는 것이다. 모든 형태의 화석 연료에 도매 단계에서 세금을 부과하면 그 비용은 다음 단계의 산업과 소비자에게 전달된다. 이를 통해 모든 사람은 온실가스 배출에 대한 책임을 양심의 차원뿐 아니라 지갑으로도 느끼게 된다. 이는 사람들이 온실가스를 덜 발생시키는 상품과 서비스로 소비를 전환하도록 유도한다. 그리고 이산화탄소를 가능한 한 저렴하게 줄이기 위한 창의적인 아이디어를 고안하고, 배출을 최소화할 수 있는 새로운 기술을 개발하도록 자극한다.

탄소세가 도입되면 어떤 기술이 온실가스를 가장 효과적으로 줄일지 예측하려는 정치인들의 시도를 멈출 수 있다. 그들은 더 이상 자신과 사적인 인맥 때문에, 개인적 신념 때문에, 이념적으로 좋아하기 때문에, 사진 촬영에 적합하기 때문에, 선거구에 일자리를 창출하기 때문에 잠재적으로 선거 자금을 대줄 녹색 기업에 보조금과 혜택을 나눠 줄 필요가 없다. 기업은 정책 결정자를 얼마나 잘 설득했는가에 따라 돈을 버는 것이 아니라, 배출량을 얼마나 많이 줄였는가에 따라 수익을 얻게 될 것이다. 그렇게 되면 어떤 종류의 전구를 써야 하는지, 창문 크기는 얼마까지 가능한지, 언제부터 휘발유 차량을 금지할지와 같은 세세한 규제를 없앨 수 있다.

이런 조치는 특정 기술에 대한 목표를 설정하고 그 기술의 실질적인 효과와 관계없이 확장만을 장려하는 보여 주기식 환경 정책을 피한다. 현재 대표적인 사례로는 중국의 풍력 발전 확대 계획이 있다. 이 계획은 수많은 풍력 터빈을 세우게 했지만 전력 생산은 미미했다. 품질이 낮고 비효율이 크기 때문이다. 미국보다 2배 많은 풍력 용량을 보유하고 있음에도 양국은 같은 수준으로 전기를 생산하고 있다. 설치된 설비의 최대 30%는 아예 전력망에 연결조차 돼 있지 않다. 그러나 목표가 단지 계획을 이행하고 대외적으로 깊은 인상을 남기는 것이라면 그것이 무슨 문제겠는가?[39]

약 40개국과 여러 도시, 주, 지방 정부는 이산화탄소에 일정한 가격을 책정하는 제도를 시행하고 있다. 이는 대체로 부유한 국가들이며, 그중에서도 가장 부유한 지역들이 해당된다. 그러나 이로 인해 가격이 매겨지는 온실가스 배출량은 전 세계 총배출량의 약 5분의 1에 불과하다.

여기서 정치적 문제의 핵심에 직면하게 된다. 이전까지는 무료였던 것에 대해 사람들이 대가를 지불하도록 동의하게 만들 수 있을까? 특히 그 보상이 먼 미래에나 돌아올 것이고, 그마저도 대부분 다른 지역에서 실현된다면 더욱 그렇다.

때로는 이 문제가 완전히 불가능한 과제로 느껴진다. 그래서 유럽 연합은 탄소세가 없는 국가들에 대해 국경세를 부과하여 그들의 수출품을 벌하는 조치를 준비했다. 하지만 이것이 기후를 구하는 방법이라기보다는 세계 무역을 해치는 행위가 될까 봐 우려된다.

외국 수출업자들이 배출한 온실가스를 개별 산정하는 것은 사실상 불가능하다. 그러므로 이들에게는 일반적인 수출품이 발생시키는 평균 온실가스 배출량에 따라 관세가 부과될 것이다. 친환경적인 생산 방식을 위해 막대한 투자를 한 기업도, 아무것도 하지 않은 기업과 같은 수준으로 벌을 받는 셈이다. 이는 환경 개선을 위한 인센티브로서는 최악의 방식이라고 볼 수 있다. 또한 한 국가 내에서도 일부 지역은 배출권 시장이나 탄소세를 도입한 경우가 있는데, 이를 어떻게 구분해야 할까? 유럽 연합 세관이 버지니아주와 웨스트버지니아주에서 온 상품을 따로 분류해야 할까? 노스캐롤라이나와 사우스캐롤라이나는 어떻게 해야 할까?

탄소 국경세는 환경 정책이 미흡한 국가들을 상대로 한 일종의 협박 전술이라고 할 수 있다. 그러나 이것이 타국의 정책을 빌미로 그들의 수출을 제한하려는 명분으로 이용되며 끝없는 무역 전쟁을 초래할 위험이 있다. 다른 나라들이 유럽 연합의 환경 오염 문제를 이유로, 예컨대 유럽 연합의 해양 남획에 대해 보복 관세를 부과하면 어떻게 될까?

나는 완전히 반대의 접근법을 선호한다. 오히려 다른 나라들이 탄소 가격제를 도입하도록 유도해야 한다. 그 방안 중 하나는 탄소 가격제를 시행하는 국가에게 유럽 연합 시장에 대한 무관세, 무쿼터 접근권을 제공하는 것이다. 우리가 기후 행동을 기대하는 중요 국가들은 여전히 선진국 시장에서 높은 관세 장벽에 직면해 있다. 예컨대 중국과 인도는 섬유 제품에 대한 관세 철폐를 원하고, 호주와 브라질은 농식품 무역 자유화를 희망한다. 그러므로 하나의 빅딜을 통해 이 국가들이 배출하는 온실가스에 가격을 매기는 대신 우리는 해당 품목에 대한 관세를 철폐할 수 있다.[40]

모든 국가가 반드시 포함돼야 하는 것은 아니다. 하지만 참여 국가가 많을수록 화석 연료에 의존하는 생산이 다른 지역으로 이전할 위험은 줄어든다. 초기에는 대형 배출국들이 먼저 참여하는 것이 가장 중요하다. 만약 유럽 연합이 온실가스를 배출하는 상위 5개국과 합의할 수 있다면 그것만으로도 전 세계 이산화탄소 배출량의 거의 70%를 포괄할 수 있다. 이 경우, 저소득 국가는 1인당 국내 총생산이 일정 수준에 도달할 때까지 단계적으로 탄소세를 도입하는 조건으로 프로그램에 참여하도록 유도할 수 있다.

유권자들이 탄소세에 동의하도록 유도하는 한 가지 방법은 세금을 다시 그들에게 돌려주는 것이다. 탄소세는 국가의 재원을 마련하는 수단이 아니라 가격 신호와 행동 유도 수단이어야 한다. 따라서 징수된 세금은 다른 세금의 감면 형태로 국민에게 되돌아가야 한다.

전 세계 대부분의 국가가 온실가스 배출에 세금을 부과하지 않는 상황에서 자국 기업의 경쟁력을 위협하지 않기 위한 한 가지 방법은 세수의 상당 부분을 자본세와 법인세 인하에 사용하는 것이다. 그러나 그 단계에 도달하기 전에도 우리가 할 수 있는 더 쉬운 조치가 있다. 피해에 대한 비용을 부과하지 않더라도 최소한 그 피해에 보조금을 지급해서는 안 된다. 2021년 한 해 동안 전 세계 정부가 화석 연료 보조금으로 지출한 금액은 총 4,400억 달러에 달한다. 이는 하루에 거의 10억 달러에 해당하며 주로 중국, 인도, 이란 같은 대규모 개발 도상국에서 이뤄진 것이다.[41]

정치인들이 전기료와 연료 가격 인상에 대한 소비자 반발을 우려한다면 보조금을 완전히 폐지하고 해당 금액을 직접 소비자에게 현금으로 지급할 수 있다. 그럼 소비자는 그 돈을 화석 연료에 사용할지, 혹은 다른 용도에 쓸지 스스로 결정할 수 있다.

잠깐, 아직 끝난 게 아니다. 우리가 충분한 주의를 기울이지 않는 최종적인 역설이 하나 있다. 바로 단기적으로 너무 친환경적이면 장기적으로 결코 친환경적으로 전환할 수 없다는 점이다. 기후 변화 대응과 전기화 과정은 막대한 양의 구리, 알루미늄, 리튬, 기타 금속과 광물 자원을 필요로 한다. 그러나 지금 서구 사회는 광산 채굴과 제련 작업을 지나치게 거칠고 험오스러운 산업으로 간주한다. 점점 복잡해지는 인허가 절차는 수많은 투자를 불가능하게 만들고 모든 프로젝트를 지연시킨다. 더 이상 이런 오염 산업을 허락하지 않는 것이 우리에게 자연스러운 일이 됐다.

  우리는 이미 환경 쿠즈네츠 곡선의 반대편 끝으로 너무 멀리 내려와 있다. 문제는 우리가 이로 인해 필수 자원을 환경 규제가 느슨한 권위주의 국가들로부터 수입하는 데 전적으로 의존하게 될 수 있다는 점이다. 그런 국가들에서는 광물 채굴과 제련 과정에서 발생하는 오염과 자연 훼손이 훨씬 심각하다. 게다가 이런 제약은 가격을 상승시키고, 이는 에너지 전환 전체를 지연시키는 결과를 초래한다.

  만약 우리의 환경을 향한 관심이 단지 미학적 태도에 불과하다면, 이런 현상은 이해할 수 있다. 그러나 우리가 정말로 지구 온난화를 인류의 중대한 문제로 인식한다면 단지 모든 것을 늦추고 제한하며 폐쇄하는 데만 집중하는 환경 정책은 가질 수 없다. 우리는 새로운 광산 개발을 무조건 막아서는 안 되고, 송전선과 풍력 및 태양광 발전소에 대한 인허가를 무기한 연기해서도 안 된다. 농업을 더 친환경적으로 만들 수 있는 유전자 변형 작물을 금지해서도 안 되며, 화석 연료를 사용하지 않고도 전력을 공급할 수 있는 원자력 발전을 단계적으로 폐지해서도 안 된다. 그리고 무엇보다도 우리는 'NUMBY(Not Under My Back Yard, '우리 집 근처는 안 돼'라는 의미로, 지역 이기주의를 뜻함*)' 정신에 빠져서 이산화탄소 포집 및 지하 저장 프로젝트에 무조건 반대해서는 안 된다. 우리가 손을 더럽힐 각오가 돼 있지 않다면 세상의 더러움을 절대로 깨끗이 정리할 수 없을 것이다.

9장

자본주의 vs. 인간성

자본주의에서
삶의 의미를 찾을 수 있는가?

> 신자유주의 자본주의가 지난 40년간
> 연대, 공동체, 유대감, 친절함 같은 가치를 기껏 주변부로 밀어냈고,
> 최악의 경우에는 그런 가치를 아예 폐기해 버렸다.
>
> **노리나 허츠**[1]

좋다, 경제적 측면에서 자유 시장의 논리가 맞다고 치자. 자본주의는 우리를 더 자유롭고 풍요롭게 만들며, 더 나은 일자리와 더 큰 기회를 창출하고, 환경 문제 해결에도 도움을 준다. 하지만 그렇다면 자본주의는 과연 우리를 더 행복하게 만들고 있는가? 삶의 목적이란 결국 일하고, 성과를 내고, 스트레스를 감내하며, 경쟁에서 이기기 위해 팔꿈치를 날카롭게 세우고, 결국에는 죽을 때 갖고 갈 수도 없는 불필요한 물건을 더 많이 모으는 데 있는 것일까?

자유 시장과 개인주의 사회는 우리에게 독립적인 존재가 되도록 강요하지만, 동시에 공동체, 관계, 타인, 신앙, 가족 등 우리가 인간답게 살아가는 데 필수적인 것들로부터도 우리를 분리해 버린다. 자아실현이라는 말은 근사하게 들리지만, 실제로는 현대의 공허함과 쇼핑몰

속 고립감만을 의미한다.

이것이 바로 자유 시장에 맞서는 최후의 방어선이다. 통계주의적 좌파, 국가주의적 보수주의자, 집단주의 지식인은 여기에 기대 비판을 이어 간다. 한때 비판자들은 자유주의 자본주의로는 부를 창출할 수 없다고 주장했다. 그러나 시간이 지나자 그들도 자본주의가 부를 창출한다는 사실은 인정했다. 단, 그 혜택이 오직 소수 엘리트에게만 돌아간다고 주장했다. 또 시간이 지나자 모두가 더 부유해질 수 있다는 점은 인정했지만, 그 대가로 가난한 나라들이 피해를 본다고 말했다. 그러나 결국에는 이런 주장마저도 물거품이 되자 이렇게 말했다.

"그래, 모두가 더 잘살게 될지도 몰라. 하지만 그게 정말 그렇게 좋은 일인가? 자본주의는 물질적으로는 우리를 풍요롭게 만들지 몰라도, 정신적으로는 궁핍하게 만들잖아."

자본주의에서는 인생의 의미를 찾을 수 없다는 주장에 대한 반론

미국의 보수주의자 패트릭 디닌은 자유주의가 우리를 "점점 더 분리되고, 자율적이며, 관계를 맺지 않는 존재로 만든다"라고 주장한다. 우리는 온갖 권리를 갖추고 '자유'라는 이름으로 정의되지만, 그 실상은 불안하고, 무력하며, 두렵고 외롭다는 것이다. 자유주의와 시장은 우리를 '특정한 장소, 관계, 소속, 심지어 정체성으로부터 해방시켜' 결국 '점점 더 벌거벗은 개인'으로 만든다고 디닌은 말한다.[2]

⟨Neoliberalism: the ideology at the root of all our problems(신자유주의: 우리 모든 문제의 근원인 이념)⟩이라는 자극적인 제목의 글에서 영국 좌파 지식인 조지 몬비오트는 신자유주의로 인해 발생한 이런 문제들에는 자해, 섭식 장애, 우울증, 외로움, 수행 불안, 사회 공포증이 유행으로 포함되며, 이는 결코 그것 자체로 그치지 않는다고 설명한다.[3]

기독교 보수주의자 요엘 할도르프는 여기에 덧붙여 "자유는 우리를 자유롭게 만들지 않고 외롭게 만든다"라고 말한다. 그는 "정신 질환 증가, 고립, 포퓰리즘의 대두는 자유주의가 지속될 수 없다는 신호"라고 주장한다.[4] 사회는 단순히 시장 내 개인 간의 모든 관계의 총합을 넘는 어떤 것이어야 하며, 우리는 정신적 공허함을 치유할 더 큰 무언가가 필요하다는 것이다.

자유 시장이 우리 내면마저 어떻게 왜곡하는지를 보자. 좌파 경제학자 노리나 허츠는 《고립의 시대(The Lonely Century)》에서 "신자유주의는 우리가 자신을 협력자가 아닌 경쟁자로, 시민이 아닌 소비자로, 나누는 이가 아닌 축적하는 이로, 주는 이가 아닌 받는 이로, 도와주는 이가 아닌 이득을 쫓는 사람으로 보게 만들었다"라고 말한다.[5]

이와 유사하게 사회주의 작가 니나 뵈리크는 자신을 향상시키고자 하는 충동이 우리 삶의 모든 영역으로 침투하여 모든 상황과 만남에서 '여기서 나는 무엇을 얻는가?'라는 질문을 던지게 만든다고 말한다. 이것은 우리를 경쟁하고 싸우게 만들며 '경쟁 속에 사는 것은 두려움

을 낳는다… 우리는 서로를 위협으로 간주하게 된다'고 설명한다.[6]

결국 이것은 인간관계에 대한 두려움으로 이어지며, '우리가 서로를 주로 경쟁자로 인식한다면 아마 서로 엮이기를 꺼리게 될 것'이라는 결론에 이른다. 패트릭 디닌에 따르면 17세기 말 존 로크가 선택의 자유가 갖는 가치를 가르친 이래 인간관계는 "개인적 이익에 기반한 계산"으로 전락했다. 자유주의는 결국 느슨한 관계만을 조장한다고 그는 말한다.[7]

도대체 누가 이런 결과를 보고도 개인의 자유와 자유 시장을 원하겠는가? 이 묘사들에 따르면 자유주의는 인간성의 모든 것을 파괴하는 악마의 기계처럼 들린다. 이를 적극적으로 옹호하는 사람은 제정신이 아닌 게 분명하다는 말이다.

그러나 정치적 반대파가 인간의 고립과 정신 질환을 만들어 낸다고 주장하려면, 이는 입증하는 데 매우 무거운 책임을 떠안아야 한다. 놀랍게도 이런 주장에는 인과관계는커녕 상관관계를 입증하려는 시도조차 거의 뒤따르지 않는다. 당혹스러울 정도로 자주 고전적 자유주의자들에 대한 대충의 오독만으로도 자유주의와 탐욕, 외로움 사이의 연결고리를 입증하려는 시도가 벌어진다. 마치 강요된 관계를 거부하는 것이 모든 인간관계를 거부하는 것인 양 말하는 것이다.

고전적 자유주의의 아버지로 불리는 존 로크는 1689년에 "하느님께서 인간을… 홀로 있는 것이 좋지 않은 존재로 창조하셨다"라고 썼으며, 개인은 가족과 그가 속한 공동체 없이는 존재할 수 없다고 설명했다.[8] 경제적 자유주의의 아버지 격인 애덤 스미스는 1759년에 자연이

"인간을 사회 속에서 살아가도록 만들었다"라고 선언했다. 그러면서 인간의 행위와 도덕성이 어떻게 공감 능력을 통해 사회적 상호 작용 속에서 발전하는지를 정교하게 설명했다. 이는 당시 보수주의자들이 그런 도덕성은 단지 신이 주신 것이라고 당연하게 여겼던 시기에 나온 설명이다.[9]

여기서 핵심은 "전통적 자유주의자들은 인간을 본래 관계적 존재로 보는 고전적, 기독교적 이해를 거부했다"라는 패트릭 디닌의 주장이 전혀 사실이 아니라는 점이다.[10] 자유주의자든 반자유주의자든 인간을 사회적 동물로 봤다는 점에서는 이견이 없었다. 그것은 논쟁의 쟁점이 아니었다. 양측 모두 개인이 가족, 문화, 공동체를 필요로 하며, 모든 인간은 그런 맥락 속에서 형성된다는 사실에 동의했다.

논쟁은 전혀 다른 지점에 있었다. 자유주의에 반대하는 사람들은 인간의 사회적 본성을 단지 하나의 사실로 받아들인 것이 아니라 하나의 도덕적 의무로 간주했다. 그들에게 인간의 사회성은 단순한 사실이 아니라 규범적 명령이었다. 따라서 특정한 공동체, 가족, 종교에 속한 사람은 그 공동체에 계속 머물며, 그곳의 실질적 또는 상징적인 '가장'에게 순종해야 했다. 그 공동체가 설령 폭력적이거나 비양심적인 방식으로 작동하더라도 말이다. 나라가 옳든 그르든 지지해야 하고 지도자나 교회가 당신을 학대하더라도 거기 붙어 있어야 한다는 식이었다.

하지만 이것은 인간의 사회적 본성으로부터 도출되는 당연한 결론이 아니다. 오히려 자유주의와 자본주의가 역사적으로 이룩한 위대한 성취는 인간이 착취적인 집단으로부터 떠날 수 있는 자유를 얻었다는 점이다. 사람은 그 집단에 남고 싶다면 개혁을 요구할 수 있었고, 자신의 필요와 이해에 더 잘 부합하는 완전히 새로운 공동체를 만들 수도 있었다. 지금 좌파 공동체주의자들이 싸워서 지키려 하는 노동 운동도, 기독교 보수주의자들이 소속된 종교 공동체도, 전통적인 집단을 떠난 급진주의자들에 의해 새롭게 탄생한 조직들이다.

자유주의는 인간의 소속 욕구를 부정하지 않는다. 다만 우리가 어떤 집단에 속해야 하는지를 알고 있다는 디닌과 허츠의 주장을 부정할 뿐이다. 자유주의는 인생의 의미가 쇼핑 목록 안에만 있다고 말하는 것이 아니다. 그 의미가 투표용지 한 장에 담길 수 있는 것보다 더 풍부하다고 말할 뿐이다.

인생의 의미를 집단 프로젝트 안에서 찾고 그것을 모두에게 강요하려는 이들은 종종 오히려 인간 본성의 아름답고 다채로운 풍요로움을 이해하지 못한다. 이들은 상대를 차가운 시장 자유주의자라며 비난하지만, 정작 자신이 더 경직되고 획일적인 시각을 지닌 경우가 많다.

고립된 개인의 삶 그 이상을 필요로 하는가? 물론이다. 하지만 그 '이상'이란 무엇인가? 패트릭 디닌, 노리나 허츠, 요엘 할도르프, 니나 뵈리크가 함께 따뜻한 공동체적 휘게(hygge: 덴마크어와 노르웨이어로 편안함, 따뜻함, 안락함을 의미하는 단어*)를 즐길 수 있을 만한 단일한 집단적 프로젝트가 과연 존재할까?

설령 그런 것이 존재한다 해도 우리는 여전히 단지 하나의 작은 동질적 집단인 서구 지식인 그룹의 이야기만 하고 있을 뿐이다. 그렇다면 스티븐 프라이, 미스터비스트, 일론 머스크, 빌리 아일리시, 로저 페더러, 마리오 바르가스 요사, 대니엘 스틸, 리처드 도킨스, 퓨디파이, 로버트 다우니 주니어, 닉 케이브, 르브론 제임스, 래리 데이비드, 도널드 트럼프, 카일리 제너, 더 록, 보리스 존슨, 쿠엔틴 타란티노, 포시 스파이스, 로버트 스미스, 크리스 록, 블릭사 바겔트, 닐 스티븐슨, 킴 카다시안, 리오넬 메시, 요한 노르베리 그리고 이들 외에 약 79억 명의 다양한 사람에게 공통된 공적 유토피아란 과연 무엇인가?"[1]

자유주의는 인생의 의미를 무시하는 데 기반을 둔 사상이 아니다. 오히려 더 많은 사람이 그 의미를 스스로 추구하는 자유를 가질 때 그 의미에 도달할 가능성도 더 높아진다고 믿는 사상이다. 반론은 다음과 같다. 우리가 그런 자유 속에서 결코 의미를 찾을 수 없다는 것이다. 선택의 자유 그 자체가 사람을 이기적이고 관계를 두려워하는 존재로 만들며 고립시킨다는 주장이다. 다시 말해, 삶의 의미를 개별적으로 찾으려는 바로 그 자유가 서구 세계를 휩쓰는 '외로움 전염병'을 낳고 있다는 것이다.

그런데 과연, 그런 전염병은 실제로 존재하는가?

우리는 정말
외로워서 상처받고 있는가?

신체적, 정신적 건강을 해치는 데 있어 '버림받았다는 느낌'보다 더

파괴적인 것은 드물다. 외로움은 개인에게는 비극이며 사회 전체에도 큰 문제다. 하지만 내가 읽는 대부분의 '외로움 전염병'에 관한 기사는 사실 '1인 가구의 증가'에 관한 이야기일 뿐이다. 두 개념은 동일하지 않다. 혼자 사는 것에는 단점이 있을 수 있지만, 그것이 곧 외로움이나 사회적 지지의 결핍과 연관성이 강한 것은 아니다.

스웨덴은 1인 가구 비율에서 늘 상위를 차지하지만, 역설적으로 스웨덴인들이 외로움을 느낀다고 답하는 비율은 유럽 평균보다 훨씬 낮다. 흥미롭게도 대가족과 따뜻한 가족 문화로 유명한 남유럽보다도 훨씬 낮다. 물론 이것은 스웨덴 사람들이 내향적이어서 동네 가게에 한번 들르는 것만으로도 공동체의 소속감을 느끼는 탓일 수도 있다. 그러나 스웨덴 사람들은 유럽 다른 나라 사람들보다 친구들과 더 자주 연락하는 편이기도 하다.[12]

외로움의 정도를 판단하기 어려운 이유 중 하나는 인간관계나 가족관계에서 겪는 어려움을 흔히 그런 관계 자체가 붕괴됐기 때문이라고 해석하는 경향이 있기 때문이다. 그에 따라 우리는 모두가 더 조화롭게 살았던 시절이나 장소가 분명히 있었을 것이라고 상상한다. 하지만 우리가 기억할 만한 사실이 있다. 19세기의 전통 사회에서 가장 흔한 폭력 범죄는 '부모에 대한 폭력'이었다는 점이다. 당시에는 자녀가 부모를 부양해야 할 법적 의무가 있는 경우도 많았다. 이는 강제된 관계가 조화보다 갈등을 낳기 쉽다는 것을 시사한다.[13]

나는 종종 '가난하고 집단주의적인 나라의 사람들이 도시화되고 개인주의적인 물질주의 국가의 사람들보다 더 깊고 진정한 공동체를 갖고 있다'는 주장을 듣는다. 하지만 그 주장을 하는 사람들은 대부분 부유한 국가의 학생이다. 나는 아직 그 말을 빈곤 국가에 사는 사람에게서 직접 들어 본 적이 없다.

갤럽 월드 폴이 전 세계 사람들에게 '당신이 어려움에 처했을 때 언제든 도움을 요청할 수 있는 가족이나 친구가 있습니까?'라고 질문했을 때 전혀 다른 양상이 나타났다. 아프리카 국가에서는 평균적으로 25%가 '없다'고 답했고, 남미와 아시아에서는 약 20%가 그렇게 답했다. 일본과 대만은 10% 안팎이었으며, 유럽, 미국, 캐나다, 호주, 뉴질랜드에서는 '없다'고 답한 비율이 한 자릿수에 불과했다.[14]

2022년 11월 나는 〈파이낸셜 타임스〉에 실린 '다가오는 외로움 전염병에 우리는 준비돼 있는가?'라는 제목의 기사를 읽었다. 기사는 '의지할 수 있는 친구나 친지가 있다고 답한 사람의 비율이 꾸준히 줄어들고 있다'고 주장했다. 그러나 내가 그 기사에서 인용한 원 자료를 직접 확인해 보니 오히려 전혀 반대의 내용을 담고 있었다. 실제로는 '의지할 수 있는 사람이 있다'고 답한 사람의 비율이 90%를 넘는 수준으로 '거의 변하지 않았으며', 관계에 대한 만족도는 오히려 소폭 상승한 것으로 나타났다.[15]

아워 월드 인 데이터는 해당 분야의 연구를 검토한 후 다음과 같은 결론을 내렸다.

"우리가 '외로움 전염병'을 겪고 있다는 주장으로 가득한 기사들이 넘쳐나는 전염병은 분명 존재하지만, 외로움이 실제로 증가하고 있다

는 실증적 증거는 없다."¹⁶

많은 사람이 외로움 전염병이 번지고 있다고 믿는 한 가지 이유는 스스로 외롭다고 말하는 이들이 젊은 층이기 때문이다. 이는 그들이 성장한 뒤에도 여전히 똑같은 외로움을 느낄 것이라는 믿음에 근거한 것이다. 그러나 청소년이 성장하면서 사회로부터 오해받고 있다는 감정을 벗어나고, 우정을 쌓고 연애 관계를 맺으며, 가정을 꾸리고 직장 동료를 갖게 되면 외로움은 점차 줄어드는 경향이 있다(물론 말년에는 배우자의 사별 이후 외로움이 다시 증가한다). 따라서 더 적절한 질문은 '오늘날의 젊은이들이 과거의 젊은이들보다 더 외로운가', 혹은 '오늘날의 노년층이 과거보다 더 외로운가' 하는 것이며, 이에 대한 답은 '그렇지 않다'는 쪽에 가깝다.

노리나 허츠는 외로움이 증가하고 있으며 지금 우리는 고립의 시대를 살고 있다는 주장을 담은 책을 썼다. 그러나 그녀는 외로움을 느끼는 사람들의 수치를 보면 우울하다고 언급하면서도 그 비율이 시간이 흐르며 증가했다는 근거는 제시하지 않았다.

1977년 이후 미국의 대학생을 대상으로 한 장기 연구에 따르면 '친구가 없고 소외감을 느낀다'고 응답한 비율은 오히려 다소 감소했다. 미국, 영국, 스웨덴, 핀란드, 독일 등지에서 중년 및 노년층을 대상으로 이전 세대와 비교한 연구들 역시 현재의 중장년층이 과거보다 더 외롭다는 증거를 보여 주지 않는다. 내가 아는 한, 가브리엘 가르시아 마르케스의 《백 년의 고독(Cien años de soledad)》처럼 사회 전체가 정말 '백 년의 고독'을 겪었는지를 입증하는 연구는 없지만, 적어도 영국에서는 외로움에 대한 75년에 걸친 조사가 존재한다. 이 조사들에서도 외롭다고 느끼는 사람의 비율이 증가했다는 증거는 나타나지 않는다.[17]

또 한 가지 감안할 점은, 외로움이라는 감정을 이야기하는 것이 과거보다 오늘날에는 훨씬 덜 낙인찍힌다는 사실이다. 즉 이전 세대보다 더 많은 사람이 외로움을 느낀다기보다는 그 감정을 더 솔직히 표현하고 있다는 가능성이 크다.

스웨덴 사람들은 집단주의의 황금기 시절부터 사회적 관계에 관한 질문에 응답했고, 그들의 응답은 젊은이와 노인, 남성과 여성 모두 사이에서 외로움에 대한 느낌이 줄어들었음을 보여 준다. 1980년대 초반에는 스웨덴인 4명 중 1명 이상이 가까운 친구가 없다고 답했다. 현재는 10명 중 겨우 한 명 정도만 그렇게 응답하고 있다.[18]

이처럼 각각 분리돼 있고, 자율적이며, 관계 맺지 않는다고 묘사된 개인도 실제로는 꽤나 사회적인 존재다. 이것은 놀라운 일이 아니다. 결국 우리는 사회적 존재이기 때문이다. 따라서 다른 사람과의 접촉을 갈망하고 그것을 발전시키기 위해 굳이 집단주의적 압박이나 정치적 프로그램이 필요하지 않다. 자유란 관계를 회피하는 것이 아니라 자신에게 맞고 자신의 가치와 부합하는 관계를 선택할 수 있는 것을 뜻한다.

만약 외로움을 느끼고 싶다면, 상대 진영이 모든 공동체를 파괴한다고 상상하는 대신 정치학자 카스피안 레브빈더처럼 제도가 서로 다른 지역 간의 주관적인 외로움에 대한 데이터를 비교해 보는 것이 좋다. 실제로 이런 비교는 자유주의의 아킬레스건으로 비판받는 것과는 정반대의 결과를 보여 준다.

레브빈더는 자유도가 높은 지역일수록 외로움이 덜 보고된다는 사실을 지적한다. 개인 및 경제 자유에 대한 프레이저 연구소의 10점 척도에서 국가가 1점을 더 획득할 때마다 외로움은 평균적으로 6%p 낮게 나타난다. 그는 또한 평등한 분배 정도나 종교가 외로움의 해결책으로 좌파나 우파 모두에게서 자주 제시되는 만큼 이 요소들과의 상관성도 살펴봤다. 이들 사이에는 전혀 연관성이 없었다. 넓은 의미에서 단순한 상관관계를 받아들인다면 존재론적 고립을 해소하기 위해 필요한 것은 평등이나 영성이 아니라 오히려 개인의 자유와 자유 시장인 듯하다. 그 반대가 아니다.[19]

여러 지표에 따르면 팬데믹 기간 동안 외로움과 고립은 급격히 악화됐다. 이것이 일시적인 침체인지 아니면 새로운 추세의 시작인지를 파악하기까지는 시간이 걸릴 것이다. 그러나 이는 국가가 강제한 사회적 거리 두기의 예측 가능한 결과다. 사람들은 집 안에 머물러야 했고, 아이들조차 학교 친구들을 만날 수 없었던 시기였다. 오히려 이는 지나친 자유와 이동성이 우리를 외롭게 만든다는 가설에 대한 반론으로 볼 수 있다.

대부분의 사람들이 존재한다고 가정하는 정신 질환 급증에 대한 뚜렷한 증거도 없다(다만 팬데믹이 이런 문제를 적어도 일시적으로는 악화시켰을 가능성은 염두에 둬야 한다). 다시 한번 아워 월드 인 데이터 프로젝트로 돌아가면, 한나 리치는 이렇게 말한다.

"많은 사람(나 자신도 포함하여)은 최근 몇 년 동안 정신 건강 문제가 크게 증가했다고 인식한다. 하지만 우리가 갖고 있는 데이터는 대체로 이 결론을 뒷받침하지 않는다."

오히려 데이터는 1990년 이래로 정신 질환 수준이 안정적으로 유지돼 왔음을 시사한다.[20] 1990년부터 2017년까지 동일한 방법론을 사용하여 동일한 지역에서 정신 질환에 대해 시간의 흐름에 따라 조사한 연구가 총 42건 발견됐다. 대부분의 연구는 건강 악화의 증가를 보여주지 않았다(이런 연구는 건강 악화가 증가했다고 주장하는 소수의 연구보다 언론의 주목을 덜 받는다). 전체적인 결과는 '미미한' 증가만이 있었으며, 이조차도 인구 통계학적 변화(세월에 따른 건강 변화)에 기인한 것이라고 판단된다. 연구자들은 다음과 같은 결론을 내린다.

"전 세계 전반적으로 정신 질환의 유병률이 최근 수십 년 사이에 극적으로 증가했다는 근거는 거의 없으며, 실제로 증가했는지 여부조차 확신하기 어렵다."[21]

전 세계 인구가 80억 명에 달하는 상황에서 특정 국가의 일부 집단에 신체적, 정신적 고통이 증가하는 사례는 언제나 있을 수 있다. 예를 들어, 많은 국가에서 10대 소녀의 우울증과 불안이 다소 증가하고 있다는 불길한 징후들이 나타나며, 미국에서는 3장에서 다룬 '절망의 죽음'이 광범위하게 확산되고 있다. 그러나 사망의 실제 원인을 세속화되고 개인화된 사회 탓으로 돌리는 경향이 커지고 있음에도 전 세계적의 자살률은 지난 30년간 약 3분의 1가량 감소했다. 스웨덴의 경우, 1980년 이후 자살률이 절반으로 줄었으며 이런 감소는 대부분 2000년 이전에 이뤄졌다.[22]

그렇다면 왜 우리는 정신 건강이 악화되고 있다고 확신하는 걸까? 그 이유 중 하나는 원래 임상적 건강 문제를 설명하기 위해 만들어진 용어를 일반적인 슬픔이나 걱정을 표현하는 데 차용하기 때문이다. 전통적이고 구체적인 고통의 원인이 점점 사라질수록 우리는 항상 기분이 좋아야 한다는 기대를 갖게 됐고, 그렇지 못할 때 우리는 정신 의학적 용어로 이를 설명하게 됐다.

그러나 스트레스와 슬픔은 오히려 좋은 삶의 일부이기도 하다. 진단 사례와 병가 사용률이 증가하고 있는 반면, 정신적 건강이 나쁘다고 응답하는 비율은 비교적 일정하게 유지되고 있다. 이 점을 관찰한 정신 의학 교수 크리스티안 뤽은 우리가 두 가지 유형의 고통을 혼동한다고 결론짓는다. 뤽은 일부 정신적 고통은 단지 삶 속에서 발생하는 '영혼의 찰과상'일 뿐이며, 이것은 삶의 일부지만 우리는 이것을 치료가 필요한 '영혼의 골절'로 착각하기 시작했다고 지적한다.[23]

정신 질환이 증가하고 있다고 믿는 이유 중 하나는 이 분야에서 많은 금기가 깨졌다는 점이다. 이전 세대는 신체적 질병에 대해서는 자유롭게 이야기했지만, 정신적 고통은 숨기거나 소곤소곤 말하는 것이 일반적이었다. 반면 오늘날에는 정신적 증상을 보고하고 이를 이야기하며 도움을 요청하는 일이 훨씬 흔해졌고, 사회와 의료 시스템도 이를 더 진지하게 받아들인다. 이는 병든 사회의 징후가 아니라 오히려 더 건강해지고 있는 사회의 징후다.

자본주의 사회에
이타적인 사람이 더 많다는 증명 실험

자유 시장이 우리를 외롭게 하거나 정신적으로 병들게 한다는 증거가 없다고 하더라도 여전히 그것이 우리를 거칠고 무정한 사람으로 만들 수는 있다. 혹시 시장이 우리의 성격을 왜곡하고 인간관계를 오염시키지는 않을까? 노리나 허츠와 니나 뵈리크가 주장하듯이 말이다. 혹시 경제가 다른 모든 인간의 동기를 밀어내고 우리가 모든 만남을 타인을 이용할 기회로만 보게 만들지는 않을까?

흔히 저지르는 오류는 자본주의가 이전에는 존재하지 않았던 이윤 추구 욕망을 도입했으며, 다른 경제 체제를 도입하면 그 욕망도 사라질 것이라고 가정하는 것이다. 인간의 탐욕에 실망한 지식인들은 자본주의를 비난하지만, 사회학자 막스 베버는 1905년에 이렇게 썼다.

"재화를 획득하고, 이윤을 추구하며, 가능한 한 많은 돈을 벌려는 충동은 자본주의와 본질적인 관계가 없다. 이 충동은 웨이터, 의사, 마부, 예술가, 매춘부, 부패한 관리, 군인, 귀족, 십자군, 도박꾼, 거지들 사이에 존재했으며, 언제 어디서나 모든 계층의 인간에게 보편적으로 존재했다."[24]

시장 메커니즘이 금지된다고 해서 이윤에 대한 욕망이 사라지는 것도 아니다. 소련의 당 간부들, 이란 혁명수비대, 차베스 정권의 '볼리과르크(정치 권력과 결탁한 재벌)', 이집트 군부를 관찰한 사람이라면 이들이 시장 경제 국가의 보통 사람보다 재산을 축적하고 사치스러운 삶을 추구하는 데 관심이 덜하다고 말할 수 없을 것이다. 차이점은 그들이 욕망을 충족하기 위해 타인의 수요에 맞는 재화와 서비스를 생산할 필요가 없다는 것이다. 그들은 기업을 몰수하거나 국민을 수탈함으로써 원하는 것을 얻는다. 북한은 경제가 세계에서 가장 시장화되지 않은 나라지만, 동시에 롤렉스 시계, 메르세데스 리무진, 헤네시 파라디 코냑에 가장 많은 돈을 쓰는 지도자가 있는 나라다.

시장 유인이 우리의 이윤 추구 욕망을 더욱 자극해 물질적 동기 외의 다른 모든 동기를 밀어낸다는 주장은 마르크스나 바르트를 인용해서 결론 내릴 문제가 아니라 실증적인 분석을 통해 판단해야 할 문제다. 경제적 협상에서는 냉혹하지만 친구나 낯선 사람에게는 너그러운 이들을 본 적이 있는 사람이라면 누구든, 허츠와 뵈리크가 인간 심리를 너무 단편적으로 그렸다는 것을 알 수 있을 것이다. 인간은 다양한 동기를 품을 수 있을 만큼 충분히 복합적인 존재이며, 관계의 유형에 따라 서로 다른 방식으로 행동할 수 있는 존재이기도 하다. 빌 게이츠가 경쟁자를 무자비하게 몰아내려는 욕망을 가졌다고 해서 말라리아로부터 수백만 명을 구하고자 하는 그의 관심이 줄어든 것은 아니다.

나나 뵈리크는 시장 유인이 우리의 인간성을 파괴한다고 주장하는데, 그녀는 어떤 증거를 갖고 그런 말을 하는 걸까? 도대체 어떤 근거로 '연대, 공감, 반응성, 민감성, 자신의 이익을 따지지 않고 타인을 만족시키려는 의지 같은 자질이 자유 시장 자본주의하에서는 약점처럼 여겨진다'고 믿는 것일까?[25]

그녀는 우리가 내적 동기로 하던 일을 외적 보상으로 하면 내적 동기가 약화된다는 널리 알려진 사실, 예컨대 돈을 받고 헌혈하게 되면 자발적인 헌혈이 줄어들 수 있다는 연구를 인용한다. 하지만 그것은 그녀가 논의한 문제와는 전혀 무관하다. 그것은 일을 하거나 창업을 하거나 저축을 할 때의 경제적 보상이 자발적인 헌혈 같은 이타적 행위에 대한 관심을 줄인다는 의미가 아니다. 만약 뵈리크가 실제로 헌혈 행태를 실증적으로 연구해 봤다면 왜 자발적 헌혈이 개인주의적 시장 경제 국가에서 가장 많이 일어나는지를 설명하기 어려웠을 것이다. (참고로 캐나다나 미국처럼 혈장 헌혈에 대해 보상이 도입된 나라들에서도 무보상 헌혈이 줄어들지 않았고, 오히려 소폭 증가하기도 했다.)[26]

미국의 한 심리학자 집단이 최근 전 세계 152개국에서 일곱 가지 형태의 관대함과 이타적 행동의 확산도를 측정했다. 이들은 혈액, 장기,

골수를 기증하려는 의향, 자선 기부, 자원봉사, 낯선 사람 돕기, 동물을 잘 대하는 태도 등을 조사했다. 그 결과 개인주의적인 국가의 시민이 더 자주 타인을 도왔다. 연구진이 개인주의적 국가가 대체로 더 부유하고, 건강하며, 교육 수준이 높다는 사실을 고려했음에도 이 상관관계는 여전히 유효했다. 다시 말해 반자본주의 평론가들이 당연시한 가정은 완전히 뒤집혔다. 자기 자신의 성취와 충족에 관심이 더 클수록 어려운 상황에 놓인 타인을 위해 기꺼이 더 많은 노력을 기울이게 되는 것이다.[27]

연구자들은 이에 대해 몇 가지 해석을 제시한다. 먼저, 자신에 대한 감정이 긍정적인 사람, 즉 자기 희생적인 관계에 억지로 묶여 있지 않은 사람일수록 다른 사람을 도울 에너지와 의지를 더 많이 갖고 있을 수 있다는 설명이다. 마치 '다른 사람을 도우려면 내가 먼저 산소 마스크를 착용하라'는 원칙처럼 말이다. 또 다른 해석으로는 개인주의적 태도가 부족 중심의 문화나 집단주의 문화를 약화시키고 낯선 이들을 기꺼이 돕게 만드는 경향이 있다는 점을 들 수 있다.

다양한 발전 수준에 있는 여러 사회에서 실시된 실험은 허츠와 뵈리크가 묘사하는 것과는 완전히 다른 인간 행동의 모습을 보여 준다. 실험 결과는 그들이 그리는 악몽 같은 사회, 즉 사람들이 모든 만남을 착취의 기회로 여기고 눈앞의 모든 것을 빼앗으려는 사회가 실제로 존재하긴 하지만, 그런 사회는 오히려 일상적으로 시장 거래를 거의 접하지 못한 사회라는 점을 드러낸다.

연구자들은 실험을 했다. 한 참가자가 일정 금액의 돈을 받고 그중 일부를 익명의 다른 참가자에게 제안하도록 한다. 제안받은 참가자는 이를 수락하거나 거절할 수 있다. 수락하면 제안한 금액이 그대로 전달되고, 거절하면 양쪽 모두 아무것도 받지 못한다. 이때 당신이라면 익명의 참가자에게 얼마를 제안하겠는가?

마르크스주의자들과 경제학 교과서는 참가자들이 최대한 적은 금액을 제안하고 받는 사람은 아무것도 안 받는 것보다는 조금이라도 받는 것이 낫다고 여기며 항상 수락할 것이라고 예측한다. 게다가 이 게임은 단 한 번만 진행되므로 당신은 관대하다는 평판을 쌓을 이유도 없다. 같은 이유로 수락자도 인색한 제안을 거부해 당신의 태도를 바꾸게 할 동기 역시 없다.

그러나 수년간 미주리에서부터 몽골에 이르기까지 전 세계적으로 반복된 실험 결과는 인간이 그렇게 행동하지 않는다는 점을 명확히 보여 준다. 특히 부유한 시장 경제 국가에서는 참가자들이 제안 금액을 반으로 나누는 경우가 가장 흔하며, 제안 금액이 전체의 30% 미만일 경우 수락자들은 모욕감을 느끼고 대체로 이를 거절한다.

이런 실험은 산업화된 도시부터 농민 공동체, 수렵 채집 집단에 이르기까지 발전 단계가 서로 다른 다양한 공동체에서 수행됐다. 실험 결과 참여자들이 게임에서 어떻게 행동하느냐는 성별, 연령, 교육 수준, 민족성과는 아무런 관련이 없었다. 핵심 변수는 사람들이 시장 참여에 얼마나 익숙한가였다. 일상에서 거래에 많이 참여할수록 사람들은 더 관대하게 제안하고, 인색한 제안에 대해서는 자기 손해를 감수하더라도 처벌하려는 경향을 보였다.

연구자들은 시장 경제에 익숙한 사람의 태도는 관대한 반면, 시장이 존재하지 않는 사회의 사람들은 '공정성 또는 불공정에 대한 처벌에 상대적으로 무관심한 태도를 보인다'고 밝힌다. 시장 통합 수준이 가장 높은 사회의 참여자들은 가장 낮은 사회의 참여자들보다 평균 2배 가까이 많은 금액을 제안했다.[28]

처음 이와 같은 결과가 나오자 연구자들은 도무지 믿기 어려워 다시 실험을 반복해 보기로 했다. 그들은 다른 경제 게임들을 추가하고 집단 내 차이점도 함께 연구했다. 그 결과는 재현됐다. 사람들이 시장에서 사고파는 활동에 익숙할수록 덜 가혹하게 행동했다. 연구자들이 실험 참여자들에게 간접적으로 시장을 연상시켰을 때, 그들은 낯선 사람과의 상호 작용에서 더 많은 신뢰를 보이며 더 많은 돈을 투자했다.

에티오피아의 오로모 공동체 53개 집단을 대상으로 게임을 진행했을 때는 시장과의 물리적 거리마저도 중요한 변수로 나타났다. 시장에서 가까이 살수록 낯선 사람과 협력할 가능성이 높았다. 시장까지 30분 이내 거리에 사는 사람들은 실험에서 거의 항상 협력했지만, 시장까지 5시간이 걸리는 지역의 사람들은 거의 협력하지 않았다.[29]

상호 이익이라는 개념으로 사고하는 습관은 타인의 존재와 필요에 대한 감각을 키워 주는 듯하다. 물론 연구자들은 시장이 없는 사회에도 강력한 정의 기준이 존재함을 부정하지 않는다. 그러나 그런 기준은 주로 친족이나 친구와의 관계에서 지켜야 할 전통 규범에 국한된다. 외부인과의 교류에 익숙하지 않은 사람들은 상대방을 위협적인 존재로 여기거나 단기적인 이익의 기회로 간주하는 경우가 많다. 반면 거래를 일상적으로 하는 사람들은 외부인을 대할 때도 일정 수준의 개방성과 관대함을 보여 주는 규범을 갖고 있다. 이런 태도는 낯선 사람과의 공통점을 찾는 데 도움이 된다. 사람들은 친절하고 관대한 사람과 사귀고 거래하길 원하기 때문에 이런 규범은 장려되고 보상받는다. 마르크스의 동료였던 프리드리히 엥겔스는 1844년에 이렇게 인정한 바 있다.

"더 친절할수록 더 이익이다. 이것이 거래의 인간성이다."[30]

우리가 여론 조사에서 자신의 가치관을 표현했을 때도 비슷한 결과가 나타난다. 여러 해에 걸친 세계 가치 조사 데이터를 분석한 결과, 부유하고 경제적으로 자유로운 국가일수록 물질주의나 탐욕을 덜 표현하는 경향이 있었다. 연구자들은 그 이유 중 하나로 돈의 한계 효용이 감소한다는 사실을 든다. '시장은 우리를 더 부유하게 만들고, 더 부유해지면 우리는 비물질적인 대안에 집중할 수 있게 된다'는 것이다.[31]

최근 수십 년간 신뢰와 연대가 감소하고 있다는 우려를 고려할 때 시간의 흐름에 따른 변화도 살펴볼 필요가 있다. 1956년부터 2017년까지 미국에서 낯선 사람들 간의 협력에 관한 연구가 511편 있었다. 고무적인 점은 사회적 딜레마 상황에서의 협력 수준이 감소하지 않았다는 것이다. 오히려 이 61년 동안 협력은 거의 20% 증가한 것으로 나타났다.[32] 흥미로운 사실은 협력적 행동이 단순히 부에 의해서만 증가한 것이 아니라 도시화 수준과 1인 가구 비율이 높을수록 증가했다는 것이다. 이에 대한 한 가지 가능한 설명은 도시 거주자나 1인 가구는 일상생활에서 원하는 것을 얻기 위해 낯선 사람들에게 더 많이 의존하게 되므로, 협력에도 더 익숙하고 기꺼이 참여한다는 점이다.

시장에 대한 태도가 우리의 성격에 스며든다는 헤르츠와 뵈리크의 주장이 어쩌면 중요한 통찰일지도 모른다. 그러나 그 태도가 퍼뜨리는 '독'은 오히려 낯선 이들과 협력하고 관대해지려는 개방성일 수 있다. 그 효과는 매우 넓고 강력해서 우리가 탐욕스러운 본성을 드러내도록 설계된 게임조차도 강한 정의감을 표출하게 만든다. 시장은 우리를 경쟁자이자 협력자로, 소비자이자 시민으로, 받는 사람이자 주는 사람으로 만든다.

다른 인간을 볼 때마다 '내게 무슨 이익이 될까?'라는 질문을 던지고, 모든 만남을 '먹히거나 먹는' 순간으로 여기는 사람은 분명 존재한다. 우리 모두는 그런 사람을 사업에서든, 정치에서든, 언론계에서든, 사적인 삶에서든 불쾌하게 마주친 경험이 있을 것이다. 그러나 그런 사람을 만날 가장 큰 위험은 시장에서 몇 시간이나 떨어진 곳에서 발생한다.

우리 사회의
행복에 관하여

———

이제 우리는 처음의 질문으로 되돌아올 수 있을지도 모른다.

자본주의는 정말로 우리를 더 행복하게 만드는가? 돈으로 행복을 살 수 있는가?

그 대답은 '그렇다'이다.

웰빙 연구 초기에는 정반대의 결론을 뒷받침하는 자료가 많았다. 경제학자 리처드 이스터린은 1974년, 우리가 점점 더 부유해지고 있음에도 행복은 그에 비례하여 증가하지 않는다는 점을 지적했다. 사람들은 높아진 풍요로움에 익숙해지는 대신 자신보다 더 부자가 된 이웃과 자신을 비교하게 됐다. 이런 이스터린의 역설은 루소가 제기한 물질주의와 근대성에 대한 비판에서 뿌리를 찾을 수 있다. 이 개념은 널리 알려졌고 돈과 행복의 관계에 대해 비전문가들이 기억하는 거의 유일한 이론으로 남아 있다. 하지만 그 이후 불과 반세기 남짓한 시간 동안 훨씬 더 많은 지역에서 더 정교한 방식으로 수많은 조사가 이뤄졌고, 우리는 시간이 지남에 따라 변화하는 경향을 추적할 수 있게 됐다. 그 결과 우리의 지식 또한 달라졌다.

내가 2009년에 행복에 관한 책을 썼을 때, 나는 '세계 행복 데이터베이스'로 유명한 네덜란드 사회학자 루트 베인호벤을 인터뷰했다. 그는 초기에는 번영이 행복에 기여하지 않는다는 사실을 웰빙 연구가 보여 준다고 생각했고, 그래서 그 주제에 관심을 갖게 됐다고 말했다. 그러자 곧 경제 성장을 비판하는 정치인들로부터 큰 관심을 받았다.

그러나 더 많은 국가에서 통계를 수집하면서 그는 다른 경향을 발견했다. 경제 성장은 실제로 웰빙에 도움이 되는 것으로 드러났다. 그는 "이스터린의 역설은 존재하지 않는다. 대부분의 국가 데이터를 보면 이 이론은 뒷받침되지 않으며 이론의 기반 자체도 부정확하다"라고 말한다. 이 새로운 통찰은 정치적으로도 뚜렷한 결과를 낳았다. "그 뒤로는 녹색당 정치인들이 더 이상 전화를 걸지 않았다"라고 베인호벤은 덧붙였다.[33]

노벨상을 수상한 심리학자 대니얼 카너먼 또한 한때 이스터린의 역설을 지지한 학자였다. 하지만 여러 국가로부터 통계를 받은 뒤, 그는 입장을 바꿨다. 그는 이렇게 말했다.

"우리는 지금까지 소득의 효과가 미미하다고 생각했는데, 이는 우리가 한 국가 안에서만 비교했기 때문이다. 국가 간 국내 총생산의 차이는 엄청나며, 이로 인한 삶의 만족도 차이 또한 매우 예측 가능하다. 126개국 13만 명 이상을 대상으로 한 표본에서 개인의 삶의 만족도와 그들이 거주하는 국가의 국내 총생산 사이의 상관계수는 0.40을 넘었다. 이는 사회 과학 분야에서 매우 높은 수치다. 노르웨이에서 시에라리온에 이르기까지 인류는 어디서나 자신의 삶을 '물질적 풍요'라는 공통된 기준에 따라 평가하고 있다. 그리고 그 기준은 국내 총생산이 증가함에 따라 변한다. 이로부터 도출되는 결론은 각기 다른 나라에 속한 사람들이 자신이 누리는 풍요의 수준에 적응한다고 봤던 기존의 통념을 전적으로 반박한다. 우리는 틀렸고, 이제는 그 사실을 알게 됐다."[34]

나는 행복에 관한 책에서 행복을 살 수는 있다고 썼다. 다만 매우 비효율적인 환율로만 가능하다고 덧붙였다. 건강, 평온한 마음, 좋은 인간관계를 갖는 것과 비교하면 돈은 그다지 자랑할 만한 가치가 없다. 당시의 통계에 따르면 정신적인 걱정과 불안이 10% 증가할 경우 이전과 같은 수준의 행복을 유지하기 위해서는 월급이 약 2만 달러 정도 더 늘어나야 한다고 나는 썼다.

개인의 소득이 행복에 덜 중요하게 작용하는 데는 또 다른 이유가 있다. 그 이유는 4장에서 등장한 '증조할머니의 증조할아버지의 증조할머니의 타임머신'을 통해 밝혀진다. 삶의 질에 실제로 영향을 주는 재화, 서비스, 기술은 시장 기반 사회에서는 매우 빠르게 확산되기 때문에 몇백 달러 차이는 개인의 행복에 거의 영향을 미치지 않는다. 중요한 것은 부유하고 자유로운 자본주의 사회에 사는 것이다. 만약 당신이 운 좋게도 그런 사회에서 태어났다면 이미 행복을 이룰 수 있는 잠재력을 갖춘 셈이다.

여기서 말하는 것은 객관적 지표가 아니라 사람들이 자신의 감정 상태에 대해 스스로 말하는 내용이다. 물론 오류의 여지는 많다. 삶이 너무 우울하거나 지나치게 흥분돼 있는 사람은 설문 조사에 응답하지 않을 수도 있고, 우연한 사건이 우리의 기분에 과도한 영향을 미치기도 한다.

예를 들어, 설문 조사에 응답하는 날의 날씨, 버스를 놓쳤는지, 아니면 방금 엘리베이터 안에서 동전을 주웠는지 같은 일이 우리의 응답에 영향을 줄 수 있다. 익명 설문임에도 모든 사람이 정직하게 답변하는 것도 아니다. 예컨대 프랑스인은 우울함을 지성의 징표로 생각하는 경향이 있고, 스칸디나비아인은 삶에 대한 기대치가 너무 낮아서 늘 기분 좋은 놀라움을 느끼고 있다고 말하는 경우도 있다. 그렇기 때문에 이런 데이터는 신중하게 다뤄야 한다. 그러나 흥미로운 점은 오늘날 웰빙 연구가 보여 주는 결론이 자유 시장과 개인주의가 삶의 기쁨을 앗아 간다는 통념과 정반대라는 것이다.

데이터는 개인의 평균적인 행복 수준이 그들의 소득과 함께 증가하고, 인구 전체의 평균 행복 또한 국가의 1인당 국내 총생산과 함께 증가하며, 이 두 가지 지표는 모두 시간이 지남에 따라 점점 더 높아진다는 점을 보여 준다. 사람들이 부유해지고, 국가가 더 잘살게 됨에 따라 행복 수준은 함께 증가하는 경향을 보인다. 서구 유럽, 북아메리카, 오스트레일리아, 뉴질랜드는 가장 높은 수준의 웰빙을 보여 주는 지역들이다. 반면 아프리카, 남아시아, 중동은 가장 낮은 수준을 기록하고 있다. 상관관계는 분명하지만 완벽한 것은 아니다. 라틴 아메리카 국가들은 예상보다 더 높은 행복 수준을 보이며, 과거 공산주의 국가들은 그들의 번영 수준보다 낮은 행복을 보인다.[35]

루트 베인호벤은 이 놀라운 연구 결과를 다음과 같이 요약한다.

"사회가 더 개인화될수록 시민은 더 행복하다."

그리고 세계 가치 조사는 삶의 만족도를 높이는 가장 중요한 요인

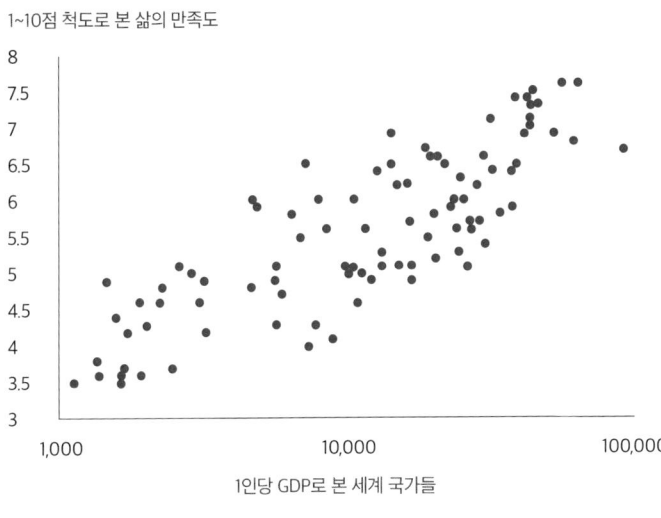

부유한 나라가 더 행복하다[36]

으로 '세계 경제 성장, 광범위한 민주화, 다양성에 대한 관용의 증대, 그리고 증가하는 자유 의식'을 꼽는다. 행복의 위기를 주제로 책 한 권을 쓴 영국 경제학자 리처드 레이어드조차도 결국에는 "서구 사회는 아마도 이전의 어떤 사회보다 더 행복할 것이다"라고 인정한다.[37]

사람들이 자신의 삶에 대해 이토록 만족한다고 주장하는 사실 자체가 많은 이에게 놀라운 일이다. 영국인은 전체 국민 중 47%만이 자신이 매우 행복하거나 어느 정도 행복하다고 느낀다고 생각하지만, 실제로는 무려 92%가 자신이 꽤나 행복하거나 매우 행복하다고 응답한다. 이 질문이 제시된 32개국 모두에서 결과는 비슷하게 나타난다.

사람들은 겉으로 보기에는 우울해 보여도 내면에서는 훨씬 더 긍정적인 감정을 느끼고 있는 듯하다. 그리고 이 괴리는 결코 작은 차이가 아니다. 캐나다인과 노르웨이인은 자국민을 가장 낙관적으로 평가하지만, 그래도 행복하다고 느끼는 국민의 비율은 60%일 것이라고 예상한다. 그런데 이는 실제로 가장 행복하지 않다고 분류된 국가인 헝가리의 자가 보고 행복도인 69%보다도 낮은 수치다.[38]

이런 이유로 인간의 행복에 대해 데이터를 근거로 하지 않고 추측하는 일은 매우 위험하다. 특히 지식인의 경우 더욱 그렇다. 수많은 연구에 따르면 지식인은 일반인보다 불안감과 신경증을 더 자주 겪는다.[39] 이는 그들이 창조하고, 글을 쓰고, 공공 논쟁에 참여하도록 만드는 동력이 되기도 하지만, 동시에 타인의 행복을 과소평가하는 원인

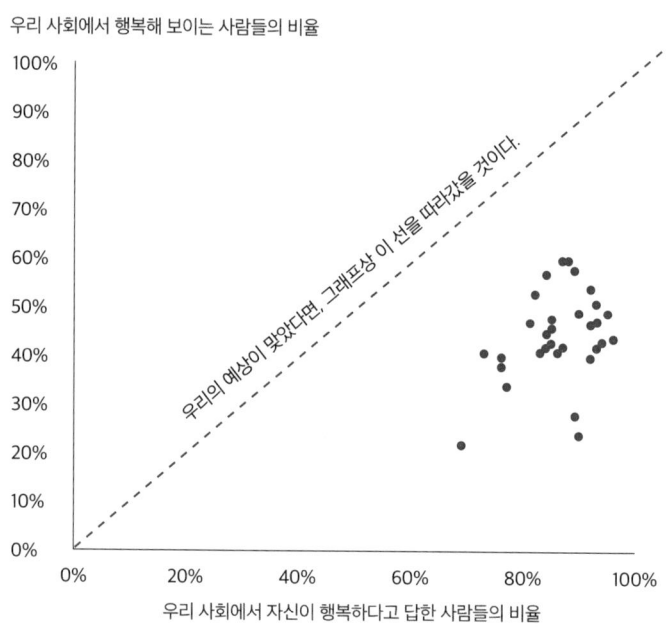

우리는 타인의 행복을 과소평가한다[40]

도 된다. 그들은 흔히 일상적인 삶의 사소한 요소, 지적이지 않은 직업, 그리고 '소확행' 같은 평범한 일들로도 행복해질 수 있다는 사실을 쉽게 이해하지 못한다. 그래서 문제의 원인을 사회 구조나 천박한 자본주의 같은 곳에서 찾으려는 경향이 강해진다. 데이비드 흄은 그의 절친 루소에 대해 "그는 단지 불행한 사람일 뿐인데, 이를 자신의 우울한 기질이 아니라 사회에 책임을 돌리려 한다"라고 말했다.[41]

자본주의를 내부에서 들여다보면 지식인이 생각하는 것만큼 우울한 체계가 아니다. 네덜란드의 사회 민주당에서 활동하던 베인호벤은 처음에는 정부의 소득 재분배와 관대한 복지 지출이 국민 삶의 만족도에 긍정적인 영향을 준다고 믿었다. 덴마크, 핀란드, 스웨덴처럼 행복 지수 상위에 위치한 국가들 대부분이 관대한 복지 국가이기 때문이다. 하지만 더 많은 통계를 수집하면서 복지 지출이 상대적으로 적은 다른 소규모 부유한 민주주의 국가들, 예컨대 아이슬란드, 스위스, 뉴질랜드 같은 나라들도 행복도 상위권에 있다는 사실이 명확해졌다. 아일랜드, 네덜란드, 호주는 국내 총생산 대비 사회 지출 비중이 벨기에, 이탈리아, 프랑스보다 절반가량에 불과하지만, 행복도 이들보다 훨씬 더 높다. 정부의 재분배는 심지어 행복의 분포를 더 평등하게 만드는 데도 성공하지 못했다. 베인호벤은 이제 이렇게 단언한다.

"복지 국가라고 해서 행복이 더 큰 것은 아니다. 내가 그저 틀렸던 것이다."[42]

베인호벤을 놀라게 한 또 다른 결론은 소득 불평등이 한 국가의 삶의 만족도를 낮추지 않는다는 사실이었다. 그는 다음과 같이 말한다.

"소득 불평등은 자본주의 사회의 부산물이다. 자본주의가 삶의 만족도에 미치는 긍정적 효과가 상대적 빈곤에서 오는 부정적 영향을 상쇄하고도 남는다."

이 결론이 모든 학계에서 환영받는 것은 아니다. 그는 덧붙인다. "내 동료들은 이 결론을 달가워하지 않는다. 사회학 분야에서는 이 불평등이란 주제가 '큰 사업'이기 때문이다. 수많은 학계 일자리가 이 주제로 인해 만들어졌다."[43]

경제적 자유의 진정한 의미

경제적 자유와 주관적 행복 사이에는 강한 상관관계가 있다. 대부분의 예상과는 달리 이 상관관계는 저소득층에게서 가장 뚜렷하게 나타난다. 연구자들은 이런 현상이 보다 어려운 사회 경제적 상황에 놓인 사람들에게 자유 시장이 자율성과 선택의 자유를 제공하기 때문이라고 본다.

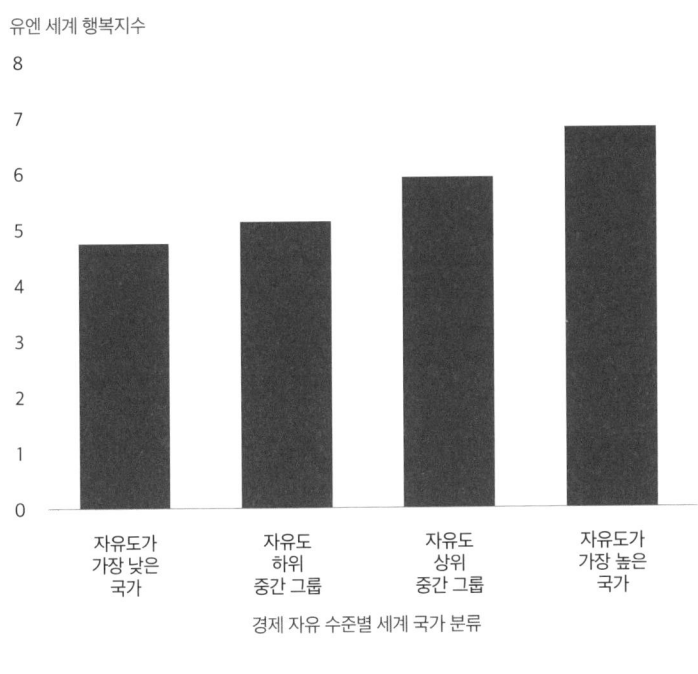

경제적 자유와 행복[44]

"고소득층에게는 이런 효과가 덜 중요하다. 그들은 이미 소득 덕분에 더 많은 선택권을 갖고 있기 때문이다."[45]

비판자들이 아무리 자본주의 사회에서 우리가 벌거벗은 채 두려움에 떨고 있어야 한다고 주장해도, 사람들은 오히려 자본주의가 다른 체제들보다 더 큰 삶의 통제감을 준다고 계속해서 말하고 있다.

이것이 개인주의적 자본주의 사회에서 비판자들이 지적하는 문제들이 존재하지 않는다는 뜻은 아니다. 단지 같은 문제가 비자본주의 사회에서는 더 심각하게 나타난다는 의미일 뿐이다. 경쟁이 어렵게 느껴질 수는 있다. 하지만 자원이 정치적으로 분배된다고 해서 경쟁 자체가 사라지지는 않는다.

오히려 자본주의하에서는 사람들이 상호 이익을 위한 기회를 찾지만, 위로부터의 분배에 의존하는 체제에서는 다른 집단을 위협으로 인식하게 된다. 다른 집단이 무엇인가를 가져간다면 그것은 곧 우리가 갖지 못하기 때문이다. 공산주의가 붕괴한 지 30년이 넘었지만, 그것이 공동체와 사회의 신뢰에 남긴 파괴적 영향은 아직 완전히 사라지지 않았다. 여러 국가 사이의 격차는 점점 줄어들고 있지만, 여전히 탈공산주의 국가들에서는 신뢰 수준이 낮고, 외로움은 더 크며, 삶의 만족도는 더 낮다.

경쟁의 장이 줄어든다고 해서 지위 경쟁이 덜 잔혹해지는 것도 아니다. 사람들이 자신의 정체성을 형성하고 사회적 인정을 받을 수 있는 경로가 다양할수록 더 많은 사람이 자신에게 맞는 길을 찾을 수 있는 기회가 열린다. 반면 단 하나의 길만을 '정답'으로 여기는 집단주의 사회에서는 그 기회가 훨씬 제한된다. 이런 원리는 소비에도 적용될 수 있다. 철학자 스티븐 퀴즈와 정치학자 아네트 아스프는 다양성과 선택의 자유가 불평등 심화에도 불구하고 사람들이 더 불행해지지 않은 이유일 수 있다고 본다. 그들은 이렇게 설명한다.

"그 결과 사회적 지위는 이제 위계적이고 제로섬 성격에서 벗어나 점점 더 파편화되고 다원적이며 주관적인 성격을 갖게 됐다. 한때 단순했던 상대적 소득과 상대적 지위의 관계는 훨씬 더 복잡해졌다."[46]

가난한 사회에서 소비는 종종 자신이 번영의 사다리에서 얼마나 높은 곳까지 올라갔는지를 보여 주는 수단이다. 그래서 역설적으로 가난한 사회일수록 단지 비싸다는 이유만으로 순수한 사치품 소비가 더 큰 비중을 차지한다. 물론 이런 현상은 부유하고 더 개인주의적인 사회에서도 존재하지만, 그런 사회에서는 소비가 점점 더 자신의 개성을 표현하는 방식으로 변해 간다.

사람들은 더 이상 가장 비싼 물건을 무의식적으로 탐내지 않는다. 오히려 자신의 취향에 맞고 자신의 정체성을 표현해 줄 수 있는 것을 원한다. 어떤 이는 포르쉐를 꿈꾸지만, 또 다른 이는 테슬라를 통해 자신의 친환경적 정체성을 보여 주고 싶어 하며, 세 번째 사람은 자동차를 고를 때 지위 따위는 신경 쓰지 않는다는 것을 지위로 삼아 저렴하고 편안한 차를 선호한다. 또 네 번째 사람은 자전거와 대중교통으로 어디든 갈 수 있는 마당에 자동차를 소유하는 것은 속물적이라며 그것에 대해 기꺼이 자주 이야기한다. 이들은 소득과 취향이 다르지만, 모두 삶의 만족감이라는 공통점에서 만날 수 있다.

경제적 자유라는 말에서 가장 중요한 단어는 '경제'가 아니라 '자유'다. 우리는 모두 서로 다르고 서로 다른 필요를 갖고 있다. 우리가 인간관계, 공동체, 일, 소비에서 진정 즐길 수 있는 것을 찾을 확률은 선택의 자유가 주어질 때 비로소 높아진다. 모든 사람이 끊임없이 일하고 물질적 보상을 추구하는 것은 아니며, 열린 사회의 장점 중 하나는 그런 삶의 방식을 선택하지 않아도 된다는 점이다. 팬데믹 이전 서구 세계의 조사 결과에 따르면 지난 수년 동안 노동자의 20~50%가 더 적은 임금을 받더라도 덜 부담되는 직업을 선택하거나, 근무 시간을 줄이거나, 승진을 거절하거나, 더 조용한 동네로 이주함으로써 가족에 집중하고, 일상을 더 쉽게 만들거나, 단순히 스트레스를 줄이기 위해 그런 선택을 한 것으로 나타났다.[47]

만약 당신이 '쥐 경주' 같은 삶을 싫어한다면 그것에서 벗어날 수 있다. 물론 이는 개인 경제에 치명적인 영향을 주지 않고도 그런 선택이 가능할 만큼 높은 생산성과 경제 성장을 이루고 있는 나라에 살고 있을 때 가능한 일이다. 이것이 바로 자본주의가 가능하게 해 주는 일이다. 그 덕분에 지난 150년 동안 노동자의 평균 노동 시간이 약 절반으로 줄어든 것이다. 1870년 영국인이 평균 1월부터 8월까지 일한 시간이 오늘날 1월부터 12월까지 일하는 시간보다 많다.[48] 게다가 우리는 과거보다 더 늦게 일을 시작하고 은퇴 후에는 훨씬 더 오랜 시간을 살게 됐다.

이것이 바로 당신이 지금 이 책을 읽으며 다양한 정치 경제적 시스템의 지속 가능성과 그것이 인간의 행복에 미치는 영향을 사유할 수 있는 이유다. 과거에는 이런 일은 수많은 하인을 거느리고 시간 여유가 넘치는 소수 엘리트나 칼 마르크스처럼 면화 사업으로 살아가는 친구를 둔 사람만이 누릴 수 있는 특권이었다.

마치며

진보와 자유를 좇는
모든 자본주의자에게

이것이야말로 인간의 활동이 무엇을 이룰 수 있는지를
처음으로 보여 준 것이다.

마르크스&엥겔스, 《자본론》[1]

칼 마르크스와 프리드리히 엥겔스를 통해 내 주장의 요점을 요약해 보자면, 광범위한 대규모 진보는 인류 역사에서 새로운 현상이다. 지배 계층은 언제나 통제와 안정 유지에 가장 큰 관심을 뒀지만, 이런 태도는 생산과 혁신을 촉진하기보다는 오히려 방해하는 결과를 낳았다. 이런 구조는 결국 해체돼야 했고, 바로 그 일을 자본주의가 해낸 것이다.

이미 1848년에 공산주의의 아버지들은 당시 이제 막 태동하던 시장 경제가 '지금까지의 모든 세대가 합쳐 이룩한 것보다도 더 거대하고 더 엄청난 생산력을 창출했다'고 적었다. 불과 수십 년 사이에 우리는 산업화, 화학 산업, 전기의 보급, 그리고 전 세계적 운송 및 통신 수단을 갖게 됐다. 그들은 또 이렇게 썼다.

"이전 어떤 세대가 상상이나 했겠는가? 노동의 품속에 이런 생산력이 잠자고 있다는 것을."[2]

자유 시장의 독특한 점은 생산 조건의 지속적인 혁신을 가능케 함과 동시에 그것을 전제로 한다는 점이다. 모두가 더 나은 무언가를 시도할 수 있는 자유를 갖는다면 기존 기업들도 마찬가지로 변화하지 않으면 도태될 수밖에 없다. 이런 자유가 점차 더 많은 사람에게 확산되자 억압이라는 댐에 막혀 있던 창의성과 혁신의 물결이 한꺼번에 쏟아져 나왔고 세상은 영원히 달라졌다.

마르크스와 엥겔스가 예측하지 못한 것은 자본주의가 이런 번영을 국가 내부는 물론 국가 간에도 확산시킨다는 점이었다. 그것은 더 생산적인 기업이 노동자에게 더 나은 일자리를 제공하고, 상품과 서비스의 가격을 낮추는 방식으로 이뤄졌다. 하지만 변화하는 현실을 기존의 이론적 틀에 맞추는 일은 그들에게도 쉽지 않았다. 이들은 프롤레타리아화(자본주의 논리에 의해 임금 노동자가 되는 것*)와 임금 철칙(the iron law of the wages, 노동자의 임금이 최저 생활비에 수렴하여 노동자의 빈곤이 지속된다는 이론*)의 예측을 조용히 철회하고, 대신 상황이 '매우 복잡하다'고 말하기 시작했다.

1865년 한 강연에서 마르크스는 영국 농장 노동자의 임금이 단 10년 만에 40%나 증가했다고 밝혔다. 1892년, 엥겔스는 약 50년 전 자신이 묘사한 영국 노동 계급의 참상을 다음과 같은 말로 보완해야 했다.

"그들은 1848년 이전보다는 확실히 더 나아졌다."[3]

그럼에도 자유 시장이 가능케 한 거의 모든 진보는 당시로서는 아직 미래의 일이었다. 만약 마르크스와 엥겔스가 오늘날까지 살아 있었다면 자본주의가 그 이후 얼마만큼 더 많은 것을 생산해 냈는지를 보고 얼마나 놀랐을지 상상해 보라.

지난 200년 동안 극빈층은 세계 인구의 거의 90%에서 오늘날 10% 이하로 줄어들었다. 1800년에는 지구 인구의 단 12%만이 글을 읽고 쓸 수 있었으나, 오늘날에는 문맹률이 그와 비슷한 수준으로 낮아졌다. 세계 평균 기대 수명은 약 30세에서 70세 이상으로 증가했고, 유아 사망률은 약 90% 감소했다.

놀랍게도 내가 《세계 자본주의를 옹호하며》를 쓴 이후 지난 20년은 지금까지 가장 뛰어난 시기였다. 전쟁, 불평등, 전염병에도 불구하고 우리는 삶의 질을 나타내는 다양한 지표가 평균적으로 그 어느 때보다도 빠르게 개선된 놀라운 시대를 경험했다. 세계의 언론은 이 20년 동안 매일같이 '어제 13만 8,000명이 빈곤에서 벗어났다'는 특종 뉴스로 보도를 시작할 수도 있었을 것이다. 경기 침체, 전쟁, 팬데믹이 있었음에도 말이다. 그리고 이런 변화는 세계 자본주의 체제에 가장 깊숙이 발담근 국가들에서 가장 빠르게 일어났다.

오늘날을 보는 자본주의자의 시각

나는 이 책에서 이런 발전이 좋은 일자리의 상실, 임금 정체, 전례 없는 불평등이라는 대가를 치른 결과가 아님을 보여 줬다. 나는(전체적으로 봤을 때) 우리를 착취하며 살아가는 신흥 슈퍼 리치 계층이나 독점 기업이 새롭게 출현한 것이 아니라 그들의 혁신과 생산성이 중요한 기술, 상품, 서비스의 보다 평등한 분배로 이어졌다고 주장했다. 그리고 우리가 이런 결과를 얻기 위해 환경이나 삶의 질을 희생할 필요가 없다는 것을 보여 주는 여러 연구 결과를 제시했다. 오히려 환경을 보호하려는 의지와 자원을 갖춘 곳은 주로 부유한 시장 경제 국가들이다. 스스로 평가한 행복도에 관한 자료는 신중하게 다뤄야 하지만, 삶에 대한 만족도가 가장 높은 곳이 부유하고, 개인주의적이며, 자본주의적인 국가라는 사실은 주목할 만하다.

이 모든 것이 낙관주의자의 공허한 수사만은 아니다. (과거에 누군가 내게 그런 평가를 내린 적 있다.) 우리는 실로 심각한 문제들을 안고 있다. 대표적인 것이 정경유착이다. 이는 대기업에 유리하도록 설계된 규제, 기존 자격 보유자들을 보호하는 직업 면허 제도, 내부자를 위한 건축 규제, 경제를 해치는 이민 제한, 경쟁력 있는 기업에는 필요 없는, 그리고 경쟁력이 없는 기업에는 오히려 해로운 각종 보조금, 세금 공제, 관세 보호 등으로 구체화된다. 우리가 오늘날 금융 시장을 대하는 방식은 정신 건강을 대하는 방식과 비슷하다. 항상 정상이어야 하며 절대로 우울해서는 안 된다. 만일 그렇다면 중앙은행이 나서서 항우울제를 점점 더 많은 양으로 처방해야 한다는 식이다. 여기에는 자산 가격을 터무니없이 끌어올려 이후의 하락 충격을 훨씬 더 아프게 만들 수 있는 추악한 불평등의 원인이 숨어 있다.

또한 우리는 노동을 억제하고 수많은 사람을 사회 바깥으로 밀어내는 복지 체계를 갖고 있다. 미국에서 '절망의 죽음'이라고 불리는 현상은 냉혹한 경고음이다. 점점 더 많은 사람이 노동 시장에서 이탈하도록 방치하는 정도의 재정적 비용은 감당할 수 있을지 모르지만, 인간적 비용은 감당할 수 없다. 게다가 여러 형태의 환경 파괴는 여전히 악화되고 있으며, 기후 변화는 우리의 모든 계획을 불쾌한 방식으로 뒤흔들 가능성을 지닌 요소다.

모든 분야에서 건설적인 자유 시장 지지자들뿐 아니라 모든 이가 함께 해결해야 할 과제가 산더미처럼 쌓여 있다. 그러나 우리가 이런 모든 문제를 해결한다고 해도 자본주의가 항상 아름답기만 한 체제는 아니다. 그것은 인간인 우리가 그렇지 않으며, 우리의 이상향조차도 여러 가지 트레이드오프 위에 세워져 있기 때문이다.

부단히 부를 창출하고 새로운 일자리를 만들어 내는 창조적 파괴는 기존의 일자리를 잃는 사람들에게는 고통을 안긴다. 소비자가 생산을 지배하면 그들은 불법적이거나 비도덕적이며, 살찌거나 중독성 있고, 저속하거나 비현실적인 상품을 원하게 될 수도 있다. 그리고 기업가는 그런 수요를 만족시켜 거부가 되는 데 주저하지 않을 것이다. 그리고 짜증스럽겠지만 그런 방식으로 돈을 번 사람들 중 상당수는 예전 학교에서 수학도 못하고 고대 문학에도 관심 없던 당신의 동창일 가능성이 높다.

자본주의는 공로에 따라 보상하는 체제가 아니다. 자본주의를 옹호하는 사람들은 종종 그렇다고 주장했지만, 실제로는 그렇지 않다. 성공했다고 해서 반드시 그럴 만한 자격이 있었던 것은 아니며 실패했다고 해서 마땅히 그래야 했던 것도 아니다. 시장은 최고의 실력자나 가장 똑똑한 사람, 혹은 가장 열심히 일한 사람에게 보상을 주는 '능력주의 체계'가 아니다. 어떤 사람은 최선을 다해 고군분투했음에도 불구하고 실패할 수 있다. 시장은 지뢰밭과 같아서 어디에 지뢰가 묻혀 있는지 알 수 없기 때문이다. 반면 다른 누군가는 아무 생각 없이 내놓은 제품이 우연히 베스트셀러가 되어 성공할 수도 있다.

시장은 우리의 가치, 재능, 노력에 대해 보상하지 않는다. 시장이 보상하는 유일한 기준은 단 하나, '다른 사람들에게 가능한 한 낮은 비용으로 최대한의 가치를 창출하는 것'이다. 위대한 고전적 자유주의자 스티븐 호르위츠는 "당신이 개같은 인간일 수도 있지만, 그럼에도 사람들의 삶을 훨씬 나아지게 만들 수 있다"라고 말한 바 있다. 그는 후자에 있어 많은 기여를 했지만, 전자에는 속하지 않았던 인물이다.

　내가 보기에 바로 이런 '자발적 관계에 대한 집착'이 자유 시장 체제를 도덕적으로 다른 모든 체제보다 우월하게 만든다. 이것이야말로 자유 시장이 놀라운 부를 창출해 낸 근본 원인이기도 하다. 자유 시장 안에서는 모두가 끊임없이 새로운 방식으로 타인을 위해 가치를 창출할 동기를 강하게 부여받기 때문이다. 그러나 이런 원칙은 또한 받아들이기 힘든 결과들을 수반한다. 아무리 열심히 일해도 누군가가 더 나은 아이디어를 내놓았다는 이유만으로 실직하는 사람이 있다. 반대로 단지 수요가 지나가던 순간 우연히 그 자리에 있었던 이유로 흑자를 낸 사람도 있다. 당신이 아끼던 프로젝트나 사랑했던 가게가 문을 닫는 사이에 정신 나간 소매 체인점은 들불처럼 퍼져 나간다. 그러나 우리가 모두를 위한 기회를 확장할 더 스마트한 방식과 새로운 일자리를 끊임없이 만들어 내고자 한다면 기존의 낡고 비효율적인 것들은 반드시 폐기돼야 한다. 우리는 더 많은 부자와 더 많은 파산을 필요로 한다.
　모든 사람의 지식과 창의성을 활용해 새롭고 예기치 못한 것을 창조하고자 한다면, 우리는 사전에 무엇이 성공할지, 누가 보상을 받아야 할지를 결코 알 수 없다. 우리는 결과를 예측할 수 없다. 개방된 사회는 어떤 것도 보장하지 않는다. 반면 중앙 집권적 체제는 적어도 그런 보장을 하는 척이라도 한다. 이런 개방성과 예측 불가능성 속에서 살아간다는 것이 항상 유쾌한 일은 아니다.

이런 문제와 한계는 많은 사람으로 하여금 주저하게 만들고 다른 체제를 꿈꾸게 만든다. '다른 세계가 가능하지 않을까?' 하는 생각 말이다. 그래서 우리는 항상 자발적 상호 작용보다 더 나은 결과를 주면서 그 부작용은 없는 '지름길'을 찾고 싶은 유혹을 느낀다. 어떤 이는 보호 무역주의 실험을 해 보고 싶어 하고, 어떤 이는 미래에 투자돼야 할 자원을 재분배하자고 주장하며, 또 어떤 이는 모든 문제를 해결해 주겠다고 약속하는 최신 유행의 포퓰리스트 지도자에게 빠져들기도 한다.

어느 로마 황제의
노래 경연 대회

내가 세계 자본주의 시대의 독보적인 진보에 대한 근거를 제시하면 가끔 이런 반응이 돌아온다.

"좋은 건 알겠어. 아무도 그걸 반대하는 건 아니야. 그런데 왜 그걸로 만족해야 하지? 더 나은 세상을 만들 수는 없을까?"

나도 동의한다. 그 정도로 충분하다는 말은 아니다. 우리는 자랑스러워해야 하지만, 결코 만족해서는 안 된다. 우리는 실제로 효과가 있는 것이 무엇인지 보기 시작했다. 이것은 인류 역사에서 드물게 일어난 일이다. 우리는 이것을 당연하게 여겨서는 안 되며 지금까지의 진보에 만족할 수 없다. 그렇기에 그것이 살아남고 더 널리 퍼지도록 해야 한다.

우리가 절대로 해서는 안 될 일은 지금 이 체제가 우리의 환상만큼 완벽하지 않다는 이유로 이것을 통째로 내던져 버리는 것이다. 우리의 경제와 기술을 끊임없이 변화시키는 이 '가끔은 문제가 되기도 하는' 창조적 파괴 없이는 우리는 정체되고 말 것이며 앞으로 우리가 맞닥뜨릴 문제들을 해결할 기회도 잃을 것이다. 개방된 세계 경제와 글로벌 공급망 없이는 미래의 발전 기회를 박탈당하고, 수억 명이 빈곤에서 벗어날 수 있는 길을 닫아 버리게 된다. 오늘날 서구 국가들이 중국의 산업 정책을 모방하고 공급망을 자국으로 회귀시키려는 새로운 야망은 막대한 비용이 들 뿐만 아니라 매우 위험한 실험이다. 인간의 상호 작용과 창의성이 지닌 불편하고 예측 불가능한 특성 없이 살아간다면 우리는 정확히 무엇을 얻게 될지 잘 알고 있다. 바로 인류 역사 대부분의 시대가 그런 방식이었기 때문이다.

이런 상황을 설명하기에 적절한 오래된 전설이 하나 있다.

어느 로마 황제가 군중을 즐겁게 하기 위해 두 명의 가수 중 누가 더 뛰어난지를 자신이 직접 결정하겠다고 나섰다. 첫 번째 가수가 노래를 부르기 시작했고 나쁘지 않았다. 사실 꽤 인상적이었다. 관중은 흥분했다. 실제로 이토록 아름다운 노래는 좀처럼 듣기 힘들었다. 그러나 그 가수가 어느 한 음에서 약간 실수를 했다. 황제는 즉시 자리에서 일어나 공연을 중단시켰고 그 즉시 경쟁은 끝났다고 선언했다. 그리고 두 번째 가수를 무대 위로 불러 상을 수여했다. 첫 번째 가수가 실수를 했으니 두 번째 가수가 승자라는 것이다.

하지만 이 판단은 명백한 오류다. 단지 결점과 약점을 찾아냈다는 이유만으로 대안이 더 나을 것이라고 상상하는 것은 충분하지 않다. 첫 번째 가수는 실수를 했지만, 두 번째 가수는 더 많은 실수를 할 수도 있다. 어쩌면 그는 음정조차 맞추지 못할지도 모른다. 최악의 경우 그는 제정신이 아닐 수도 있다.

물론 당신은 다음 가수가 완벽하고 흠잡을 데 없다고 생각할 수도 있고, 첫 번째 가수에게 실수가 다시는 일어나지 않도록 하면서도 다른 문제를 만들지 않는 방법을 안다고 믿을 수도 있다. 흥미로운 이야기다. 시험해 볼 수도 있을 것이다. 그러나 언제나 두 사람의 노래를 모두 들어 본 다음에 승자를 결정해야 한다. 로마 황제처럼 판단을 서둘러서는 안 된다. 복잡하고 예측할 수 없는 세계에서 우리는 완벽함을 찾는 것이 아니다. 우리가 찾는 것은 '가장 좋은 것', 그리고 '지속적인 개선의 약속'이다.

그리고 만약 당신이 열린 사회와 자유 시장 경제의 중요성에 확신을 가진 사람이라면 그것을 당연하게 여겨서는 안 된다. 내가 《Open(오픈)》이라는 책에서 보여 줬듯이 역사상 수많은 개방성과 진보의 황금기들은 권위주의적 반동에 의해 폐허로 변해 버리곤 했다.[4]

자본주의는 인류가 경험한 가장 위대한 사회적, 경제적 진보를 가능케 했지만, 수백만 명이 그것을 거부하고 정작 들어 본 적도 없는 다음 가수를 선택하겠다고 나선다. 자유 시장은 인류 역사상 처음으로 대중에게 이론적 사유와 정치적 토론에 참여할 수 있는 자원과 여유를 제공했다. 그러나 우리는 이 여유를 시장 경제를 불공정하고 영혼을 파괴하는 체제로 비판하는 데 적잖은 정도로 사용했다.

기발하고 근면한 사람들은 우리가 아무리 불평하더라도 날마다 혁신과 성장을 위해 꾸준히 노력할 것이다. 그들은 당신이 누구인지 모른다 해도 여전히 당신의 컵에 커피를 채워 줄 것이다. 하지만 그들이 그렇게 할 수 있는 자유를 지키는 일은 저절로 이뤄지지 않는다. 만약 당신이 그들의 기여에 감사한다면 그들을 보호할 책임이 당신에게 있다. 세계 자본주의는 친구, 지지자, 그리고 선생님이 필요하다.

자유와 진보는 당신에게도 과제가 될 수 있다. 전 세계의 자본주의 지지자들이여, 우리에게는 잃을 것이 없다. 구속, 관세 장벽, 건축 규제, 착취적 세금 외에는. 우리에게는 승리로 쟁취해야 할 세상이 있다.

주석

시작하며. 내가 자본주의자를 자처한 이유

1. Michka Assayas, 'Bono', Penguin, 2006, 조지타운 대학교 글로벌 사회적 기업 행사에서 한 보노의 연설, 2013년.
2. Jimmy Carter, State of the Union Address, 1978년 1월 19일.
3. Gavin Poynter, 'The Political Economy of State Intervention: Conserving Capital Over the West's Long Depression', Routledge, 2020년, p.3.
4. Robert Bradley, 'Colliery closures since 1947', www.healeyhero.co.uk/rescue/individual/Bob_Bradley/PM-Closures.html.
5. Deirdre McCloskey, 'Why Liberalism Works', Yale University Press, 2019년, p235.

1장. 자본주의자 vs. 비자본주의자

1. 나오미 클레인(Naomi Klein), '쇼크 독트린: 자본주의 재앙의 도래(The Shock Doctrine: The Rise of Disaster Capitalism)', Allen Lane, 2007년, p.252.
2. 이런 비관적인 문구들은 1999년과 2000년 세계은행 보고서나 논문 서문에 등장한다. 예: '1999 review of development effectiveness'. 네이더의 발언은 Gary Wells, Robert Shuey & Ray Kiely Globalization, Novinka Books, 2001년, p.23에서 인용. K. G. Hammar 대주교 발언은 '아레나(Arena)' 2000년 6월호 인터뷰에서 인용.
3. 필자는 지식의 접근성을 획기적으로 높인 이 귀중한 자료들을 강력히 추천함.
4. 초판에서는 각각 29%와 23%라고 했으나, 이후 세계은행이 빈곤의 기준선을 하루 1.2달러 소비 수준에서 인플레이션과 지역 물가를 반영한 2.15달러로 상향 조정함. 이 책에서는 일관되게 이 새로운, 더 높은 빈곤 기준선을 사용함. 글로벌 빈곤에 대한 데이터는 다음을 참조. World Bank, PovcalNet (http://iresearch.worldbank.org/PovcaliNet/), Poverty & Inequality Platform (https://pip.worldbank.org/), 'Correcting course: Poverty and shared prosperity 2022', World Bank Group, 2022년.

5. Michail Moatsos, 'Global extreme poverty: Present and past since 1820', How Was Life Part II: New Perspectives on WellBeing and Global Inequality Since 1820', OECD, 2021년.
6. Angus Deaton, 'Thinking about inequality', Cato's Letter, vol. 15, no. 2, 2017년.
7. 이하 수치는 세계은행의 세계 개발 지표(World Development Indicators)에서 가져옴. https://databank.worldbank.org/source/world-development-indicators. 관련 통계 및 그 기초에 대한 더 자세한 내용은 다음을 참조. 요한 노르베리(Johan Norberg), '진보: 우리가 미래를 기대하는 10가지 이유(Progress: Ten Reasons to Look Forward to the Future)', Oneworld, 2016년.
8. https://data.unicef.org/topic/child-survival/under-five-mortality/.
9. 국제노동기구와 유엔아동기금, 'Child labor: Global estimates 2020, trends and the road forward', 2021년.
10. 이 수치는 지수 그래프로 1990년의 영향을 100%로 설정하고 그 변화를 추적한 것임. 필자의 계산은 UN 식량 농업 기구, 세계은행, 유네스코, UN의 수치를 바탕으로 함.
11. 이 장의 1인당 국내 총생산 수치는 구매력과 인플레이션을 반영해 조정된 값임. 1990년 이전은 앵거스 매디슨(Angus Maddison)이 작성한 방대한 역사 통계 시리즈의 연장선인 매디슨 프로젝트(Maddison Project)를 사용함. www.rug.nl/ggdc/historicaldevelopment/maddison/. 1990년 이후는 세계은행의 세계 개발 지표를 사용함. https://databank.worldbank.org/source/world-development-indicators.
12. 현재 선진국들의 역사적 빈곤 추정치는 다음을 참조. Martin Ravaillon, 'The Economics of Poverty: History, Measurement and Policy', Oxford University Press, 2016년, chap. 1.
13. 이것은 물론 인플레이션을 반영해 2011년 기준 미국 달러로 환산한 수치임. 이 수치가 엄청난 추정과 광기에 가까운 가정에 기반한 것 아니냐고 항의한다면 일리는 있지만, 이런 추정과 가정으로 매년 다소 큰 오차가 있더라도 전체 도표의 양상에는 큰 영향을 주지 않음. 자료 출처는 Angus Maddison, 'The World Economy: A Millennial Perspective', OECD, 2001년, Angus Maddison, 'The World Economy: Historical Statistics', OECD, 2003년, and Maddison Project Database, 2020년.
14. 이 국가들도 수입 대체나 산업 정책을 시행한 적이 있지만, 다른 빈곤국들보다 짧고 덜 광범위했음. 이 국가들에 있어 개방성이 핵심이었다는 연구는 다음을 참조. Arvind Panagariya, 'Free Trade and Prosperity: How Openness Helps Developing Countries Grow Richer and Combat Poverty', Oxford University Press, 2019년.
15. 다큐멘터리 'India Awakes(2015년)'를 위한 파르트 샤(Parth Shah)와의 인터뷰.
16. Andrea Boltho, Wendy Carlin & Pasquale Scaramozzino, 'Will East Germany become a new Mezzogiorno?', Journal of Comparative Economics, vol. 24, 1997년.
17. Theo S. Eicher & Till Schreiber, 'Structural policies and growth: Time series evidence from a natural experiment', Journal of Development Economics, vol. 91, 2010년, pp. 169-79.
18. Christer Gunnarsson & Mauricio Rojas, 'Tillwäxt, stagnation', kaos, 2nd edn, SNS, 2004년, chap. 6.
19. Sara Regine Hassett & Christine Weyd, 'An interview with Fernando Henrique Cardoso', Journal of International Affairs, vol. 58, no. 2, 2005년.
20. Max Roser & Esteban Ortiz-Ospina, 'Income Inequality', Our World in Data, October, 2016년 10월.

21. 언급된 일곱 개국은 가봉, 기니, 라이베리아, 잠비아, 나이지리아, 콩고(레오폴드빌, 현재 콩고-킨샤사), 로디지아(현재 짐바브웨)임. Andrew Kamarck, 'The Economics of African Development', Prager, 1967년, p247. William Easterly& Ross Levine, 'Africa's growth tragedy: Policies and ethnic divisions', The Quarterly Journal of Economics, vol. 112, no. 4, 1999년 11월.
22. George Ayittey, 'Indigenous African institutions', Brill, 2nd edn, 2006년.
23. Ayittey 2006년, p.486.
24. Belinda Archibong, Brahima Coulibaly & Ngozi Okonjo-Iweala, 'Washington Consensus reforms and economic performance in sub-Saharan Africa: Lessons from the past four decades', AGI Working Paper 27, 2021년 2월.
25. World Bank, 'Economic Growth in the 1990s: Learning from a Decade of Reform', 2005년, p271.
26. Scott A Beaulier, 'Explaining Botswana's success: The critical role of post-colonial policy', Cato Journal, vol. 23, no. 2, 2003년.
27. James Gwartney, Robert Lawson, Joshua Hall & Ryan Murphy, 'Economic Freedom of the World: 2022 Annual Report', Fraser Institute, 2022년.
28. 같은 자료.
29. Robert Lawson, 'Economic freedom in the literature: What is it good (bad) for?', in James Gwartney, Robert Lawson, Joshua Hall & Ryan Murphy, 'Economic Freedom of the World: 2022 Annual Report', Fraser Institute, 2022년. 또한 다음 자료 참조. Joshua Hall & Robert Lawson. 'Economic Freedom of the World: An accounting of the literature', Contemporary Economic Policy, vol. 32, no. 1, 2014년.
30. Esteban Ortiz-Ospina and Max Roser, 'Government Spending', Our World in Data, 2016년.
31. William Easterly, 'The lost decades: developing countries' stagnation in spite of policy reform 1980-1998', World Bank, 2001년 2월. William Easterly, 'In search of reforms for growth: New stylized facts on policy and growth outcomes', working paper 26318, National Bureau of Economic Research, 2019년 9월.
32. Kevin Grier & Robin Grier, 'The Washington Consensus works: Causal effects of reform, 1970-2015', Journal of Comparative Economics, vol. 49, No. 1, 2021년 3월. Pasquale Marco Marrazzo & Alessio Terzi, 'Structural reform waves and economic growth', European Central Bank, No. 2111, 2017년 11월.
33. Branko Milanović, 'Capitalism, Alone: The Future of the System that Rules the World', Belknap Press, 2019년, chap.4.2. 리처드 볼드윈(Richard Baldwin), '그레이트 컨버전스: 정보기술과 새로운 세계화(The Great Convergence: Information Technology and the New Globalization)', Belknap Press, 2016년
34. Dev Patel, Justin Sandefur & Arvind Subramanian, 'The new era of unconditional convergence', working paper, Center for Global Development, 2021년.
35. Robert Mugabe, 'Statement by Zimbabwe', 2002년 9월 2일.
36. @jeremycorbyn, twitter, 2013년 3월 5일. 'Venezuela: Latin America's inequality success story', Oxfamblogs.org, 2010년 8월 6일. 제시 잭슨(Jesse Jackson), 나오미 클레인(Naomi Klein), 진

(Zinn), 쿠치니치(Kucinich) 등 베네수엘라 차베스에 대한 지지를 표명함, Venezuelaanalysis, 2004년 8월 13일.
37. Kristian Niemietz, 'Socialism: The Failed Idea that Never Dies, Institute for Economic Affairs', 2019년, p.56.
38. 예: Johan Fourie, 'Our Long Walk to Economic Freedom', Tafelberg, 2021년.
39. Tom G. Palmer & Matt Warner, 'Development with Dignity: Self-determination, Localization, and the End of Poverty', Routledge, 2022년, chap. 5.
40. Luis R. Martínez, 'How much should we trust the dictator's GDP growth estimates?', Journal of Political Economy, vol. 130, no. 10, 2022년.
41. Samuel Absher, Kevin Grier, Robin Grier, 'The economic consequences of sustainable left-populist regimes in Latin America', Journal of Economic Behavior & Organization, vol. 177, 2020년 9월, pp.787-817.
42. Manuel Funke, Moritz Schularick & Christoph Trebesch, Populist leaders and the economy, discussion paper 15405, Center for Economic Policy Research, October 2020년.
43. Jordan Kyle & Yascha Mounk, 'The populist harm to democracy: An empirical assessment', Tony Blair Institute for Global Change, 2018년 12월 26일.

2장. 성장 vs. 재분배

1. 'Globalization and Resistance', 노엄 촘스키(Noam Chomsky)와 후사인 알 쿠르디(Husayn al-Kurdi)의 인터뷰, Kick It Over, no. 35, 1995년 여름.
2. 나는 물가 상승과 노동자 수 증가를 반영하여 조정했다. 이 비교는 경제학자 프레드릭 N. G. 안데르손(Fredrik N. G. Andersson)이 2019년 4월 11일 룬드의 카페 아텐(Café Athen)에서 열린 토론에서 사용한 변형을 바탕으로 한다. 예란 그레이더(Göran Greider)는 2019년 10월 6일 스웨덴 방송(SVT)의 Opinion Live에서 이 말을 했다.
3. Lant Pritchett, 'There is only one poverty strategy: (broad based) growth(Part I)', lantpritchett.org, 2019년 2월 6일.
4. David Dollar, Tatjana Kleineberg & Aart Kraay, 'Growth still is good for the poor', Working Paper no. 596, Luxembourg Income Study, Cross-National Data Center in Luxembourg, 2013년 9월.
5. Bruce D. Meyer & James X. Sullivan, 'Identifying the disadvantaged: Official poverty, consumption poverty, and the new supplemental poverty measure', Journal of Economic Perspectives, vol. 26, 2012년.
6. 《세계 자본주의를 옹호하며》에서도 이미 인용한 내용이지만, 20년에 한 번쯤은 다시 인용해도 괜찮다고 생각한다. 존 스튜어트 밀(John Stuart Mill), '정치경제학 원리(Principles of Political Economy), 제5권, Liberty Fund, 2006년, p810.
7. James Gwartney, Robert Lawson, Joshua Hall & Ryan Murphy, Economic Freedom of the World: 2022 Annual Report, Fraser Institute, 2022년, p.17.
8. Andreas Bergh & Magnus Henrekson, 'Government size and growth: A survey and interpretation of

the evidence', Working Paper no. 858, Institute for Business Research.
9. 같은 자료.
10. 같은 자료.
11. A. J. Jacobs, 'Thanks a Thousand: A Gratitude Journey from Bean to Cup', Simon & Schuster, 2018년. 혹시 레너드 리드(Leonard Read)의 아름다운 우화 '나는 연필입니다(I, Pencil)'가 떠오른다면, 정확히 맞다. 시장의 마법 같은 협업을 가장 잘 묘사한 작품이다. 그러나 시장의 멋진 혁신 덕분에 이제는 아무도 연필을 사용하지 않는다.
12. Niclas Berggren & Therese Nilsson, 'Economic freedom as a driver of trust and tolerance', in Gwartney et al, 2020년. 또한 다음을 참조. Antonio Farfan-Vallespin, Matthew Bonick, 'On the origins and consequences of racism', contribution to the annual meeting of the Association for Social Policy, Deutsche Zentralbibliothek für Wirtschaftswissenschaften, Leibniz-Informationszentrum Wirtschaft, Kiel & Hamburg, 2016년.
13. Thomas Sowell, 'Preferential Policies: An International Perspective', William Morrow, 1990년, pp.21ff. 만약 지금 자본주의는 면화 없이는 불가능했으며, 면화는 노예제 없이는 불가능했고, 자본주의가 식민주의에 기반했다는 반론을 하고 싶다면, 프레드릭 세게르펠트(Fredrik Segerfeldt)의 '검은 남자의 짐(Den svarte mannens börda)'을 참고하라.
14. Swaminathan Anklesaria Aiyar, 'Capitalism's assault on the Indian caste system', Policy Analysis No.776, Cato Institute, 2015년 7월 21일.
15. 시작하고 싶다면 '자유헌정론(The Constitution of Liberty)'부터 읽어도 좋다. 너무 커서 부담스럽게 느껴진다면, 그의 에세이 '사회에서 지식의 활용(The Use of Knowledge in Society)'부터 시작해도 된다.
16. Märten Blix & Henrik Jordahl, 'Privatizing Welfare Services: Lessons from the Swedish Experiment', Oxford University Press, 2021년.
17. Frédéric Bastiat, 'Economic Sophisms', The Foundation for Economic Education, 1964년, p.97.
18. Jeffrey Clemens, 'Making sense of the minimum wage: A roadmap for navigating recent research', Cato Policy Analysis, 2019년 5월 14일.
19. 존 메이너드 케인스(John Maynard Keynes), '평화의 경제적 결과(The Economic Consequences of the Peace)', Harcourt, Brace and Howe, 1920년, pp.235~248.
20. 또한 이는 '국가 자본주의(state capitalism)'가 자본주의가 아님을 의미한다. 국가가 기업을 소유하고 경제를 통제한다면, 우리는 사적 소유권과 시장 조정을 모두 제한하게 된다. 국가 자본주의는 실제로 존재하지 않으며, 이는 국가 사회주의에 대한 책임을 회피하려는 마르크스주의자들의 시도일 뿐이다.
21. "우리의 죄에 대한 처벌로서 사회주의를 도입하는 것은 지나친 일일 것이다. 하지만 과거의 불의가 너무도 크다면 이를 바로잡기 위해 단기적으로 더 확장된 국가 역할이 필요할 수 있다", 'Anarchy, State and Utopia', Basic Books, 1974년, p.231. 또한 다음을 참조. Fredrik Segerfeldt, 'The New Equality: Global Development from Robin Hood to Botswana', Timbro, 2014년, pp. 105 ff.
22. 에르난도 데 소토(Hernando de Soto), '자본의 미스터리: 왜 자본주의는 서구에서만 성공하

는가(The Mystery of Capital: Why Capitalism Triumphs in the West and Fails Everywhere Else)', Bantam Press, 2000년.
23. 아리스토파네스(Aristophanes), '여성 민회(Ecclesiazusae)', lines. 590, 650.
24. 트로츠키는 반대파를 상대로는 그런 원칙을 거리낌 없이 사용했지만, 스탈린이 트로츠키주의자들을 향해 그것을 사용하자 항의했다. Leon Trotsky, 'The Revolution Betrayed: What is the Soviet Union and Where is It Going?', Pathfinder Press, 1972년, p.283.
25. 'Covid-19 exposes EU reliance on drug imports', Financial Times, 2020년 4월 20일.
26. Vincent Gelso & Jamie Bologna Pavlik, 'Economic freedom and the consequences of the 1918 pandemic', Contemporary Economic Policy, vol.39, no.2, 2021년.
27. Christian Bjernskov, Economically free countries have fewer and less severe economic crises, Timbro briefing paper, no.29, 2020년.
28. Keith Bradsher, 'China delays mask and fan exports after quality complaints', The New York Times, 2020년 4월 11일. Maria Manner & Paavo Teittinen, 'HS: n haltuun saamat Huoltovarmuuskeskuksen luvut paljastavat, miten vähän Suomen valtiolla oli kasvosuojaimia koronakriisin iskiessä päälle', Helsingin Sanomat, 2020년 4월 10일.
29. 요한 노르베리(Johan Norberg), 'Covid-19 and the danger of self-sufficiency: How Europe's pandemic resilience is open economy', ECIPE Policy Brief, no.2, 2021년.
30. 'EU should "not aim for self-sufficiency" after coronavirus, trade chief says', Financial Times, 2020년 4월 23일. Andrew Edgecliffe-Johnson, Manufacturers warn US must do more to maintain fragile PPE production', Financial Times, 2021년 4월 13일.
31. Henry David Thoreau, 'On Civil Disobedience and Other Essays', Dover Publications, 2021년, p.2.

3장. 파이 키우기 vs. 제로섬

1. Robert Z. Lawrence, 'China, like the US, faces challenges in achieving inclusive growth through manufacturing', Policy Brief, Peterson Institute for International Economics, 2019년 8월.
2. Economic Data, 'Industrial Production: Manufacturing', Federal Reserve Bank of St Louis, 2022년.
3. Michael Hicks & Srikant Devaraj, 'The myth and reality of manufacturing in America', Center for Business and Economic Research, Ball State University, 2015년.
4. 'China's future economic potential hinges on its productivity', The Economist, 2021년 8월 14일.
5. Philippe Aghion, Céline Antonin & Simon Bunel, 'The Power of Creative Destruction: Economic Upheaval and the Wealth of Nations', Belknap Press, 2021년, p.51f.
6. S. L. Price, 'Playing brough the Whistle', First Grove Atlantic, 2016년, chap.11.
7. J. D. 밴스(J. D. Vance), '힐빌리의 노래(Hillbilly Elegy: A Memoir of a Family and Culture in Crisis)', William Collins, 2016년, p.55.
8. Daniel Clark, 'Detroit autoworkers' elusive post-war boom', The Metropol Blog.
9. Daniel Clark, 'The 1950s were not a golden age for Detroit's autoworkers', What it Means to be American, 2019년 5월 9일.

10. US Bureau of Labor Statistics, 'Characteristics of minimum wage workers, 2020', report. 1091, 2021년 2월.
11. Michael Strain, 'The American Dream is not Dead (But Populism Could Kill It)', Templeton Press, 2020년.
12. Ray Chetty, Nathaniel Hendren, Patrick Kline, Emmanuel Saez & Nicholas Turner, 'Is the United States still a land of opportunity? Recent trends in intergenerational mobility', The American Economic Review, vol. 104, no. 5, 2014년.
13. Simeon Alder, David Lagakos & Lee Ohanian, 'Competitive pressure and the decline of the Rust Belt: A macroeconomic analysis', Working Paper no. 20538, National Bureau of Economic Research, 2014년 10월.
14. Strain, 2020년, p.33.
15. Strain, 2020년, chap.6.
16. Federal Reserve Bank of St Louis, 'Nonfarm Business Sector: Real Hourly Compensation for All Employed Persons', https://fred.stlouisfed.org/series/COMPRNFB.
17. Strain, 2020년, p.98f.
18. Strain, 2020년, p.72f.
19. Strain, 2020년, p.73.
20. 'More than half of British homes don't have a bathroom', Guardian, 1950년 3월 21일. 그리고 조부모 세대 당시에는 화재 안전, 습기 조절, 아동 안전, 유리 안전, 접근성, 녹지 공간, 공지 확보, 주차, 방음, 채광, 태양열 난방, 에너지 소비, 낙상, 충돌 및 화상 방지, 작업 환경 요건 등의 규제로 인해 건축 비용이 상승하지 않았다. 다음 자료 참조. Mårten Belin, 'Här får vi inte bo', Sydsvenska Dagbladet, 2021년 9월 25일.
21. Robert Atkinson & John Wu, 'False alarmism: Technological disruption and the US labor market, 1850-2015', Information Technology & Innovation Foundation, 2017년 5월.
22. United States Census Bureau, 'Annual geographic mobility rates, by type of movement: 1948~2020', www.census.gov/data/tables/time-series/demo/geographic-mobility/historic.html.
23. Charlie Giattino, Esteban Ortiz-Ospina & Max Roser, 'Working hours', Our World in Data, 2020년 12월.
24. 같은 자료.
25. Gallup, 'Work and Workplace', https://news.gallup.com/poll/1720/work-work-place.aspx.
26. David Graeber, 'Bullshit Jobs: A Theory', Simon & Schuster, 2018년. Roland Paulsen, 'The Working Society: How Work Survived Technology', Gleerups, 2010년. 또한 Andreas Bergh, 'Tre böcker av Roland Paulsen-en kritisk läsning', Ekonomisk Debatt, no. 3, 2017년 참조.
27. Graeber, 2018년, p.19, p.24.
28. Magdalena Soffia, Alex Wood, Brendan Burchell, 'Alienation is not "bullshit": An empirical critique of Graeber's theory of BS jobs', Work, Employment and Society, 2021년 6월.
29. Sarah Damaske, Matthew Zawadzki, Joshua M. Smyth, 'Stress at work: Differential experiences of high versus low SES workers', Social Science & Medicine 156, 2016년 3월.
30. Alan Manning & Graham Mazeine, 'Subjective job insecurity and the rise of the precariat: Evidence from

the UK, Germany and the United States', CEP Discussion Paper no. 1712, 2020년 8월.
31. Thor Berger, Carl Benedikt Frey, Guy Levin, Santosh Rao Danda, 'Uber happy? Work and well-being in the "gig economy"', Economic Policy, vol. 34, no. 99, 2019년.
32. Linda Weidenstedt, Andrea Geissinger & Monia Lougui, 'Why gig as a food courier?', Report no. 15, Ratio, 2020년.
33. Andreas Bergh, 'Låt giggarna gigga, Arbetsmarknadsnytt', Arbetsmarknadsnytt, 2020년 12월 2일.
34. Federal Reserve Bank of St Louis, 'All employees, manu-facturing', https://fred.stlouisfed.org/series/MANEMP & 'All Employees, total nonfarm', https://fred.stlouisfed.org/series/PAYEMS. Lawrence Edwards & Robert Lawrence, 'Rising tide: Is growth in emerging economies good for the United States?', Peterson Institute for International Economics, 2013년, p. 15.
35. Adam Posen, 'The price of nostalgia', Foreign Affairs, 2021년 5월/6월. 일자리 감소에 관한 데이터는 미국 노동통계국(US Bureau of Labor Statistics)의 '일자리 공고 및 이직 조사(Job openings and labor turnover survey)'에서 가져온 것이다. 팬데믹 직전인 2019년 한 해 동안 6,790만 개의 일자리가 사라졌고, 7,000만 개의 신규 일자리가 생겨났다.
36. Ildikó Magyari, 'Firm reorganization, Chinese imports, and US manufacturing employment', Job Market Paper, 2017년.
37. Nicholas Bloom, Mirko Draca, and John Van Reenen, 'Trade induced technical change? The impact of Chinese imports on innovation, IT and productivity', Review of Economic Studies, vol. 83, no. 1, 2016년.
38. Zhi Wang, Shang-Jin Wei, Xinding Yu, Kunfu Zhu, 'Re-examining the effects of trading with China on local labor markets: A supply chain perspective', NBER Working Paper no. 24886, 2018년.
39. Jason Dedrick, Greg Linden, Kenneth L. Kraemer, 'We estimate China only makes $8.46 from an iPhone', The Conversation, 2018년 7월 6일.
40. 앤 케이스 디턴(Anne Case Deaton) & 앵거스 디턴(Angus Deaton), '절망의 죽음과 자본주의의 미래(Deaths of Despair: And the Future of Capitalism)', Princeton University Press, 2020년.
41. Nicholas Eberstadt, 'Education and men without work', National Affairs, no. 48, 2021년.
42. Deaton&Deaton, 2020년, p. 222.
43. 'The welfare state needs updating', The Economist, 2018년 7월 12일.
44. '님비(Not In My Back Yard)'란 지역 개발에 대한 주민의 반대를 지칭하는 말이다.
45. Dick Carpenter, Lisa Knepper, Angela Erickson & John K. Ross, 'License to work: A national study of burdens from occupational licensing', Institute for Justice, 2012년.
46. Gary Clyde Hufbauer & Kimberly Ann Elliott, 'Measuring the Costs of Protection in the United States', Peterson Institute for International Economics, 1994년.
47. Margaret Thatcher, 'Speech opening single market campaign"', 1988년 4월 18일, www.margaretthatcher.org/document/107219.
48. Iain Martin, 'Painful as it is, we need to talk about Brexit', The Times, 2022년 6월 8일.
49. Pablo D. Fajgelbaum & Amit K. Khandelwal, 'Measuring the unequal gains from trade', Quarterly Journal of Economics, vol. 131, no. 3, 2016년.

4장. 억만장자 vs. 우리

1. Ung Vänster, Facebook, 2018년 1월 28일.
2. Jagdish Bhagwati, Essays in Development Economics: Wealth and poverty, MIT Press, 1985, p.18.
3. 아우구스트 스트린드베리(August Strindberg), '하인의 아들II(Tjänstekvinnans son II)', Bonnier, 1919년, chap.9.
4. Sheryl Gay Stolberg, 'Bernie Sanders, now a millionaire, pledges to release tax returns by Monday', The New York Times, 2019년 4월 9일.
5. William D. Nordhaus, 'Schumpeterian profits in the American economy: Theory and measurement', NBER Working Paper no.10433, 2004년.
6. 프레데릭 바스티아가 인쇄기의 발명에 관해 설명한 논리를 참조하라. Bastiat, 1964년, 37~38쪽.
7. Donald Boudreaux, 'Globalization', Greenwood Press, 2008년, p.32~33.
8. 이제 1위는 빌 게이츠가 아니다. 몇 년 전 제프 베조스가 1위를 차지했고, 그 후에는 일론 머스크, 지금은 베르나르 아르노가 그 자리를 차지하고 있다. 초부자들이 세운 기업의 주가에 따라 순위는 매우 빠르게 바뀌므로, 당분간은 예시로 게이츠를 계속 사용하기로 한다.
9. 토마 피케티(Thomas Piketty), '21세기 자본(Capital in the Twenty-First Century)', Belknap Press, 2014년, p.444ff.
10. 같은 책, p.31.
11. 같은 책, p.435~439.
12. Robert Arnott, William Bernstein & Lillian Wu, 'The myth of dynastic wealth: The rich get poorer', Cato Journal, vol.35, пo.3, 2015년.
13. William McBride, 'Thomas Piketty's false depiction of wealth in America', Tax Foundation Special Report no.223, 2014년 7월. Chris Edwards & Ryan Bourne, 'Exploring Wealth Inequality', Policy Analysis, no.881, Cato Institute, 2019년 11월 5일.
14. Amy Castoro, 'Wealth transition and entitlement: Shedding light on the dark side of a charmed life', The Journal of Wealth Management, vol.18, no.2, 2015년.
15. Paul Graham, 'How people get rich now', paulgraham.com, 2021년 4월.
16. Milanović, 2019년, p.63.
17. Matthew Rognlie, 'Deciphering the fall and rise in the net capital share: accumulation or scarcity?', Brookings Papers on Economic Activity, 2015년 봄.
18. Milanović, 2019년, p.26~29.
19. Betsey Stevenson & Justin Wolfers, 'Happiness inequality in the United States', The Journal of Legal Studies, vol.37, no.52, 2008년. Andrew Clark, Sarah Flèche & Claudia Senik, 'Economic growth evens out happiness: Evidence from six surveys', Review of Income and Wealth, 2015년.
20. Phil Gramm, Robert Ekelund & John Early, 'The Myth of American Inequality: How Government Biases Policy Debate', Rowman & Littlefield, 2022년.
21. Branko Milanović, 'The three eras of global inequality, 1820-2020 with the focus on the past thirty years', Stone Center on Socio-Economic Inequality, working paper 59, 2022년11월. 또한 다음 자료도 참조할 것. Olle Hammar & Daniel Waldenström, 'Global earnings inequality 1970-2018',

The Economic Journal, 2020년 11월, vol. 130.
22. 밀라노비치(Milanović) 2022년.
23. Credit Suisse, 'Global wealth report 2021', Credit Suisse Research Institute, 2021년, p.25.
24. Oxfam, 'Time to care', Oxfam Briefing Paper, 2020년 1월.
25. Milanović, 2022년.
26. Lives on the Line, A Map of Life Expectancy at Birth, https://tubecreature.com/#/livesontheline/current/same/*/940GZZLUKNB/FFTFTF/13/-.1065/51.5181/.
27. Angus Deaton, 'Health, inequality, and economic development', Prepared for Working Group 1 of the WHO Commission on Macroeconomics and Health, 2001년 5월.
28. Deaton & Deaton, 2020년, p.139f.
29. Fredrik Segerfeldt, 'Sverige är ett klassamhälle. Och?', Smedjan, 2018년 3월 13일.
30. Raj Chetty, Michael Stepner, Sarah Abraham, Shelby Lin, Benjamin Scuderi, Nicholas Turner, Augustin Bergeron, David Cutler, 'The association between income and life expectancy in the United States, 2001-2014', The Journal of the American Medical Association, vol.315, no.16, 2016년.
31. 세스 스티븐스-다비도위츠(Seth Stephens-Davidowitz), '모두가 거짓말을 한다: 구글 트렌드로 밝혀낸 충격적인 인간의 욕망(Everybody Lies: Big Data, New Data, and What the Internet Can Tell Us About Who We Really Are)', Dey Street Books, p.178.
32. P. J. 오루크(P. J. O'Rourke), '창녀들의 의회(Parliament of Whores)', Atlantic Monthly Press, 1991년, p.210.
33. Johan Norberg, 'Financial Fiasco: How America's Infatuation with Home Ownership and Easy Money Created the Financial Crisis', Cato Institute, 2012년. Johan Norberg, 'Eurokrasch: En tragedi i tre akter', Hydra Förlag, 2012년.
34. Ryan Banerjee & Boris Hofmann, 'Corporate zombies: Anatomy and life cycle', BIS Working Paper, no.882, The Bank for International Settlements, 2020년 9월.

5장. 거인들 vs. 도전자들

1. Council of Economic Advisers, 'Benefits of competition and indicators of market power', Issue Brief, April 2016년.
2. Nicolas Crouzet and Janice Eberly, 'Understanding weak capital investment: The role of market concentration and intangibles'. David Autor et al, 'The fall of the labor share and the rise of superstar firms', NBER Working Paper no.23396, 2017년 5월.
3. US Bureau of Labor Statistics, 'Quarterly census of employment and wages: Employment and wages, annual averages 2019', Table 4, www.bls.gov/cew/publications/employment-and-wages-annual-averages/2019/home.htm.
4. Autor et al, 2017년.
5. 필리프 아기옹(Philippe Aghion), 셀린 앙토냉(Céline Antonin) & 시몽 뷔넬(Simon Bunel), '창조적 파괴의 힘: 혁신과 성장 그리고 자본주의의 미래(The Power of Creative Destruction:

Economic Upheaval and the Wealth of Nations)', Belknap Press, 2021년, p.66f.
6. Esteban Rossi-Hansberg and Chang-Tai Hsieh, 'The industrial revolution in service's, NBER Working Paper no. 25968, 2019년 6월. 또한 다음 자료 참조. Ryan Bourne, 'Does rising industry concentration signify monopoly power?', Economic Policy Brief, no. 2, 2020년 2월 13일, Cato Institute.
7. 한 학생이 밀턴 프리드먼에게 모노폴리 게임판에 서명해 달라고 하자, 프리드먼은 흔쾌히 서명했다. 하지만 게임 이름 앞에 '타도(Down with)'라는 말을 덧붙였다.
8. Mark J. Perry, 'Only 51 US companies have been on the Fortune 500 since 1955, thanks to the creative destruction that fuels economic prosperity', Carpe Diem blog, AEI, 2020년 5월 26일.
9. 루드비히 폰 미제스(Ludwig von Mises), '인간 행동(Human Action)', Laissez Faire Books, 1966년, pp.269f.
10. Hal R. Varian, 'Recent trends in concentration, competition, and entry', Antitrust Law Journal, vol. 82, no. 3, 2019년.
11. Mary Amiti & Sebastian Heise, 'US market concentration and import competition', Federal Reserve Bank of New York, 2021년 4월 5일.
12. 타일러 코웬(Tyler Cowen), '기업을 위한 변론: 반기업 정서와 기업에 대한 오해, 그리고 기업의 본질에 대하여(Big Business: A Love Letter to an American Anti-Hero)', St Martin's Press, 2019년, chap.2.
13. 세스 스티븐스-다비도위츠(Seth Stephens-Davidowitz), '모두가 거짓말을 한다: 구글 트렌드로 밝혀낸 충격적인 인간의 욕망(Everybody Lies: Big Data, New Data, and What the Internet Can Tell Us About Who We Really Are)', HarperCollins, 2017년. 그러니 절대 자신의 내면을 다른 사람의 소셜 미디어와 비교하지 말자.
14. 아마 내 친구 마티아스 스벤손(Mattias Svensson)은 왜 그런지 알고 있을 것이다. 하지만 그에게 묻지는 말자. Eric Schwitzgebel, 'Do ethicists steal more books?', Philosophical Psychology, vol. 22, no. 6, 2009년 12월.
15. E.g. Nina Björk, 'Klimatet kräver kontroll över ekonomin', Dagens Nyheter, 2021년 8월 30일, Cosima Dannoritzer, 'The Light Bulb Conspiracy', 2010년.
16. Dexter Ford, 'As cars are kept longer, 200,000 is the new 100,000', The New York Times, 2012년 3월 16일. Bruce Hamilton & Molly Macauley, 'Heredity or environment: Why is the automobile longevity increasing?', The Journal of Industrial Economics, vol. 47, no. 3, 1999년.
17. Anna Quindlen, 'Honestly - you should not have', Newsweek, 2001년 12월 3일.
18. 로버트 라이트(Robert Wright), '넌제로: 하나된 세계를 향한 인간 운명의 논리(Nonzero: History, Evolution & Human Cooperation)', Abacus, 2001년, p.643.
19. 이와 관련된 더 많은 정보와 표현에 대해서는 다음을 참조. 버지니아 포스트렐(Virginia Postrel), '스타일의 전략(The Substance of Style: How the Rise of Aesthetic Value is Remaking Commerce)', Culture and Consciousness, Harper Collins, 2003년.
20. 아니, 사실 가장 흔하게 받는 질문은 아마도 이거일 것이다. "이 책들 전부 다 읽으셨어요?" 이제 딱 한 번만 대답하겠다. 다시는 물어보지 않아도 된다. "아니요."

21. Erik Brynjolfsson, Felix Eggers & Avinash Gannamaneni, 'Using massive online choice experiments to measure changes in well-being', NBER Working Paper no. 24514, 2018년.
22. Soave 2021년, p.30.
23. Matthew Gentzkov & Jesse M. Shapiro, 'Ideological segregation online and offline', Chicago Booth & National Bureau of Economic Research, 2011년 3월 28일.
24. Levi Boxell, Matthew Gentzkow, Jesse M. Shapiro, 'Is the internet causing political polarization? Evidence from demo-graphics', NBER Working paper no. 23258, 2017년 3월.
25. Georgia Wells, Jeff Horwitz & Deepa Seethharaman, 'Facebook knows Instagram is toxic for teen girls, company documents show', Wall Street Journal, 2021년 9월 14일.
26. Monica Anderson & Jingjing Jiang, 'Teens social media habits and experiences', Pew Research Center, 2018년 11월.
27. '마이스페이스(MySpace)'라는 단어만 '이 플랫폼'으로 바꿨을 뿐, 그 외에는 다음 글에서 인용. Victor Keegan, 'Will MySpace ever lose its monopoly?', Guardian, 2007년 2월 8일.
28. Randall E. Stross, 'How Yahoo! won the search wars', Fortune, 1998년 3월 2일.
29. Bruce Upbin, 'The next billion', Forbes, 2007년 10월 26일.
30. Robby Soave, 'Tech Panic: Why We Shouldn't Fear Facebook and the Future', Threshold Editions, 2021년, p.13.
31. Germán Gutiérrez & Thomas Philippon, 'Declining competition and investment in the US', NBER Working paper no. 23583, 2017년 7월.
32. Tim O' Reilly, 'Data is the new sand', The Information, 2021년 2월 24일.
33. Joakim Wernberg, 'Innovation, competition and digital platform paradoxes', Swedish Entrepreneurship Forum, Policy papers on technology, economics and structural change, no. 1, 2021년.
34. 'The new rules of competition in the technology industry', The Economist, 2021년 2월 27일.
35. 같은 자료.

6장. 정부 주도 vs. 시장 주도

1. 마르코 루비오(Marco Rubio), 'Senator Marco Rubio speaks at National Defense University on the need for a "pro-American indus-trial policy" to counter China', The American Mind, 2019년 12월 10일.
2. Mariana Mazzucato, 'Mission Economy: A Moonshot Guide to Changing Capitalism, Allen Lane', 2021년, p.121.
3. Christian Sandström, 'Skapades iPhone av den ameri-kanska staten', Ekonomisk Debatt, vol. 41, no. 3, 2015년. 또한 다음 글도 참조. Deirdre McCloskey & Alberto Mingardi, 'The Myth of the Entrepreneurial State', American Institute for Economic Research, 2020년.
4. 마리아나 마추카토(Mariana Mazzucato), '기업가형 국가(The Entrepreneurial State)', Anthem Press, 2013년.
5. Tim Harford, 'The Next Fifty Things That Made the Modern Economy', Hachette, 2020년, chap.24.
6. 이메일 내용은 NetHistory에 기록돼 있음. www.nethistory.info/Archives/origins.html.

7. Mazzucato, 2021년, p.123.
8. Oral history interview with R. W. Taylor, William Aspray, Charles Babbage Institute, 1989년 2월 28일. https://conserv-ancy.umn.edu/handle/11299/107666, p.42f.
9. Oral history interview with Paul Baran, Judy O'Neill, Charles Babbage Institute, 1990년 3월 5일, https://conservancy.umn.edu/handle/11299/107101, p.34.
10. 매트 리들리(Matt Ridley), '혁신에 대한 모든 것: 혁신은 어떻게 탄생하고, 작동하고, 성공하는가(How Innovation Works: And Why It Flourishes in Freedom)', HarperCollins, 2020년.
11. Jonathan Coopersmith, 'Pornography, technology, and progress, Icon, vol.4, 1998년.
12. Linda Cohen & Roger Noll, 'The Technology Pork Barrel', Brookings Institution Press, 1991년, p.365, chap. 12.
13. Sven-Olof Daunfeldt, Patrik Gustavsson Tingvall & Daniel Halvarsson, 'Statliga innovationsstöd till sma och medelstora företag - har de nagon effekt?', Ekonomisk Debatt, vol.44, no.1, 2016년.
14. Josh Lerner, 'Boulevard of Broken Dreams: Why Public Efforts to Boost Entrepreneurship and Venture Capital Have Failed - And What To Do About It', Princeton University Press, 2009년, p.5.
15. 'Attack of the Eurogoogle', The Economist, 2006년 3월 11일. 당신이 지금 무슨 생각을 하는지 안다. 그리고 당신 생각이 완전히 맞았다. 독일은 텍스트 기반 검색 엔진을 원했고, 프랑스는 모든 감각에 호소하는 일종의 멀티미디어 검색을 개발하길 원했다. 결국 모두가 서로에게 화를 냈다.
16. Tim Murphy, 'Your daily newt: A $40 billion entitlement for laptops', Mother Jones, 2011년 12월 20일. 'Attack of the Eurogoogle', The Economist, 2006년 3월 11일.
17. Mariana Mazzucato, 'Mission-oriented innovation policy', Royal Society for the Encouragement of Arts, Manufactures and Commerce, 2017년 9월. Mazzucato, 2021년, p.145.
18. Frank Dohmen, Alexander Jung, Stefan Schultz & Gerald Traufetter, 'German failure on the road to a renewable future', Der Spiegel International, 2019년 5월 13일.
19. Johan Norberg, 'Power to the People', Sumner Books, 2015년.
20. Jan Jörnmark & Christian Sandström, 'Den industripolitiska återvändsgränden: En historia om det statliga riskkapitalet', Skattebetalarnas förening, 2020년, p.64f.
21. @Infineon, Twitter, 2022년 11월 14일.
22. Jörnmark & Sandström, 2020, p.46f, Anders Gustafsson, Andreas Stephan, Alice Hallman & Nils Karlsson, 'The "sugar rush" from innovation subsidies: A robust political economy perspective', Empirica, vol.43, 2016년.
23. Anders Gustafsson, Patrik Gustavsson Tingvall & Daniel Halvarsson, 'Subsidy entrepreneurs', Ratio working paper, no.303, 2017년.
24. Karl Wennberg & Christian Sandström, 'Questioning the Entrepreneurial State: Status-Quo, Pitfalls, and the Need for Credible Innovation Policy', Springer, 2022년, p.11.
25. 자금 지원, 연구, 그리고 혁신 간의 관계를 체계적으로 분석한 내용을 보려면 다음을 참고. Terence Kealey, 'The Economic Lars of Scientific Research', Palgrave Macmillan, 1996년.
26. 이런 혁신을 통해 상금 경쟁 없이도 아마 많은 돈을 벌 수 있었을 가능성이 높다. 또한 가장

생산적인 상금 경쟁 중 다수가 X프라이즈 재단(X Prize Foundation)과 같이 민간 차원에서 설립됐다는 점도 주목할 만하다.
27. 'The world's most pointless rocket has been launched at last', The Economist, 2022년 11월 16일.

7장. 중국 vs. 세계

1. Ronald Coase & Ning Wang, 'How China Became Capitalist', Palgrave MacMillan, 2013년.
2. Kate Xiao Zhou, 'How the Farmers Changed China: Power of the People', Westview Press, 1996년, p.56.
3. Coase & Wang, 2013년, p.63.
4. Barry Naughton, 'The Rise of China's Industrial Policy 1978 to 2020', Enero, 2021년, p.41.
5. Bradley M. Gardner, 'China's Great Migration: How the Poor Built a Prosperous Nation', The Independent Institute, 2017년.
6. 세계개발지표(World Development Indicators), 세계은행(World Bank), 2022년.
7. Doron Ben-Atar, 'Trade Secrets: Intellectual Piracy and the Origins of American Industrial Power', Yale University Press, 2004년.
8. US-China Business Council, 'Member survey', 2019년, 2020년.
9. Scott Lincicome, 'Testing the "China shock"', Policy Analysis no. 895, Cato Institute, 2020년 7월 8일. Jeffrey J. Scott & Eujin Jung, 'In US-China trade disputes, the WTO usually sides with the United States', Peterson Institute for International Economics, 2019년 3월 12일. James Bacchus, Simon Lester & Huan Zhu, 'Disciplining China's trade practices at the WTO: How WTO complaints can help make China more market-oriented', Cato Institute, 2018년 11월 15일.
10. Paul R. Gregory & Kate Zhou, 'How China won and Russia lost', Policy Review, Hoover Institution, 2009년 12월 1일.
11. Weiying Zhang, 'The Logic of the Market: An Insider's View of Chinese Economic Reform', Cato Institute, 2015년, p.20.
12. Naughton, 2021년, p.47.
13. Nicholas Lardy, 'Markets over Mao: The Rise of Private Business in China', Peterson Institute for International Economics, 2014년.
14. World Bank, PovcalNet, 2022년.
15. David Shambaugh, 'China's Leaders: From Mao to Now', Polity, 2021년, chaps 4 and 5.
16. Shambaugh, 2021년, p.246.
17. 요약은 다음 자료를 참고하라. Daniel H. Rosen, 'China's economic reckoning', Foreign Affairs, 2021년 7월/8월.
18. Naughton 2021년, p.14.
19. 다음을 들어 보기 바란다. Jeffrey Bader in the US-China Dialogue Podcast, 2019년 8월 19일, https://uschinadialogue.georgetown.edu/podcasts/jeffrey-bader-part-one.
20. 다음 자료 참조. Minxin Pei, 'China's coming upheaval', Foreign Affairs, 2020년 4월 5일, John Mueller, 'China: Rise or Demise?', Policy Analysis no. 917, Cato Institute, 2021년 5월 18일.

21. Stephen Roach, 'Xi's costly obsession with security', Foreign Affairs, 2022년 11월 28일.
22. Greg Ip, 'China's state-driven growth model is running out of gas', The Wall Street Journal, 2019년 7월 17일.

8장. 환경 vs. 성장

1. Intergovernmental Panel on Climate Change, 'IPCC second assessment climate change', 1995년.
2. At the UN Climate Action Summit in New York, 2019년 9월 23일.
3. Daniel Gerszon Mahler, Nishant Yonzan, Christoph Lakner, R. Andres Castedana Aguiilar & Haoyu Wu, 'Updated esti-mates of the impact of COVID-19 on global poverty', World Bank Blog, 2021년 6월 24일. FAO, IFAD, UNICEF, WEP & WHO, 'The state of food security and nutrition in the world 2021', FAO 2021년.
4. Norberg, 2015년.
5. Hannah Ritchie, Pablo Rosado & Max Roser, 'Natural disasters', Our World in Data, 2022년.
6. Zeke Hausfather, 'Covid-19 could result in much larger CO_2 drop in 2020', Breakthrough Institute, 2020년 4월 30일.
7. Andrew McAfee, 'More From Less', 2019년, p.67. 또한 다음 자료 참조. Marian L. Tupy & Gale L. Pooley, 'Superabundance: The story of population growth, innovation and human flourishing on an infinitely bountiful planet', Cato Institute, 2022년.
8. 'Air pollutant emissions data viewer (Gothenburg Protocol, LRTAP Convention) 1990-2019', European Environmental Agency, 2021년 8월 11일.
9. Z. A. Wendling, J. W. Emerson, A. de Sherbinin, D. C. Esty, 'The Environmental Performance Index 2020', Yale Center for Environmental Law & Policy, 2020년, p.69.
10. 같은 자료.
11. 'Household air pollution from solid fuels - level 4 risk', Institute for Health Metrics and Evaluation. www.healthdata.org/ results/gbd_summaries/2019household-air-pollution-from-solid-fuels-level-4-risk.
12. Claude Martin, 'On the Edge: The State and Fate of the World's Tropical Rainforests', Greystone Books, 2015년, p.141.
13. United Nations Environment Program, 'Protected Planet Report 2020', updated 2021년 5월, chap.3.
14. FAO, 'Global forests resources assessment 2020: Main report', Rome, 2020년.
15. Jesse Ausubel, 'Peak farmland', Lecture for the Symposium in Honor of Paul Demeny, 2012년 12월 16일.
16. Joseph Poore, 'Call for conservation: Abandoned pasture', Science, vol.351, 2016년 1월 8일.
17. Jonas Grafström & Christian Sandström, 'Mer för mindre? Tilluäxt och hällbarhet i Sverige', Ratio, 2020년.
18. Nikolai Shmelev & Vladimir Popov, 'The Turning Point: Revitalizing the Soviet Economy', Tauris, 1990년, p.128f.
19. 제번스(Jevons)의 아들은 케인스(Keynes)에게 아버지가 남긴 종이 비축분을 여전히 다 쓰지 못해 불평했다고 한다. Milanović, 2019년, p.256.

20. 칼 마르스크(Karl Marx), '자본론(Capital)', Chicago: Charles H. Kerr and Co., 1909년, vol.III, pt I, chap.5. 또한 다음을 참조. Pierre Desrochers, 'Did the invisible hand need a regulatory glove to develop a green thumb? Some historical perspective on market incentives, win-win innovations and the Porter hypothesis', Environmental and Resource Economics, vol.41, 2008년 2월.
21. 자유 시장 자유주의(free market liberalism)가 어떻게 환경 규제와 결합할 수 있으며 또 결합해야 하는지에 대한 논의는 다음을 참조하라. Mattias Svensson, 'Miljöpolitik för moderater', Fores, 2015년.
22. Indira Gandhi's Address, The Times of India, 1972년 6월 15일.
23. Andrew McAfee, 'More from Less', 2019년, p.67. 스웨덴 국무차관이었던 셸로로프 펠트(Kjell-Olof Feldt)는 찰머스(Chalmers)에서 열린 세미나에서 이 발언을 했다.
24. Hannah Ritchie, 'Where does the plastic in our oceans come from?', Our World in Data, 2021년 5월 1일.
25. Wendling et al 2020년, p.39.
26. 같은 자료.
27. Bishwa S. Koirala, Hui Li, Robert P. Berrens, 'Further investigation of Environmental Kuznets Curve studies using meta-analysis', International Journal of Ecological Economics and Statistics, no.S11, vol.22, 2011년.
28. Thomas van Goethem & Jan Luiten van Zanden, 'Biodiversity trends in a historical perspective How Was Life? Volume II: New Perspectives on Well-Being and Global Inequality Since 1820', OECD, 2021년.
29. Hannah Ritchie, 'You want to reduce the carbon footprint of your food? Focus on what you eat, not whether your food is local', Our World in Data, 2020년 1월 24일.
30. Vilma Sandström, Hugo Valin, Tamás Krisztin, Petr Havlik, Mario Herrero, Thomas Kastner, 'The role of trade in the greenhouse gas footprints of EU diets', Global Food Security, vol.19, 2018. Desrochers & Shimizu 2012년, p.154.
31. 'Airfreight transport of fresh fruits and vegetables: A review of the environmental impact and policy options', International Trade Center, 2007년. Martina Alig & Rolf Frischknecht, 'Life cycle assessment cut roses', Treeze, 2018년 7월.
32. Hannah Ritchie & Max Roser, 'Air pollution', Our World in Data, 2021년 1월.
33. Wendling et al, 2020년, p.47. 다음 자료도 참조. Amaryllis Mavragani, Joannis Nikolaou & Konstantinos Tsagarakis 'Open economy, institutional quality, and environmental performance: A macroeconomic approach', Sustainability, vol.8, 2016년.
34. IEA, 'Energy Efficiency Indicators Statistics report', 2020년 12월.
35. Max Roser, 'Why did renewables become so cheap so fast?', Our World in Data, 2020년 12월 1일.
36. John Burn-Murdoch, 'Economics may take us to net zero all on its own', Financial Times, 2022년 9월 23일.
37. Wendling et al, 2020년, p.129.
38. 'Economic growth no longer means higher carbon emissions', The Economist, 2022년 11월 8일.
39. Jonas Grafström, 'Public policy failures related to China's wind power development', Ratio working paper, no.320, 2019년.
40. 이제 당신은 혹시 내가 다른 나라의 정책과 무관하게 EU가 관세와 할당제를 철폐하길 바라는

지 궁금할 수도 있다. 맞다, 좋은 지적이다. 그것이 바로 내가 생각하는 이상적인 해법이다. 또 다른 이상적인 해법은 모든 국가가 탄소세(carbon tax)를 도입하는 것이다. 하지만 지금 논의하고 있는 것은 나의 이상이 아니라, 불완전한 세계에서 정치적으로 가능한 것이 무엇인가에 관한 문제다. 이 논거에 대한 보다 자세한 설명은 다음을 참조하라. Svensson, 2015년, p.101ff and Fredrik Segerfeldt and Mattias Svensson, 'Frihandel för nybörjare', Timbro, 2019년, chap.7.

41. IEA, 'Fossil Fuel Subsidies Database', www.iea.org/ data-and-statistics/data-product/fossil-fuel-subsidies-database.

9장. 자본주의 vs. 인간성

1. Noreena Hertz, 'The Lonely Century: A Call to Reconnect', Sceptre, 2021년, p.228.
2. Patrick Deneen, 'Why Liberalism Failed', Yale University Press, 2019년, p.16f.
3. George Monbiot, 'Neoliberalism-the ideology at the root of all our problems', Guardian, 2016년 4월 15일.
4. Joel Halldorf, 'DN:s liberalism dog i Immanuelskyrkan', Dagen, 2019년 9월 23일.
5. Hertz, 2021년, p.14.
6. Nina Björk, 'Lyckliga i alla sina dagar', Wahlström & Widstrand, 2012년, pp.176f and 173.
7. Deneen, 2019년, pp. 32ff.
8. 존 로크(John Locke), '정부론, 2부(Two Treatises of Government, Part II)', Cambridge University Press, 1988년, §77.
9. 애덤 스미스(Adam Smith), '도덕감정론(The Theory of Moral Sentiments)', Liberty Fund, 1976년, p.116.
10. Deneen, 2019년, p.185.
11. 이 논거에 대한 보다 정교한 설명은 다음을 참조하라. Nozick, 1974년, p.310.
12. Henrik Höjer, 'Svensken är inte sa ensam som vi tror', Svenska Dagbladet, 22019년 10월 20일.
13. Birgitta Odén, 'Vald mot föräldrar i det gamla svenska samhället', i Ida Hydle, Overgrep mot eldre. Nordiska minister-radet, 1994년.
14. Gallup World Poll 2021, 맥스 로저(Max Roser)가 2021년 5월 25일 트위터에 인용한 데이터를 참조. https://twitter.com/MaxCRoser/status/1397213506802442243.
15. Federica Cocco, 'Are we ready for the approaching loneliness epidemic?', Financial Times, 2022년 11월 24일. 'How's Life? 2020: Measuring Well-being', OECD, 2020년.
16. Esteban Ortiz-Ospina, 'Is there a loneliness epidemic?', Our World in Data, 2019년 12월 11일.
17. Ortiz-Ospina, 2019. Christina Victor, Sasha Scambler, Sunil Shah, Derek Cook, Tess Harris, Elizabeth Rink & Stephen De Wilde, 'Has loneliness amongst older people increased? An investigation into variations between cohorts', Aging & Society, vol.22, no.5, 2002년 9월.
18. Henrik Höjer, 'Ensamheten minskar i Sverige', Forskning & framsteg, 2018년 4월 13일.
19. Caspian Rehbinder, 'Ensamheten är mindre där friheten är större', Smedjan, 2020년 2월 18일.
20. Hannah Ritchie, 'Global mental health: Five key insights which emerge from the data', Our World

in Data, 2018년 5월 16일.
21. Dirk Richter, Abbie Wall, Ashley Bruen & Richard Whittington, 'Is the global prevalence rate of adult mental illness increasing? Systematic review and meta-analysis', Acta Psychiatrica Scandinavica, vol.140, 2019년 8월.
22. Mohsen Naghavi, 'Global, regional, and national burden of suicide mortality 1990 to 2016: Systematic analysis for the Global Burden of Disease Study 2016', BMJ, 2019년.
23. Christian Rück, 'Olyckliga i paradiset: Varfor mår vi sa daligt når allt är sa bra?', Natur & Kultur, 2020년.
24. 막스 베버(Max Weber), '프로테스탄트 윤리와 자본주의 정신(The Protestant Ethic and the Spirit of Capitalism)', Routledge, 2005년, p.31.
25. Björk, 2012년, p.99.
26. William English & Peter Jaworski, 'The introduction of paid plasma in Canada and the US has not decreased unpaid blood donations', SSRN, 2020년 7월.
27. Shawn Rhoads, Devon Gunter, Rebecca M. Ryan, & Abigail Marsh, 'Global variation in subjective well-being predicts seven forms of altruism', Psychological Science, vol.32, no.8, 2021년.
28. Joseph Henrich et al. '"Economic man" in cross-cultural perspective: Behavioral experiments in 15 small-scale socie-ties', Behavioral and Brain Sciences, vol.28, no.6, 2005년. Joseph Henrich et al, 'Markets, religion, community size, and the evolution of fairness and punishment', Science, vol.5972, no.327, 2010년.
29. Joseph Henrich, 'The Weirdest People in the World', Allen Lane, 2020년, chap.9.
30. 프리드리히 엥겔스(Friedrich Engels), '정치경제학 비판 요강(Outlines of a Critique of Political Economy)', Deutsch-Französische Jahrbücher, 1844년.
31. Megan V. Teague, Virgil Henry Storr & Rosemarie Fike, 'Economic freedom and materialism: an empirical analysis', Constitutional Political Economy, vol.31, 2020년.
32. Mingliang Yuan, Giuliana Spadaro, Shuxian Jin, Junhui Wu, Yu Kou, Paul A. M. Van Lange, and Daniel Balliet, 'Did cooperation among strangers decline in the United States? A cross-temporal meta-analysis of social dilemmas (1956-2017)', Psychological Bulletin, vol.148, no.3-4, 2022년.
33. Ruut Venhoven interview, 2007년 4월 23일.
34. Daniel Kahneman, 'The sad tale of the aspiration treadmill', Edge, 2008년.
35. Johan Norberg, 'Den eviga matchen om lyckan', Natur och Kultur, 2009년. Esteban Ortiz-Ospina & Max Roser, 'Happiness and life satisfaction', Our World in Data, 2017년 5월. 이 재평가를 선구적으로 이끈 중요한 논문은 다음과 같다. Betsey Stevenson & Justin Wolfers, 'Economic growth and subjective well-being: Reassessing the Easterlin Paradox', Brookings Papers on Economic Activity, no.1, 2008. 또한 다음을 참조하라. Ruut Veenhoven & Floris Vergunst, 'The Easterlin illusion: Economic growth does go with greater happiness', EHERO working paper, no.1, 2013년. Ed Diener, Louis Tay & Shigehiro Oishi, 'Rising income and the subjective well-being of nations', Journal of Personality and Social Psychology, vol.104, no.2, 2013년.
36. Ortiz-Ospina & Roser, 2017년.

37. 루트 베인호벤(Ruut Veenhoven), 'Quality of life in individualistic society: A comparison of 43 nations in the early 1990s', in M. J. dejong & A. C. Zijderveld (eds), 'The Gift of Society', Enzo Press, 1997년. Roland Inglehart et al, 'Development, freedom and rising happiness: A global perspective (1981-2007)', Perspectives on Psychological Science, vol.3, no.4, 2008년. Richard Layard, 'Happiness: Lessons From a New Science', Allen Lane, 2005년, p.235.
38. 바비 더피(Bobby Duffy), '팩트의 감각(The Perils of Perception: Why Were Wrong About Nearly Everything)', Atlantic Books, 2018년, chap.1. 5장에서 우리가 본 것과 이 내용은 얼마나 일치하는가? 우리는 소셜 미디어에서는 행복한 얼굴을 내보이고, 불안은 몰래 검색한다고 하지 않았던가? 좋은 질문이다. 어쩌면 우리가 사람들의 믿기 힘든 소셜 미디어 게시물을 지나치게 의심하고 있는 건 아닐까?
39. Ortiz-Ospina & Roser, 2017년.
40. 대니얼 네틀(Daniel Nettle), '행복의 심리학:당신의 미소 뒤에 작동하는 심리 법칙(Happiness: The Science Behind Your Smile)', Oxford University Press, 2005년, p.101.
41. 데이비드 에드먼즈(David Edmonds) & 존 에이디노(John Eidinow), '루소의 개: 18세기 계몽주의 살롱의 은밀한 스캔들(Rousseau's Dog: Two Great Thinkers at War in the Age of Enlightenment)', Harper Perennial 2007년, p.131. 곧이어 흄(Hume)과 루소(Rousseau)는 평생의 원수가 됐다.
42. Ruut Venhoven interview, 2007년 4월 23일.
43. 같은 자료. 에릭 와이너(Eric Weiner), '행복의 지도: 세상에서 가장 행복한 곳을 찾아 떠난 여행(The Geography of Bliss: One Grump's Search for the Happiest Places in the World)', Twelve, 2008년, p.16.
44. James Gwartney, Robert Lawson, Joshua Hall & Ryan Murphy, 'Economic Freedom of the World: 2022 annual report', Fraser Institute, 2022년.
45. Hans Pitlik & Martin Rode, 'Free to choose? Economic freedom, relative income, and life control perceptions', International Journal of Wellbeing, vol.6, no.1, 2016년. Kai Gehring, 'Who benefits from economic freedom? Unravelling the effect of economic freedom on subjective well-being', World Development, vol.50, 2013년. Boris Nikolaev & Daniel L. Bennett, 'Economic freedom and emotional well-being', Journal of Regional Analysis and Policy, vol.47, no.1, 2017년 9월.
46. Steven Quartz and Anette Asp, 'Unequal, Yet Happy,' The New York Times, 2015년 4월 11일.
47. 이와 관련하여 내가 본 첫 번째 연구는 다음과 같다. Robert William Fogel, 'The Escape From Hunger and Premature Death, 1700-2100: Europe, America, and the Third World', Cambridge University Press, 2004년. 이 연구에 따르면 지난 5년 사이에 48%가 스트레스를 줄이는 직업 선택을 했다고 한다.
48. Charlie Giattino, Esteban Ortiz-Ospina & Max Roser, 'Working hours', Our World in Data, December 2020년. 또한 다음을 참조하라. Andreas Bergh, 'Tre böcker av Roland Paulsen-en kritisk läsning', Ekonomisk Debatt, no.3, 2017년.

마치며. 진보와 자유를 좇는 모든 자본주의자에게

1. 칼 마르크스(Karl Marx) & 프리드리히 엥겔스(Friedrich Engels), '공산당 선언(The Communist Manifesto)', Progress Publishers, 1948년, chap. 1.
2. 같은 자료.
3. 칼 마르크스(Karl Marx), '가치, 가격, 이윤(Salary, price and profit)', 1865년. Friedrich Engels, "Preface to the English edition', in The Working Class Situation in England, Progress Publishers, 1977년.
4. Johan Norberg, 'Open: The Story of Human Progress', Atlantic Books, 2020년.

Copyright © Johan Norberg, 2023
All Rights Reserved
Korean translation copyright ⓒ 2025 by UKNOW CONTENTS GROUP Co., Ltd.
Korean translation rights arranged with DAVID HIGHAM ASSOCIATES LTD
through EYA Co.,Ltd

이 책의 한국어판 저작권은 EYA Co.,Ltd를 통해
DAVID HIGHAM ASSOCIATES LTD과 독점 계약한 '유노콘텐츠그룹 주식회사'에 있습니다.
저작권법에 의하여 한국 내에서 보호를 받는 저작물이므로 무단 전재 및 복제를 금합니다.

99%의 풍요를 위한 자본주의 경제를 열다
자본주의자 선언

1판 1쇄 2025년 8월 21일
1판 3쇄 2025년 9월 3일

지은이 요한 노르베리
옮긴이 김종현
펴낸이 유경민 노종한
책임편집 이현정
기획편집 유노북스 이현정 조혜진 권혜지 정현석
기획마케팅 1팀 우현권 이상운 **2팀** 이선영 최예은 전예원 김민선
디자인 남다희 홍진기 허정수
기획관리 차은영
펴낸곳 유노콘텐츠그룹 주식회사
법인등록번호 110111-8138128
주소 서울시 마포구 동교로17안길 51, 유노빌딩 3~5층
전화 02-323-7763 **팩스** 02-323-7764 **이메일** info@uknowbooks.com

ISBN 979-11-7183-128-9(03320)

- ─ 책값은 책 뒤표지에 있습니다.
- ─ 잘못된 책은 구입한 곳에서 환불 또는 교환하실 수 있습니다.
- ─ 유노북스, 유노라이프, 유노책주, 향기책방은 유노콘텐츠그룹의 출판 브랜드입니다.